EDITION MANAGEMENT

Kurt Nagel | Thomas Menthe

Neue Methoden für einen effektiven Vertrieb

3., überarb. und erw. Auflage

Verlag Wissenschaft & Praxis

Bibliografische Information der Deutschen Nationalbibliothek

Die Deutsche Nationalbibliothek verzeichnet diese Publikation in der Deutschen Nationalbibliografie; detaillierte bibliografische Daten sind im Internet über http://dnb.d-nb.de abrufbar.

ISBN 978-3-89673-581-2

© Verlag Wissenschaft & Praxis
Dr. Brauner GmbH 2011
D-75447 Sternenfels, Nussbaumweg 6
Tel. +49 7045 930093 Fax +49 7045 930094
verlagwp@t-online.de www.verlagwp.de

Druck und Bindung: Esser Druck GmbH, Bretten
© Einbandfoto: Fotolia.com
Gestaltung: Andrea Klein

Vorwort

Im heutigen Verkaufsumfeld ist es härter und kostenintensiver als je zuvor, Kunden zu halten. Damit Unternehmen diese Entwicklung erfolgreich meistern können, müssen sie den Bedürfnissen ihrer Kunden noch mehr Aufmerksamkeit schenken und verstärkt die Zielgruppen selektieren. Es geht um die Entwicklung besserer Vertriebsstrategien und deren methodische Umsetzung. Während die Prozessverbesserung allein auf eine höhere Effizienz der Vertriebsaktivitäten abzielt, umfasst das effektive Vertriebsmanagement auch die systematische Gestaltung und Pflege der Kundenbeziehung mit „neuen" Methoden oder Instrumenten, die Sie eventuell bisher noch nicht eingesetzt haben. Denn trotz Verbesserung der konjunkturellen Situation bleiben die finanziellen Ressourcen der Konsumenten und Einkäufer in den Unternehmen knapp, somit geht es um die Kosteneinsparung und Fokussierung auf die richtigen und wichtigen Kunden in Ihrem Unternehmen. Völlige Transparenz durch die modernen Formen der Kommunikation via Internet macht den Wirtschaftskreislauf schneller und versorgen den Kunden mit umfangreichen Informationen. Somit reichen bessere Produkte, Systeme und Lösungen nicht mehr für den Vorsprung gegenüber dem globalen Wettbewerb aus – wie man an asiatischen Angeboten sieht. Es geht um den Erfolgsfaktor der intelligenten Vertriebssysteme, die in diesem Buch behandelt werden. Nach dem Motto: „Aus der Praxis für die Praxis – mit System".

Primäres Ziel dieses Buches ist es, dem Leser neue und bereits mehrfach bewährte Methoden für die Optimierung der Vertriebsergebnisse in der Praxis an die Hand zu geben, um Wissen und Anwendung von Instrumenten des professionellen Vertriebsmanagements in den einzelnen Prozessphasen zu verbinden. Die zahlreichen Werkzeuge in diesem Buch zeigen die Stellhebel für den effektiven Verkauf und wichtige Aspekte eines auf Profitabilität ausgerichteten Vertriebsmanagements mit sofort umsetzbaren Hilfen und Checklisten. Praktiker erhalten somit einen nützlichen Ideennachschub für die kontinuierliche Verbesserung der Vertriebsplanung und Durchführung. Haben Sie schon alle Möglichkeiten zur Profitsteigerung und Leistungsverbesserung ausgeschöpft oder sind Sie neugierig, wie Sie mit diesem Buch kurz- und langfristig Ihre Ergebnisse deutlich verbessern können und somit Ihre ganz persönliche Wirkung erhöhen werden?

Die neue Rolle des Verkaufsleiters richtet sich auf:

- verantwortliche Profitplanung statt reine Umsatzverantwortung

- kurzfristige und langfristige Vorausschau

- geeignete Kundentypen und differenzierte Segmentierung für die zukünftige Bearbeitung
- Systeme für die Markt- und Kundenanalyse, konsequente Planung und Kontrolle statt zu wenig gesteuerter Außendiensteinsatz
- Leadership statt Antreiber
- das Management von knappen Ressourcen statt pure Ausführung

Neue Methoden für einen effektiven Vertrieb in der zweiten Auflage wird Ihnen noch mehr helfen, diese neuen Verantwortlichkeiten herausragend als Verkaufsleiter zu meistern, und es kann einer der wichtigsten Ratgeber sein, den Sie je gelesen haben – und hoffentlich auch anwenden. *Neue Methoden für einen effektiven Vertrieb* wurde geschrieben, um Ihre Kompetenzen im Verkauf und im Verkaufsmanagement in der täglichen Arbeit mit kleinen und wirkungsvollen Werkzeugen und Ideen zu unterstützen. Die Arbeitsblätter helfen Ihnen dabei, strukturiert Ihre Gedanken zu organisieren, sich auf die wesentlichen Kriterien zu konzentrieren sowie Ihre Arbeit und die Vertriebsmannschaft zu bewerten und sich kontinuierlich zu verbessern. Wir wünschen Ihnen viel Freude und Erfolg mit der Umsetzung.

Sindelfingen/Kaarst, im Juli 2011

Prof. Dr. Dr. habil. Kurt Nagel und Thomas Menthe

Adressen der Autoren:

Prof. Dr. Dr. Kurt Nagel
Hohenstaufenstraße 8/3
71067 Sindelfingen
www.gettop.de
kurt.nagel@t-online.de

Thomas Menthe
Asternweg 16
41564 Kaarst
www.menthemanagement.com
tm@menthemanagement.com

Inhaltsverzeichnis

1. Erfolgreiche Umsetzung von Vertriebs-Strategien und Vertriebs-Plänen

„...es ist nicht das Fehlen einer Strategie, das Führungskräfte nicht schlafen lässt, sondern vielmehr die Unfähigkeit ihrer Organisation, die Strategie auszuführen."

Booz-Allen & Hamilton

Strategien, Pläne und Ziele im Vertrieb erfolgreicher umsetzen, um dauerhafte Spitzenleistung zu erreichen – das sind universell gefragte Themen und eine Herausforderung an Organisationen und Führungskräfte. Täglich können wir in unzähligen Firmen erleben, wie weit Anforderung und Realität hier voneinander abweichen. Ram Charon, Autor und ehemaliger Harvard-Professor hat die Gründe untersucht und nennt die drei wichtigsten Ursachen für suboptimale Umsetzung:

1. Aufschieben von wichtigen Tätigkeiten

2. Unentschlossenheit

3. Nichteinhalten von Versprechen

Sollen Strategien und Pläne im Vertrieb besser umgesetzt werden als bisher, müssen die Führungskräfte persönlich ganz auf die Unternehmensstrategie ausgerichtet sein.

Führungs- und Managementfähigkeiten sind, ebenso wie funktionale Fähigkeiten, entscheidender Teil der Entwicklung in diesen Dimensionen.

Führungspersönlichkeiten der Zukunft beherrschen daher die folgenden 6 miteinander verzahnten und voneinander abhängigen Erfolgsfaktoren:

1. Strategiekonsistenz und Commitment

2. Führungsverhalten

3. Leistungsmanagement

4. Kundennutzenversprechen und Kundenorientierung

5. Teamkultur

6. Strukturen und Prozesse

Beleuchten wir genauer, wo und wie die notwendige Verbesserung der Kompetenzen der Mitarbeiter erreicht werden kann, damit Strategien auch umgesetzt und gelebt werden. Im Vordergrund steht die Ausrichtung auf die Vertriebs-Strategie. Wir wissen, dass heute ca. 95 % aller Unternehmen mit der Vertriebsstrategie beginnen. Dies ist üblicherweise Dreh- und Angelpunkt aller unternehmerischen Aktivitäten.

1.1 Die sechs Bereiche erfolgreicher Strategieumsetzung

1.1.1 Strategiekonsistenz und Commitment

Fragen Sie sich, in welchem Maße Sie selbst und Ihre Mitarbeiter sich zur Umsetzung der strategischen Ziele verpflichtet fühlen. Findet die Strategie Akzeptanz und folgen ihr die Mitarbeiter?

Bedenken und prüfen Sie folgende Punkte kritisch:

- Verstehen alle Beteiligten und Betroffenen, welche Strategie das Unternehmen festgelegt hat und warum diese Marschrichtung gewählt wurde?
- Was bedeutet die gewählte Strategie für Ihre tägliche Arbeit und welche Verhaltensänderungen macht die Strategie Ihrerseits erforderlich?
- Engagement ergibt sich durch die Verbindlichkeit des Mitarbeiters (Commitment) und die erforderliche Kompetenz. Sollten Kompetenzen auf der Führungs-, Management- und funktionalen/fachlichen Ebene zur Erreichung der Ziele fehlen, so sollte dies so früh wie möglich klar identifiziert werden.

1.1.2 Führungsverhalten

Wer führt, hat im Idealfall die Fähigkeit zum Mobilisieren, Dynamisieren und Motivieren von Talenten. Fähigkeiten und Fertigkeiten können erlernt werden. Management Assessments bieten hier eine gute Unterstützung, die vorhandenen und benötigten Fähigkeiten im Pool der Führungskräfte festzustellen und anschließend die geeigneten Führungskräfte für die Umsetzung auszuwählen bzw. gezielt zu entwickeln. Herausragende Manager und Leader setzen ihre Fähigkeiten so ein, dass alle Kräfte in der eigenen Organisation gebündelt werden und die gewählte Strategie umgesetzt wird.

Bedenken und prüfen Sie folgende Punkte kritisch:

- Wie unterstützt die Führungsmannschaft die Mitarbeiter bei der Umsetzung in den jeweils untergeordneten Ebenen?
- Wurden Kompetenzmodelle für jede Position formuliert? Diese Modelle beschreiben das gewünschte Verhalten, notwendige Fähigkeiten und erforderliches Wissen; kurz: alle Eckdaten, die für die Umsetzung der Strategie wichtig und relevant sind. Die Kompetenzmodelle können Sie auch im Auswahl- und Rekrutierungsprozess verwenden. Sie bilden die Basis für moderne und effiziente Online Assessment Ver-

fahren. Auch im Bereich der Talententwicklung profitieren Sie von den Modellen. Die Fortbildung und Entwicklung der Mitarbeiter ist stark von den benötigten Fähigkeiten beeinflusst und sollte immer auf diese ausgerichtet sein.

– Nutzen Sie ausgereifte Assessment-Werkzeuge, um die Lücken hinsichtlich der Mitarbeitererfahrung und Anforderungen für jeden Geschäftsbereich zu bestimmen. Mehr und mehr werden just-in-time Lernmethoden eingesetzt, um Arbeitsgruppen und einzelne Mitarbeiter zu unterstützen. In Übernahmesituationen oder Mergers & Acquisitions ist es sinnvoll, nachdem die neue Richtung und die Anforderungsprofile der Führungskräfte klar sind, Manager mit einem 360-Grad-Rundum-Feedback zu bewerten und entsprechend den Anforderungen die richtigen Personen, insbesondere die „Driver"-Persönlichkeiten, an den richtigen Stellen in der Organisation einzusetzen.

1.1.3 Leistungsmanagement durch Indikatoren und Kennzahlen

Hier geht es um förderliche Faktoren wie Belohnungssysteme, Messkriterien, Key Performance Indicators (KPIs) zur Verstärkung der Umsetzung der gewählten Strategie. Diese sollten vorhanden und messbar sein. Eine Überprüfung sollte mindestens zweimal pro Jahr durchgeführt werden.

Klare und an die Strategie angelehnte Leistungsbewertungen geben Antworten auf die Fragen: Wie werde ich bzgl. der (neuen) Strategieumsetzung gemessen und wie werde ich beurteilt und belohnt?

1.1.4 Kundennutzenversprechen

Zur Gestaltung der für die Strategieumsetzung erforderlichen Kunden-/Marktbeziehung bedenken und prüfen Sie folgende Punkte kritisch:

– Besteht im Team bzw. Unternehmen ein einheitliches Verständnis darüber, was Serviceführerschaft bedeutet und wie sie umgesetzt werden soll?

– Gibt es eine klare Positionierung und ein gemeinsames Verständnis über die Mehrwertargumentation (Nutzenversprechen) und somit über die Antwort auf die zentrale Frage: Warum sollten Kunden von uns kaufen?

– Prozessorientierung ist ein entscheidender Erfolgsfaktor für konsequent gelebte Kundenorientierung. Fehlende Kundenorientierung kann die Umsätze bzw. Erträge mindern. Die Ursachen für mangelnde Kundenorientierung liegen häufig in der Unternehmenskultur, der Struktur und in wenig effektiven oder intransparenten Prozessen des Unternehmens. Wenn es gelingt, eine kundenorientierte Unternehmenskultur zu schaffen und die MitarbeiterInnen für die Erfüllung von Kundenwünschen zu begeistern, wird sich das positiv auf die Ergebnisse, eine klare Differenzierung und die Kundenzufriedenheit auswirken.

1.1.5 Teamkultur

Die Essenz der geschriebenen und ungeschriebenen Regeln, Prinzipien und Werte, gemäß derer gearbeitet wird, macht die Teamkultur aus.

Mitarbeiter lernen beispielsweise besser und leisten mehr, wenn sie in die Zielformulierung und Vereinbarung einbezogen werden, die sie verwirklichen sollen.

Die Kommunikationskultur unterstützt die Übersetzung der Vision in die Ausführung hinsichtlich der Strategie und vervollständigt die Maßnahmen.

Verschiedene Feedbackschleifen über alle Unternehmens- und Führungsebenen gewährleisten unfiltrierte Rückmeldungen durch die Führungskräfte, welche die Strategie umsetzen und diejenigen, die dadurch beeinflusst werden.

Die Erarbeitung der Identität ist der erste Schritt auf dem Weg zu einer gemeinsamen Kultur.

1.1.6 Strukturen und Prozesse

Wollen Sie Ihre Strategie erfolgreich umsetzen, sind neben den erforderlichen Werkzeugen und Hilfsmitteln auch die strategiefördernden angepassten Prozesse notwendig. Diese Prozesse müssen von Anfang an definiert und implementiert werden, um eine Ausrichtung der Mitarbeiter zu ermöglichen. In dem Dreieck „Strategie, Mensch und Prozess" werden sich die Organisationsstrukturen ebenso umstellen und sich der Mitarbeiterschaft anpassen (müssen).

Optimierungsmöglichkeiten in Vertriebsprozessen ergeben sich durch verbesserte Zielkundenauswahl, höhere Besuchsquote, gezielte Bedarfsweckung, Angebotspräsentation und Verhandlungsstrategie.

Die sechs Bereiche erfolgreicher Strategieumsetzung

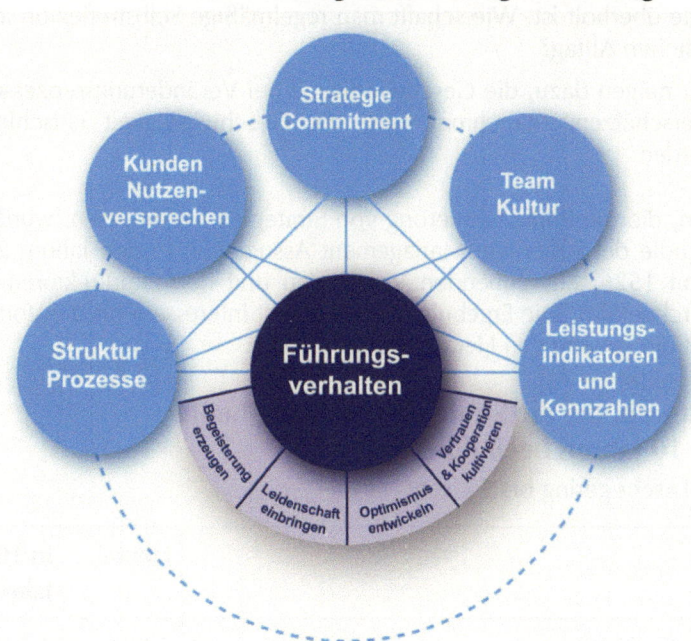

Abbildung 1: Die 6 Bereiche der Strategieumsetzung

1.2 Die Nachhaltigkeit und weitere Faktoren, die die Implementierung beeinflussen

Neben der Führungs- und Managementfähigkeit ist die Nachhaltigkeit eine weitere beachtenswerte Säule für die Umsetzung von Strategien. Nachhaltigkeit ist hierbei die Summe der Flexibilität von Führungskräften, der Organisation und der anzupassenden Geschwindigkeit.

Bereits aus der Evolutionslehre ist bekannt: Der Anpassungsfähigste steuert das System und überlebt am besten. Hierfür sind folgende Fragestellungen wichtig:

– Wie stellt man sicher, dass die Organisation in der Lage ist, einen „Marathon" laufen zu können?

- Führungskräfte müssen fähig sein, zu erkennen, dass ihre eigene Strategie überholt ist. Wie schafft man regelmäßige Selbstreflexion im beruflichen Alltag?
- Wir neigen dazu, die Geschwindigkeit bei Veränderungsprozessen zu überschätzen. Manchmal muss die Geschwindigkeit entschleunigt werden.

Faktoren, die die Implementierung von Strategien beeinflussen, wurden in einer Studie der American Management Association in den Jahren 2005–2006 mit 1526 teilnehmenden Vorständen und Personaldirektoren weltweit durchgeführt. Die Ergebnisse sind äußerst interessant für die Vorbereitung auf die zukünftigen Herausforderungen.

10 Faktoren, die die Strategieumsetzung heute und in 10 Jahren beeinflussen.

(Skala: 1=sehr gering bis 5 = sehr stark)

Faktor	Heute	In 10 Jahren
Kundenbedürfnisse	4.08	4.42
Leistungsfähigkeit des Personals	3.64	4.06
Technologische Veränderungen	3.60	4.08
Interne Innovationskraft	3.51	4.06
Organisatorische Belastbarkeit	3.50	3.97
Einstellung der Mitarbeiter und Verhalten	3.48	4.04
Klare Corporate Identity	3.46	3.85
Gemeinsames Empfinden für Commitment (Verpflichtung)	3.43	4.06
Reaktionsfreudigkeit des Managements	3.43	4.05
Vertrauen der Belegschaft in das Führungsteam	3.43	4.05

Quelle: AMA/HRI Strategy Execution Survey 2006

Top 12 strategische Maßnahmen
in Bezug auf Wichtigkeit/Nutzen
(Rang 1 bis 10)

Mein Unternehmen implementiert Strategie durch …	Rang
Kreieren einer klaren Strategie	1
Definition klarer Ziele, um die Strategie zu unterstützen	2
Ausrichtung der organisatorischen Ziele hinsichtlich der Strategie	3
Sicherstellen der eindeutigen Verantwortungsübernahme	4
Ausrichtung der Strategie mit der Unternehmensvision und Mission	5
Klaren Fokus auf die Strategieumsetzung	6
Klares Firmenimage (Corporate Identity)	7
Einstellen von Kandidaten, die durch ihre Fähigkeiten die Strategie unterstützen	8
Festlegung der Strategieumsetzung als höchste Unternehmenspriorität	9
Ausrichtung der Bereichsziele mit den Organisationszielen	10

Quelle: AMA/HRI Strategy Execution Survey 2006

1.3   Was ist zu tun?
Die fünf Schritte zur Strategieumsetzung

Erfolgreiche Umsetzung von Geschäftsstrategien im Tagesgeschäft

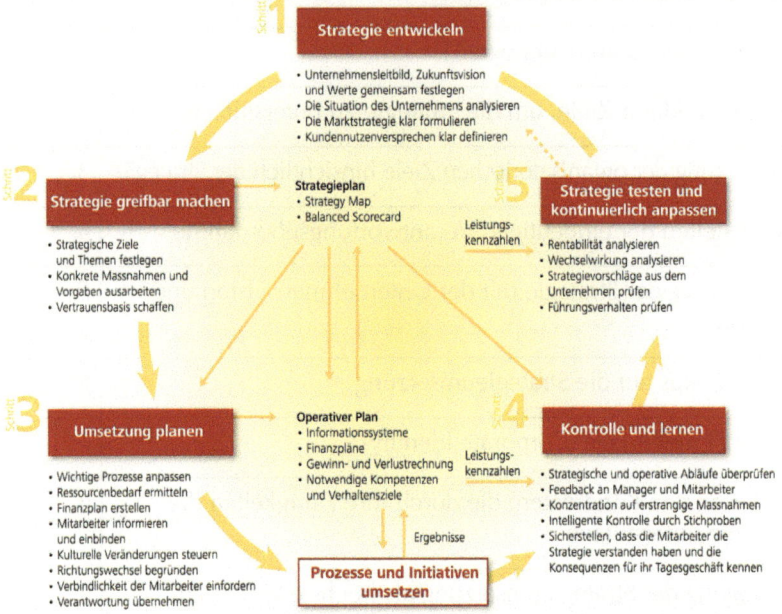

Abbildung 2: Managementkreislauf
(abgeändert und ergänzt aus Harvard Business Mgr. Spezial „Strategie",2008)

1.3.1   Schritt 1: Formulieren und entwickeln Sie Ihre Strategie.

Oft ist der Grund, warum Mitarbeiter mit der Strategie (Bereichs-, Regional-, Unternehmensstrategie) nicht vertraut sind, schlichtweg der, dass die Organisation keine Strategie hat.

Strategiebildung ist keine Aufgabe, die sich einfach an Experten delegieren lässt. Wenn die Strategie dem Unternehmen dauerhaft verlässliche Orientierung geben soll, muss das Management sie formulieren und über ihre Umsetzung wachen.

Der Unternehmenszweck ist hierbei der Ausgangspunkt. Die zentralen Fragen lauten:

–   Wie soll mein Unternehmen sein?

- Wem würde es etwas ausmachen, wenn Ihr Unternehmen geschlossen würde und warum?
- Welche Kunden würden Ihr Unternehmen wirklich vermissen, und warum?
- Wie lange würde ein anderes Unternehmen brauchen, um die Lücke zu schließen?

Der CEO von IBM fragte einmal seine Mitarbeiter in einer viertägigen Onlineumfrage: „Wenn unser Unternehmen über Nacht verschwände, inwiefern wäre die Welt morgen anders? Hat unser Unternehmen etwas Einzigartiges, das die Welt bereichert?"

Zu viele Unternehmen planen ihre Zukunft nur über die Finanzen. Doch der grundlegende Irrtum besteht darin, den Finanzplan mit der Überlegung zu verwechseln, was aus dem Unternehmen einmal werden soll. Strategieexperten betonen immer wieder, dass ein Unternehmen zunächst Wert schöpfen muss, um ihn später einfordern zu können. Voraussetzung hierfür ist, dass sie der Welt etwas Neues bieten können – etwas, das Kunden haben wollen, das anders oder besser ist, als die Angebote der Konkurrenz. Die Beschäftigung mit der Strategie ist vielerorts zu einer Analyse der besten Wettbewerbstaktik verkommen. Der Unternehmenszweck sollte im Zentrum der Strategie stehen. Wenn der Zweck nicht glasklar ist, werden die Mitarbeiter nicht begreifen, auf welches Wissen es ankommt und was sie lernen müssen, um ihre Leistung zu steigern. Ein Unternehmen formulierte seinen Zweck wie folgt:

„… durch die Kombination eigener Technologie mit erstklassigen Talenten computeranimierte Filme zu entwickeln, die alle Altersklassen ansprechen …" (Pixar). Eine klare Zweckbeschreibung.

Eine Strategie ist kein Ziel. Es geht um die schwierige Entscheidung zwischen den Wahlmöglichkeiten, die eine Division oder Unternehmung in den drei Bereichen zu treffen hat:

1. Kunden, die die Zielgruppe sind und solche, die es nicht sind.

2. Produkte, die angeboten werden sollen und solche, die nicht angeboten werden sollten.

3. Aktivitäten, um die Leistung zu erbringen und Maßnahmen, die man besser unterlassen sollte (Konzentration auf die richtigen Dinge).

Treffen Sie die Entscheidungen in diesen Bereichen. Wie Studien belegen, liegt die Ursache für strategische Fehlentscheidungen meist dort, wo Unternehmen die erforderlichen klaren Entscheidungen in den oben genannten Bereichen verschleppen oder gar nicht treffen. Stellen Sie sich vor, was in den Köpfen der Mitarbeiter vorgeht, wenn der Vorstand bekannt gibt: „Unsere Strategie ist, die Nr. 1 in unserer Industrie zu werden" oder „Unsere Strategie ist, der bevorzugte Lieferant unserer Kunden zu sein". Dies sind alles bedeutungslose Aussagen, weil sie weder direkte Entscheidungen erfordern noch dem notwendigen Handeln eine Richtung weisen.

Beispiel: Wenn es Ihr Ziel ist, den „Shareholder Value" zu maximieren, dann beantwortet dies nicht, wie ein Mitarbeiter davon begeistert sein soll. Andererseits ist es einfacher zu verstehen wie sich jemand engagiert fühlt, wenn Ihr Ziel in der Gemeinde ist, einen Unterschied zu machen.

Die Arbeit eines Strategen ist nie beendet, denn während der Umsetzung der sorgfältig ausformulierten Strategie müssen Elemente überarbeitet, ergänzt oder abgelegt werden.

Sie wird getestet und angepasst.

Die Strategie entwickeln bedeutet:

- Das Unternehmensleitbild, die Vision und die Werte festlegen
- Situation des Unternehmens analysieren (Werkzeuge: Fünf-Kräfte Modell nach Michael Porter, SWOT Analyse, BCG Matrix von Boston Consulting, 7 S Modell nach McKinsey, Modell der Wertschöpfungskette nach Michael Porter)
- Die Strategie formulieren (mit riskanten hochgesteckten Ziele, alle Jahre wieder, Strategien haben ein Verfallsdatum von 3–5 Jahren)

1.3.2 Schritt 2: Strategie greifbar machen

Die Strategie greifbar machen, indem die strategischen Ziele und Themen mit Hilfe von Strategieplänen, Strategy-Maps, Balanced Scorecards definiert werden. Anschließend werden konkrete Maßnahmen abgeleitet und Vorgaben gemacht.

Das organisatorische Umfeld, welches man intern kreieren muss, enthält fünf Zutaten:

1. Die Messbarkeit (KPIs) und das Belohnungssystem (Performance Management)
2. Die Kultur mit ihren Werten und Normen
3. Die Struktur mit ihren Prozessen
4. Die Führungskräfte und Mitarbeiter mit ihrem Verhalten, ihren Fähigkeiten und Einstellungen
5. Klarheit über das Kundenmehrwertversprechen.

Bedenken und prüfen Sie, ob alle im Unternehmen bzw. Team wissen, wie Ihre Kunden im Service behandelt werden sollen, wer Kunde ist und wer nicht usw.

In Workshops sollten die folgenden Fragestellungen bearbeitet werden:

- Wie erklären und begründen wir die Strategie und Mission gegenüber den Mitarbeitern und welche strategischen Ziele sichern das zukünftige Geschäft, für die wir die Verbindlichkeit aller Betroffenen einholen müssen?
- Welche konkreten Veränderungen müssen wir vornehmen, um die Strategieimplementierung erfolgreich zu machen?
- Welche neuen konkreten Ziele müssen wir bis wann erreichen?
- Welche Veränderungen müssen initiiert werden, um z. B. den neuen kundenzentrierten Lösungsansatz in der Marktbearbeitungsstrategie zu erreichen?
- Was sind die benötigten Fähigkeiten (Kompetenzmodelle), die wir beherrschen müssen, um erfolgreich zu sein?

1.3.3   Schritt 3: Umsetzung planen

Die Umsetzung planen, indem wichtige Prozesse an die Strategie angepasst werden. Prozesse werden dann verbessert und Absatzpläne entwickelt. Der Ressourcenbedarf wird ermittelt und der Finanzplan erstellt. Somit entsteht der operative Plan, der die Informationssysteme, Finanzpläne, Pro-forma-Gewinn und GuV festlegt.

Die Prozesse und Initiativen werden umgesetzt und die Mitarbeiter informiert. Überzeugen Sie Ihre Belegschaft. Unternehmen entsenden Top Manager in Kurse, die helfen sollen, ihre teilweise in 40–50 Jahren erworbenen Einstellungen, Werte und Verhaltensweisen zu verändern oder die darauf abzielen, diese Manager innovativer zu machen. Klar ist: Training alleine verändert die Einstellungen und Persönlichkeit der Mitarbeiter und Führungskräfte oder deren Verhalten nicht.

Menschen werden nicht verändern was sie tun, weil Manager es ihnen sagen. Sie verändern sich nur, wenn die Führungskräfte durchdacht die richtigen Belohnungssysteme, Anerkennungsinitiativen und die richtige Kultur und Wertestruktur – also das organisatorische Umfeld – aufsetzen.

Sie kennen den stärksten Radio-Sender der Welt? WIIIFM-FM.

Er sendet 24 Stunden am Tag bei jedem Mitarbeiter und steht für: „What Is In It For Me?"

Bringen Sie die persönlichen Ziele Ihrer Manager und Mitarbeiter in Übereinstimmung mit den Strategiezielen. Nichts anderes weckt die intrinsische Motivation stärker und sichert somit das Engagement für die Umsetzung der gewählten Strategie.

Verkaufen Sie die Strategie, um emotionale Verpflichtung (Commitment) zu erreichen.

Auch wenn Menschen die Logik der Strategie auf einem intellektuellen Level verstehen, heißt das nicht notwendigerweise, dass sie etwas dafür tun oder zu unternehmen bereit sind. Und weiterhin auch nicht, dass sie ihr Verhalten verändern, um die Strategie zu unterstützen.

Um eine Veränderung zu erreichen, müssen wir in der Geschäftsleitung die Strategie an die Führungskräfte und Mitarbeiter mit Begeisterung verkaufen und die Verbindlichkeit ersuchen, um nicht nur das Herz und den Verstand zu gewinnen. Zu allererst kommunizieren Sie, was die Strategie ist, so dass die Menschen zumindest sagen können: „Ja, ich weiß, was unsere Strategie ist".

Die zweite Stufe ist, warum haben Sie sich für diese spezielle Strategie entschieden und darauf geeinigt?

Am Ende sollten die Mitarbeiter sagen: „Ich weiß, was die Strategie ist. Ich verstehe, warum wir diese Strategie haben und ich verstehe auch, warum sie für mich wichtig ist."

In der nächsten Stufe sollten Sie sich darauf konzentrieren, die Strategie glaubhaft und glaubwürdig zu machen. Mitarbeiter sollten das Gefühl bekommen, dass sie umsetzbar ist, so dass sie sagen können: „Ich kenne die Strategie, ich verstehe sie, ich erkenne die Bedeutung für mich und meinen Bereich und ich denke, ich kann es erreichen und tun. Es ist nicht unmöglich."

Dann geht es darum, die ersten Erfolge zu zeigen, denn Ergebnisse sind gewichtiger als Worte.

Die letzte Stufe bedeutet, die Herzen der Mitarbeiter zu erreichen. Jetzt sollte die Begeisterung überschlagen und die Reaktion sein: „Ich verstehe die Strategie und ihre Bedeutung. Es ist machbar und ich will persönlich zur erfolgreichen Umsetzung beitragen." Das ist emotionales Commitment. Nur ein Team als Ganzes schafft die Veränderung. „Wir gewinnen alle zusammen oder wir verlieren alle zusammen". Überlegen Sie, welche Führungskräfte sich besonders eignen, die Begeisterung und die Führung im Sinne der Motivation zu übernehmen.

Es ist zentrale Aufgabe der Personalabteilung, alle Mitarbeiter durch diesen vierstufigen Prozess durchzuführen und mitzunehmen. Die Art und Weise, wie die Personalabteilung die Geschäftsleitung dabei unterstützt, die gewählte Strategie zu verkaufen, um die Belegschaft zu energetisieren und zu vereinen, ist ein kritischer Erfolgsfaktor.

Ein Kapitän, der eine neue Reise plant, sorgt dafür, dass jeder seinen Platz im Boot hat und dass alle im selben Boot sitzen und das gleiche Ziel vor Augen haben. Haben Sie dafür die richtige Besatzung?

Veränderungsmanagement, Teamidentifikation, Commitment

In der Phase der Strategieumsetzung sind Teamentwicklung und Team-(neu-)bildung wichtige Maßnahmen, um schnell und erfolgreich die erforderlichen Veränderungen zu meistern. Als praxisrelevantes Modell für Veränderungen (Changemanagement) hat sich das Konzept der Logischen Ebenen erwiesen, welches das Lernen auf fünf aufeinander aufbauenden Ebenen beschreibt. Es lässt sich bei der Analyse, Beschreibung und Durchführung von Veränderungsprozessen einsetzen.

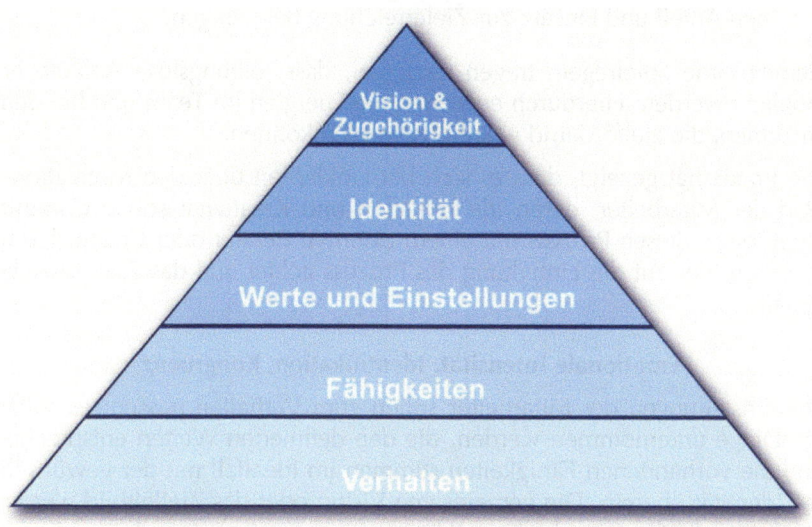

Abbildung 3: Die Ebenen für die erfolgreiche Teamentwicklung

Kooperation und Synergie werden häufig genannt, spricht man über Projektteams, Task Forces, Arbeitsgruppen, Quality- oder Change Teams. Bevor Teammitglieder oder mehrere Teams miteinander kooperieren und in wünschenswerter Weise Synergien erzeugen können, ist es zunächst einmal wichtig, den Standort zu bestimmen und neben dem Ist-Zustand den Soll-Zustand (Ziel) zu definieren.

Dies wird wohl in der Praxis zunehmend vernachlässigt und als selbstverständlich abgetan. Aber damit wird ein wichtiger Hebel in der Umsetzung nicht umgelegt.

Beantworten Sie für sich folgende Fragen. Sie helfen Ihnen bei der Teamentwicklung:

1. Identität: Wer sind wir als Team? Wozu gehören wir?

2. Vision: Wo wollen wir gemeinsam hin?

3. Werte und Einstellungen: Was ist uns wichtig? Woran glauben wir?

4. Fähigkeiten: Was können wir? Welche Ressourcen haben wir? Was wird benötigt?

5. Verhalten: Was tun wir? Woran erkennen wir und andere ganz konkret, dass wir unsere Ziele erreicht haben?

6. Commitments (Selbstverpflichtung): Fühlt sich jeder verpflichtet, seinen Anteil und Einsatz zur Zielerreichung beizutragen?

Gemeinsame Spielregeln tragen dazu bei, dass reibungslose Abläufe ermöglicht werden. Hierdurch entstehen die Energien im Team und bei dem Einzelnen, die zielfördernd eingesetzt werden können.

Die Praxis hat gezeigt, dass es sich bei Unklarheit über den Motivationsgrad der Mitarbeiter, deren Identifikation und Kreativität sowie Commitment lohnt, diesen Prozess mit einem externen Berater oder Coach durchzuführen, der auf die Einhaltung des Prozess achtet und das Ziel im Auge behält.

Emotionale Intensität, Identifikation, Kongruenz

Die Einstellungen der Mitarbeiter sollen zum Verhalten passen; es sollen die Dinge unternommen werden, die den definierten Werten entsprechen und die vorhandenen Fähigkeiten stimmen im Idealfall mit der gewünschten Identität überein. Die gemeinsame Vision oder das Zielleitbild werden gelebt. Ist die Situation in ihrem Unternehmen anders, dann lautet die Diagnose: Diskrepanz zwischen den genannten fünf Ebenen innerhalb der Teams und Inkongruenz, die zum Energieverlust führt.

Wie beim Individuum zeigt sich auch im Team oder in Organisationen eine Inkongruenz.

Oft fehlt es an Energie, an Zusammengehörigkeitsgefühl und an der Überzeugung, alle Ressourcen optimal zu nutzen. Somit bleiben innerlich unverbundene Teams weit unter ihrem Leistungspotenzial. Auch gegenüber den internen und externen Kunden führt die Unverbundenheit und Gegensätzlichkeit zu fehlender Glaubwürdigkeit und Integrität – häufig genannte Unternehmenswerte, schaut man auf die „Wertetafeln" der Fortune 500 Unternehmen und anderen. Diese Inkongruenz ist der Anfang und Grund für den energielosen Zustand, der inneren Kündigung, in der sich viele Mitarbeiter befinden.

Der Weg, maximale emotionale Intensität zur Umsetzung zu erzeugen, führt über einen Identifikationsprozess, der Zeit benötigt. Und zwar Zeit, die sich ein Vorgesetzter bzw. ein Leader mit seinen Mitarbeitern und seinem Team nimmt, um seine Einheit bestmöglich hinter die Strategie zu bringen. Gerade in hektischen Zeiten ist es wichtig, dass Mitarbeiter um die Wichtigkeit von Firmengrundsätzen, Firmenrichtungen und abgeleiteten Zielen wissen.

Denn wenn es hektisch wird und viele Dinge gleichzeitig zu erledigen sind, ist der Blick für das Wesentliche, auf die wirklich wichtigen Ziele, eine Notwendigkeit, um großen Einfluss auf die Resultate in den Geschäftsergebnissen zu nehmen.

1.3.4 Schritt 4: Umsetzung überwachen und permanent lernen

In der Überwachungs- und Lernphase werden die operativen Abläufe anhand der vom operativen Plan definierten Kennzahlen überprüft und strategische Abläufe überwacht.

Hier eignen sich Sitzungen, in denen Manager die Leistung der verschiedenen Geschäftsbereiche und Konzernfunktionen bewerten. Probleme werden identifiziert und gelöst. Es wird anhand der Balanced Scorecard geprüft, welche Fortschritte gemacht wurden. Laufende Stimmungsumfragen mit einigen Fragen werden zweimonatlich an alle Mitarbeiter gesendet, um das Stimmungsbarometer und deren Entwicklung zu berücksichtigen. Das Management sollte in den operativen und strategischen Lagebesprechungen immer einen Kompromiss zwischen Breite und Tiefe der Themenpalette finden. Maximal sollten zwei strategische Themen pro Sitzung besprochen werden. Mit Farbcodes versehene Strategy Maps oder „Ampelanalyse" lassen sich die aktuelle Geschäftslage und der Fortschritt in der Umsetzung verfolgen und sichtbar machen.

1.3.5 Schritt 5: Strategie testen und anpassen

Strategie testen und anpassen bedeutet, die gewünschte Rentabilität aus den Leistungskennzahlen des Strategieplans zu analysieren, die Wechselwirkungen zwischen den strategischen Größen zu diagnostizieren und Verbesserungsvorschläge einfließen zu lassen (Feedback aus der systemischen Organisation). Activity-based Costing liefert dabei Managern einen Überblick über Aufwand und Ertrag pro Produktlinie, Kunde, Marktsegment, Vertriebskanal und Region. Coaching und Mitarbeiterführung sowie die klassischen Instrumente des Change Managements helfen dabei, Schwierigkeiten auf individueller oder organisatorischer Ebene zu überwinden und den Prozess im Gang zu halten. Ist der erste kräftige Impuls aus dem Schritt 3 in der Mitarbeiterschaft aufgenommen worden, setzt sich die Veränderung in Gang.

Auch externes Feedback von Kunden oder Zielgruppen sollte das Unternehmen veranlassen, eine Strategie abzuändern oder eine revolutionäre Strategie aufzugeben, wenn der Markt nicht bereit ist oder die internen Prozesse und Mitarbeiter nicht ausreichend auf die Strategie auszurichten sind. Hier bietet sich dann eher eine Weiterentwicklung der bestehenden Marschrichtung an.

Weil die innovativsten Konzepte auf den inneren (Sandwich-)Managementebenen entstehen (man ist nicht zu nah am Tagesgeschehen dran und nicht zu weit vom Kunden entfernt), ist es sinnvoll, jährlich stattfindende Strategietreffen für Führungskräfte zu organisieren, um ihnen die Gelegenheit zur Diskussion und Rückmeldung mit dem Top Management zu geben, damit auch die Meinung und Wahrnehmung von Mitarbeitern eingebracht und reflektiert werden kann.

1.4 Handlungskompetenz – Die sieben K-Faktoren

Handlungskompetenz, die ihre Umsetzungskraft bestimmt, besteht somit aus einigen wichtigen Zutaten:

- **Klarheit** und Kenntnis über die Ziele selbst und ihre Wichtigkeit sowie klare Kennzahlen für die Messung und Überwachung.

- **Kompetenzentwicklung**, sodass Mitarbeiter mit dem richtigen Wissen ausgestattet sind und Teamleiter wie auch Führungskräfte die notwendigen Kompetenzen für Entscheidungen haben.

- **Kommunikation** nach innen und außen, denn der einzige Weg Menschen und sich selbst zu motivieren, ist die Kommunikation. Ohne Information und Kommunikation ist Tätigkeit und menschliches Zusammenleben undenkbar. Information ist Hol- und Bringschuld zugleich. Wichtig ist in der Kommunikation auch die Rückmeldung des Empfängers in der Gestaltung zwischenmenschlicher Beziehungen. Wir sind „human beings" und keine „human doings".

- **Konzentration** der Arbeitsenergie auf wenige und wichtige Projekte (max. 3).

- **Kontrolle**, denn wenn man es nicht nachverfolgt, kann man es auch nicht verbessern. Sinnvoll eingesetzt, können Kontrollen das Engagement und die Leistungsbereitschaft der Mitarbeiter steigern und die Weiterentwicklung ihrer Kenntnisse und Fertigkeiten fördern. Kontrolle ist somit auch ein Instrument der Mitarbeiterentwicklung (Führungsaufgabe), die auf die Vermeidung von Fehlern zielt. Sie soll Steuerung statt Überprüfung sein und dem Mitarbeiter helfen, den Erfolg seiner Arbeit zu bestimmen, denn Vertrauen ohne Kontrolle ist blindes Vertrauen.

- **Konsequenz** und Disziplin nach der gemeinsamen Zieldefinition und Formulierung für die Umsetzung der Ziele und Pläne. Konsequente Verpflichtung der Mitarbeiter hinsichtlich der Strategie und Glaube an deren Erreichbarkeit.

- **Kontinuität** in der Fokussierung auf die wesentlichen Aktivitäten mit hoher Priorität seitens der Teams und jedes einzelnen Mitarbeiters für die Zielerreichung. Kontinuität in der Messung der Ergebnisse, kontinuierliches Leben einer Ergebniskultur und rechtzeitige Kurskorrekturen. Das verlangt **Kraft** zur Tat nachdem alle Beteiligten wissen und verstanden haben, was zu tun ist und was man selbst beizutragen hat. Der Schlüssel zum Erfolg heißt Handeln.

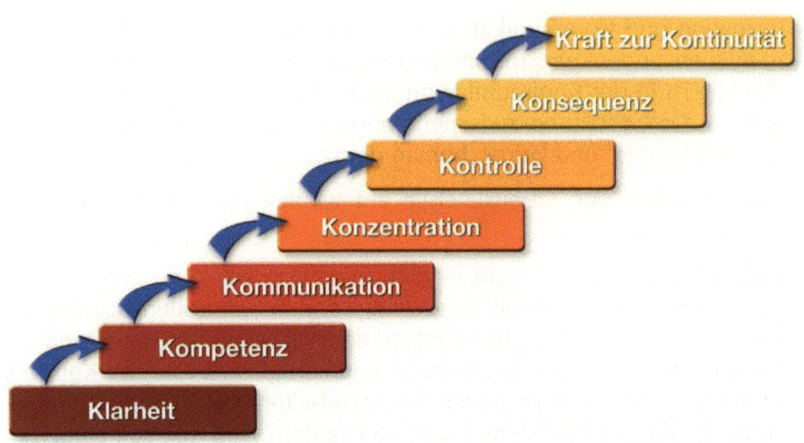

Abbildung 4: Die 7 Ks zur Steigerung ihrer Handlungskompetenz

Visionen und abgeleitete Strategien, die in Unternehmen entwickelt werden, lassen sich nur verwirklichen, wenn passende Strukturen geschaffen werden. Um Strukturen zu schaffen, ist es wichtig, vorhandene Werte und Einstellungen in der Unternehmens- oder Teamkultur zu kennen, zu überprüfen und ggf. anzupassen.

Die Erreichung einer hohen Identität in Teams und bei den Mitarbeitern hinsichtlich der Vision und der Strategie unterstützt sichtbar die Umsetzungskompetenz und Geschwindigkeit.

Denn Umsetzung ist der Unterschied, der den Unterschied macht.

2. Vertriebsmanagement

Ein Managementsystem zeigt Mitarbeitern, wo sie Kompromisse zwischen Kunden- und Firmeninteressen machen sollten. Die Praxis zeigt, dass Unternehmen heute in zwei Extreme fallen können:

1. Der Kunde ist König (Kundenorientierung)

2. Das Unternehmen, vertreten durch den Vorgesetzten, ist König (Managementorientierung)

Im Fall der Kundenorientierung wird der Vertrieb über Ergebnisse geführt. Das Management belohnt Verkaufsmitarbeiter, Teamleiter und Regionalleiter bzw. Bereichsleiter auf Basis von Umsatzgrößen, Marge oder Gewinn und somit dem Resultat aus der Aktivität mit dem Kunden. Bei der Managementorientierung basiert der Anreiz auf dem tatsächlichen Verhalten der Verkäufer. Wichtige Kennzahlen sind also Aktivitäten, Verhalten oder aufgewendete Zeit für die Kundenprojekte oder die Beziehungspflege auf den verschiedenen Ebenen und Regionen.

Oft wird es schwierig, wenn die Vertriebsmitarbeiter nicht mehr sicher sind, wer eigentlich der Chef ist. Wie der Volksmund sagt: Dein Gehalt zahlt dir der Kunde- und wer ist der Kunde?

Diese Verwirrung kann der Grund dafür sein, dass eingesetzte Kontrollsysteme für den Vertrieb miteinander in Konflikt stehen und entsprechend hemmende Wirkungen auf die Gesamtleistung haben. Während sich Verkäufer bemühen, Konflikte innerhalb des Unternehmenssystems zu lösen oder zu vermeiden, werden die Konsequenzen deutlich sichtbarer, denn zunächst behindert der Konflikt den Verkäufer, dann das Team und schließlich die Verkaufsorganisation. Mit der Konsequenz, dass die Leistungsträger durch die Unsicherheit das Unternehmen verlassen, denn Menschen haben die natürliche Bestrebung, das Extrem anzustreben, welches am Besten zu ihnen passt. Nur wenige Unternehmen sollten die Gesamtkontrolle über ihre Verkäufer daher entweder nur dem Kunden oder nur dem Management übertragen. Im Folgenden betrachten wir die Auswirkungen, die solche Widersprüche innerhalb der Managementsysteme für das Vertriebsteam haben und welche Zwischenlösung sich für ihre Situation bietet, so dass die Unternehmensstrategie, das Wettbewerbsumfeld, Ihre Marktstrategie (Vertrieb über Preis, Vertrieb von Produkten mit Zusatznutzen wie Service oder Vertrieb von kundenspezifischen Lösungen) bestmöglich berücksichtigt werden.

Ein Managementsystem definiert Regeln, die u. a. festlegen wie Mitarbeiter geschult, kontrolliert, bewertet, beurteilt und motiviert bzw. vergütet werden. Es vermittelt den Mitarbeitern auch, welche Kompromisse sie aus Sicht des Unternehmens eingehen sollten, wenn Diskrepanzen zwischen dem auftreten, was sie tun möchten, um z. B. einen Kunden höchstmöglich zufrieden zu stellen und dem, was sie tatsächlich tun können, wie z. B. mit den vorhandenen Ressourcen den Kunden bestmöglich zufrieden stellen. Im ausgereiften Managementsystem finden sich die folgenden sieben Kriterien, die in einem System zusammengestellt werden. Wollen Sie Ihren Vertrieb effektiv steuern, ist es wichtig, welche Messgrößen herangezogen werden (siehe linke Spalte). Aus der Beantwortung der nachfolgenden Fragen zu den sieben Kriterien können Sie schnell erkennen, ob Ergebnisse oder Verkäuferverhalten im Vordergrund stehen oder wie Ihre Kombination aussieht.

Kriterium	Ergebniskontrolle (kundenorientiert)	Verhaltenskontrolle (managementorientiert)
1. **Anzahl der Leistungskriterien** Werden die Verkäufer anhand von 3 oder mehr als 10 Kriterien bewertet?	Die Verkäuferleistung wird anhand einiger nachvollziehbarer Messwerte vom Kunden gesteuert	Das Management bewertet die Leistung eines Verkäufers subjektiv anhand vieler Kriterien
2. **Schwerpunkt der Leistungskriterien** Wird das Engagement des Verkäufers in die Bewertung vom Management einbezogen oder nur die Ergebnisse?	Manager achten verstärkt auf Endergebnisse	Manager achten besonders darauf, wie Ergebnisse zustande kommen
3. **Transparenz der Bewertungskriterien** Wie objektiv, klar und präzise sind die Bewertungen im Unternehmen?	Kriterien sind transparent im System und für jeden nachvollziehbar	Bewertungskriterien sind nicht für alle einsehbar und nachvollziehbar

Kriterium	Ergebniskontrolle (kundenorientiert)	Verhaltenskontrolle (managementorientiert)
4. **Häufigkeit des Kontakts** Wie häufig und regelmäßig ist der Kontakt zwischen Manager und Verkäufer?	Kontakt gering (ca. zweimal pro Woche)	Kontakt häufig und intensiv (täglich, persönlich und telefonisch)
5. **Grad der Managementüberwachung** Das Management hat ein ernstes Interesse an den Berichten des Verkäufers oder ist es nur pure Administration?	Management überwacht selten (einmal pro Woche)	Management überwacht täglich die Leistung und Kennzahlen und Ergebnisse des Vertriebs
6. **Menge der Beratung** Ist der Manager im Austausch mit dem Verkäufer wie er seine Fähigkeiten und Verhalten verbessern kann (Coachingansatz)?	Wenig Betreuung (max. einmal pro Monat für 1–2 Stunden)	Intensive Betreuung (wöchentlich 1–2 Stunden)
7. **Vergütungssystem** Vergütung geht über starken variablen Anteil oder mit hohem Fixgehalt plus geringen Leistungsbonus?	Variabel (ca. 40 % – 50 %) und an kundenorientierte Ergebnisse geknüpft	Fixgehalt (min. 80 %). Bonus anhand von Bewertungen des Managements (z. B. Jahresgespräch)

Quelle: Harvard Business Manager, Spezial „Vertrieb", Okt. 2006, S. 59 ff.

Die Kriterien in der Tabelle können Sie ebenso als wichtige Management-werkzeuge in Ihre Führung einbauen, um Ergebnisse bzw. Verhalten zu bewerten.

Die Konsequenzen der beiden Pole bedeuten einerseits, dass Verkaufsmit-arbeiter in kundenorientierten Firmen eine hohe Autonomie (Unterneh-mergeist) genießen und man erwartet, dass diese genutzt wird und ande-rerseits, dass Vertriebsmitarbeiter in managementorientierten Organisatio-nen stark auf die Hinweise ihrer Vorgesetzten achten und was das Unter-nehmen von ihnen erwartet und belohnt. Insbesondere achten die mana-gementorientierten Verkäufer im Tagesgeschäft (Kundenkommunikation) darauf, was ihre Manager sehen möchten und was vermutlich in den Leis-tungsbewertungen aufgenommen wird. Die Motivation beruht somit auf Belohnungen durch eigene Erfolgserlebnisse, persönliche Weiterentwick-lung, dem guten Gefühl etwas gelöst zu haben sowie Teamwork und be-ruflicher Aufstieg.

Manager haben eine Tendenz, Macht zu erlangen und wollen oft mehr Gehorsam vom Verkäufer.

Sie achten auf Verhaltenskontrolle (Pünktlichkeit, Auftreten, Rhetorik, Un-ternehmens-Botschaften an den Kunden, Markenverhalten usw.) und for-dern Prozesskonformität (z. B. Berichtswesen und Abläufe). Manager in kundenorientierten Unternehmen haben oft minimalen Kontakt mit den Verkäufern und bieten wenig Betreuung, weil sie oft eigene Umsätze errei-chen müssen (Ergebnisorientiert). Die Vertriebsteamkultur ist dann eine Wettbewerbskultur, wie sie häufig in amerikanischen oder italienisch-en Unternehmen zu finden ist und weniger in Schweden, Japan, China oder Korea.

Ein Beispiel aus der Praxis belegt, dass Manager in managementorientier-ten Unternehmen das unkooperative Verhalten der Mitarbeiter im Vertrieb bemängeln und versuchen Abhilfe zu schaffen, indem sie deren Aufmerk-samkeit auf das lenken, was ihrer Meinung nach zu tun wäre. Weil hier z. B. Kunden dieser Firma unterschiedlich groß waren und entsprechend unterschiedliche Anforderungen an den Vertrieb stellten, mussten die An-gebote für jeden Kunden maßgeschneidert werden (kundenzentrierte Marktstrategie im Lösungsbereich). Ein hoher variabler Gehaltsanteil ermu-tigte die Verkäufer, alles Erforderliche zu tun, um die Geschäfte abzu-schließen. Gleichzeitig bemängelten sie die Überkontrolle seitens der Vor-gesetzten, die ihre Energie einsetzten, um herauszufinden, was Mitarbeiter taten (Verhaltenskontrolle) und ihnen teils widersprüchliche Anweisungen gaben. Die inneren Konflikte führten zu hohem Energiefluss und waren zum Nachteil des Kunden. Wird dieser Konflikt nicht im Management rechtzeitig erkannt, kündigen schnell die Kunden wegen mangelnder Betreuung und dann die erfolgsorientierten Verkäufer, weil sie durch Überkontrolle keine Zeit haben, die maßgeschneiderten Lösungen für Kunden entsprechend anzubieten. Hinzu kam, dass durch das managementorientierte Führungssystem Vertriebsmitarbeiter nicht wussten, was das Management denkt und wie sie sich verhalten sollten. Dies ist ein klassischer Konflikt zwischen ergebnisorientierter Vergütung (Ergebniskontrolle) trotz einer managementorientierten Führungskultur (Überkontrolle des Verhaltens hält vom Kundenfokus ab).

Typisch ist auch der Konflikt, dass die Manager in einem Vertriebsmanagementsystem mit Fokus auf Verhaltenskontrolle durch Abwesenheit glänzen, weil sie selbst Verkaufsziele erreichen müssen, jedoch die Verkäufer erwarteten, ihr Verhalten durch die Betreuung der Manager weiterentwickeln zu können, um die Karriere zu fördern. Fehlende Transpa-renz und Klarheit sind weitere Schwachpunkte in einem „uneinheitlichen" System.

Abschließend stellt sich die Frage nach dem System für Ihr Unternehmen. Es sollte eindeutig in eine Tendenz zeigen und dennoch eine Balance mit der einhergehenden Kontrolle aufweisen. In der Praxis hat sich bewährt, zunächst den Fokus auf Verhaltenskontrolle zu legen und nach einigen Wochen der aktiven Betreuung durch den Manager (Mentor) auf hohe Ergebniskontrolle umzusteigen. Oft sind aber die Vergütungssysteme nicht für die notwendige Flexibilität ausgelegt. Viele Firmen setzen Verhaltenskontrolle nur deshalb ein, weil ihre Verkaufszahlen ihnen keinen Aufschluss darüber geben, wie viel jeder Einzelne zum Erfolg beiträgt.

Vertrauen wäre hier ein richtiger Schritt in eine ergebnisorientierte Kultur, und Verhaltenskontrolle funktioniert nur, wenn Sie wissen, welches Verhalten Sie fordern und welches Sie vermeiden wollen. Wägen Sie daher alle Elemente sorgfältig gegeneinander ab, die Sie in Richtung Ergebniskontrolle oder Verhaltenskontrolle ziehen.

2.1 CRM

Das Customer Relationship Management (CRM) oder Kundenbeziehungsmanagement beinhaltet die Kundenpflege, bezeichnet die konsequente Ausrichtung einer Unternehmung auf seine Kunden und die systematische Gestaltung der Kundenbeziehungs-Prozesse. Kundennähe ist, wenn der Kunde und nicht die Produkte oder Lösungen zurückkommen. Kunden kaufen auch keine Produkte, sondern das, was ein Produkt leistet.

Ihre Kunden werden Sie früher oder später auf Kurs bringen. Entweder früher, dann auf Erfolgskurs, oder später, dann auf Konkurs.

Peter F. Drucker

CRM unterstützt die Kommunikation im Kundenprozess mit verlässlichen Zahlen, Daten, Fakten, um die Aufmerksamkeit in Beziehungen mit einem hohen Kundenwert zu konzentrieren und Defizite im Kundendialog zu identifizieren. Ein Verkaufsansatz ist das Key-Account-Management.

Als computerunterstützende Instrumente gibt es eine Vielzahl an CRM-Software, die nach einer vorher definierten Struktur einen standardisierten Arbeitsvorgang im System sicherstellt und Daten für alle Anwender leicht zugänglich macht und auswertet. Ein CRM System orientiert sich vor allem an den Prozessen in der Kundenbeziehung und sucht nach ständiger Verbesserung anhand von Erfahrungen in der Anwendung aus der Praxis.

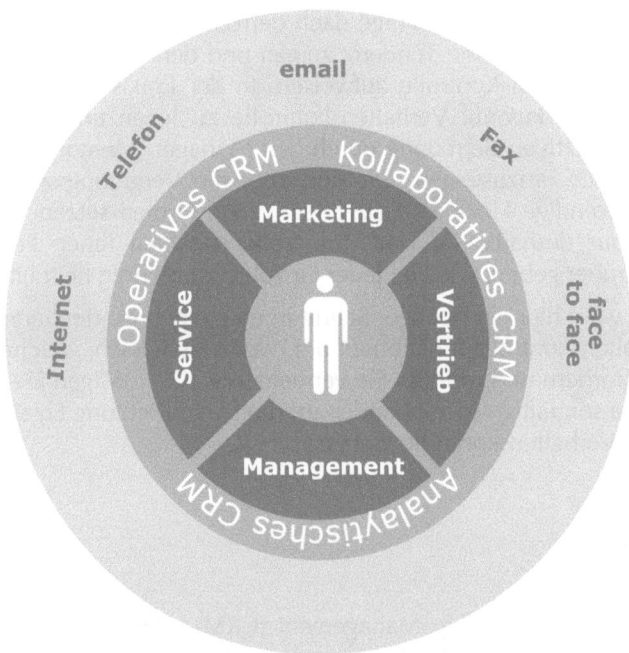

Abbildung 5: CRM Modell

Ein Beispiel für die Anwendung von CRM aus den drei wesentlichen Bereichen:

- Marketing

- Vertrieb

- Service

Die Marketingabteilung (Marketing) selektiert die Kundendaten für eine gezielte Kundenansprache im Rahmen von Kampagnen. Der Vertrieb (Sales) und die Servicetechniker (Service) nutzen eine zentrale Datenbasis, um allen Beteiligten im Unternehmen eine einheitliche Sicht auf den Kunden und dessen Historie zu ermöglichen. Kundenreaktivierung ist ein weiterer und wesentlicher Aspekt im Kundenrückgewinnungsmanagement. Hier wird in der Praxis viel Potenzial verschenkt, denn außer einer freundlichen Briefantwort aufgrund der eingegangenen Kündigung des Kunden passiert wenig.

Eine aktuelle Antwort eines Schweizer Breitbandanbieters:

„...wie bedauern Ihre Kündigung ....Es ist unser Bestreben, uns und unsere Dienstleistung ständig zu verbessern. Rufen Sie uns gratis auf 0800... an und geben uns nochmals eine Chance."

Die Bemühung kam wohl zu spät.

Ehemalige Kunden können gezielt angesprochen werden und erfahren beispielsweise nach Behebung der Wechselgründe eine besondere Betreuung.

Nutzen eines CRM Systems:

- Transparenz der Kundendaten für alle Mitarbeiter

- Einfache Auswertungen für das Marketing und den Vertrieb

- Kaufverhalten, Merkmale und Präferenzen von einzelnen Kunden

- Umsatz und Kosten pro Kunde

- Loyalität und Zahlungsverhalten des Kunden?

- Personalisierte Ansprache und individuelle Angebote aufgrund des Kaufverhaltens

Bei Customer-Relationship-Management (CRM)-Systemen stehen Branchenlösungen hoch im Kurs, die im Standard typische Prozesse abbilden. Künftige Entwicklungen müssen das kollaborative CRM mit Web 2.0 stärker berücksichtigen, denn offene IT-Architekturen und Web Services werden an Bedeutung gewinnen.

Wie Web 2.0 die Kundenkommunikation verändert

Das kommunikative CRM, das das gesamte Multichannel-Management umfasst, erhält durch neue Ansätze wie Web 2.0 neue Formen der Kundenansprache. Web 2.0-Anwendungen wie Blogs, Foren, Twitter, Wikis, Web-Konferenzen und Webinare verändern die Kommunikation zwischen Kunden und Unternehmen. Über sogenannte Brand Communities, ergibt sich für die Unternehmen die Möglichkeit des direkten Dialogs mit dem Kunden: vom zielgruppengerichteten und personalisierten Marketing mit Feedback-Aktionen bis hin zur interaktiven Einbeziehung des Kunden in die Produktentwicklung.

Immenses Potenzial haben die offenen Social Communities mit "User Generated Content" – allen voran Twitter und facebook. Diese nutzen die Unmengen an Informationen und Millionen von Profildaten beispielsweise für virales Marketing. Beiträge in diesen Foren können Kaufentscheidungen beeinflussen und üben damit direkten Einfluss auf Erfolg oder Misserfolg von Unternehmen, Produkten und Marken aus. Dies gilt sicherlich im stärkeren Maße für die CRM-Lösungen im B2C-Bereich. Mittelfristig wird sich das Web 2.0 jedoch auch im B2B-Bereich etablieren. Die Einbindung von Web 2.0 in CRM-Lösungen ist daher eine Herausforderung, der sich die Unternehmen stärker als bisher stellen sollten.

Künftige Wertschöpfungspotenziale liegen neben dem Web 2.0 auch im Auf- und Ausbau des kollaborativen CRM. Hier geht es einerseits darum, den Kunden interaktiv in die Prozesse mit einzubeziehen. Kollaboratives CRM greift aber andererseits über die Organisations- oder Unternehmensgrenzen hinaus und integriert beispielsweise externe Lieferanten, Vertriebskanäle oder Dienstleister in die Zusammenarbeit. Dadurch können die Prozesskosten reduziert und Prozessgeschwindigkeiten verbessert werden. Kollaboratives CRM bezieht sich darauf, dass CRM nicht nur innerhalb einer Organisationseinheit oder einer Unternehmung umgesetzt wird, sondern über Organisations- und Unternehmensgrenzen hinaus. In der Praxis kann dies z. B. bedeuten, dass CRM nicht nur in der Außendienstvertriebsorganisation umgesetzt wird, sondern im gesamten Vertrieb. Hier müssen dann integrativ Konzepte gefunden werden für das Pricing, Rabatte und Zielgruppenfokus, um die Kräfte zu bündeln und den Kunden gezielt und mit einheitlichen Zielsetzungen und klar abgegrenzten Verantwortlichkeiten anzusprechen. Hierzu gehört z. B. auch die Abgrenzung zwischen Neugeschäft und Servicegeschäft speziell bei Investitionsgütern. Kollaboratives CRM über die Unternehmensgrenzen hinaus bezieht in ein einheitliches CRM-Konzept z. B. externe Lieferanten, externe Vertriebskanäle, externe Dienstleister, externe Logistikunternehmen mit ein. Durch die

Optimierung entlang der gesamten Wertschöpfungskette können die Prozesskosten, der Medieneinsatz sowie die Prozessgeschwindigkeit noch weitreichender optimiert werden. Im kollaborativen CRM wird – ausgehend von Autoren an der Harvard Business School (Kracklauer/Mills/ Seifert) – auch eine mögliche Weiterentwicklung für das Category-Management (Warengruppenmanagement) gesehen. So eröffnet das Collaborative CRM neue Wege für Industrie und Handel, gemeinsam entlang der Wertschöpfungskette Kundengewinnung, Kundenbindung und Kundenentwicklung über das reine Warengruppenmanagement hinaus zu betreiben.

Neue Anforderungen an CRM-Lösungen ergeben sich zudem durch den raschen Markt-Kunden-Wandel.

Für die künftige Generation der CRM-Systeme wird daher eine offene IT-Architektur immer wichtiger, die mittels Web Services eine schnelle Anpassung der Prozesse erlaubt. Nur so können Unternehmen den Bedürfnissen ihrer Kunden auch in Zukunft gerecht werden.

Potenzielle Engpässe und Problemfelder bei einer CRM-Einführung:

- fehlende Zustimmung der Betroffenen gefährdet Projekte

- CRM darf kein Datenfriedhof und kein Selbstzweck sein.

Erfolgsfaktoren bei der CRM-Einführung

Erfolgsfaktor	Beschreibung	Was müssen wir tun?
Konzept	Geschäftsprozesse im Vertrieb, Marketing und Service wurden diagnostiziert	
	Klare CRM Strategie und Ziel	
Kundenbeziehung	Kundenbetreuung ist differenziert und fokussiert auf „wertvolle" (Schlüssel) Kunden	
	Kundenprozesse fokussieren auf schnelle Problemlösung der Kundenbedürfnisse	
	Die Kundenbeziehung ist lernend, d. h. neue Informationen werden im System gepflegt und Kunden werden eingebunden	
CRM System	System lässt sich auf eigenes Umfeld anpassen	
	zielorientiertes Projektteam (mit erfahrenen Mitarbeitern, unter Einbeziehung von CRM Experten)	
	skalierbare CRM Architektur unter Berücksichtigung von Performance	
	Verfügbarkeit ist firmenweite (ggf. weltweite) schnelle Wiederherstellung des Systems bei Ausfall (< 4 Stunden national)	
	Bereinigung bestehender Datenbestände vor Übernahme	
	Datenschutzrichtlinie vorhanden	
	Integrierbarkeit der Software in bestehende Informations- und Kommunikationstechnologie (Schnittstellen schaffen),Online/Offline Nutzung	
Akzeptanz	Management und Mitarbeiter unterstützen die Einführung (Changemanagement)	
	Einbeziehung der Mitarbeiter bei der Entwicklung/Einführung, besonders Außendienst/Vertrieb und Service	

2.1.1 Akquisitionsmanagement –
Die vernachlässigte Phase des CRM

Das Kunden-Beziehungs-Management wird wie in der obigen Abbildung (Das CRM Modell) sichtbar in kommunikatives/kollaboratives, analytisches und operatives CRM eingeteilt. Der kommunikative Teil unterstützt die direkte Schnittstelle zum Kunden, leistet also das Kontaktmanagement im Bereich Service sowie Vertrieb und damit den Aufbau strukturierter Daten über den Kunden und den relevanten Ansprechpartner in den Kontaktfunktionen. Das kommunikative-kollaborative CRM stellt die verschiedenen Kommunikationskanäle für den Kundenkontakt bereit und überwacht die Abarbeitung der Aufgaben, die bei der Kontaktpflege entstehen. Analytisches CRM stützt sich auf zentral verwalteten Daten (Data-Warehouse) und mit Hilfe von Analysen werden mittels Business Intelligence-Methoden wie z. B. Data-Mining strategische Kundenkontaktstrategien durch das Marketing entwickelt, um die Zielgruppe oder den individuellen Kunden bestmöglich zu betreuen. Im operativen CRM können diese Kundenanalysen dann für Kundenbewertungen, Kundensegmentierungen etc. genutzt werden. Ausgehend von der Kundenadresse (z. B. Unternehmenszentrale) wird eine Struktur der Niederlassungen im In- und Ausland elektronisch abgebildet. Hier werden sodann alle relevanten und interessanten Informationen über Personen, Entscheidungsprozesse, strategische Unternehmensentwicklungen, Kaufhistorie, Organisationsstruktur zum bestehenden bzw. potenziellen Kunden verwaltet.

Ursprünglich wurden CRM Lösungen für CRM-Systeme für Branchen mit zahlreichen Einzelkunden wie z. B. Vertriebsorganisationen, Versandhäuser, Versicherungen, etc. konzipiert.

Eine Softwarelösung für das Akquisitionsmanagement im Großprojektgeschäft (z. B. Bauwesen, Infrastrukturprojekte, Automationsanlagen, Fahrzeugentwicklung, Energietechnik usw.) muss entsprechend den komplexen und langfristigen Anforderungen (projektbezogene statt kundenbezogene Sichtweise) berücksichtigen. Die Entscheidung darüber, wie ein Projekt akquisitorisch weiter zu verfolgen oder ein Angebot zu erstellen ist, wird wesentlich über „Projektdaten" wie die voraussichtliche Installationszeit (z. B. unternehmensweite Implementierung von Warenwirtschaft- und Datenbanklösungen), die Größenordnung des Projekts, technische Spezifikationen, Kompatibilitätsanforderungen, Standardkonformität usw. beeinflusst. Somit sind viele Aktivitäten bereits während der Akquisitionsphase genau auf diese projektspezifischen Gegebenheiten auszurichten und in Angebote einzufügen.

Besonders offensichtlich wird die eingeschränkte Eignung klassischer, rein-rassiger CRM-Systeme in Großprojekten dann, wenn man betrachtet, welche Auswertungen der Kunde während der Implementation, der Abnahme und der sogenannten After-Salesphase erwartet.

Wird ein Auftrag durch einen positiven Akquisitionsprozess gewonnen, so sollte die CRM-Lösung in der Lage sein, den Prozess nahtlos weiter begleiten zu können, ohne dass ein „Medienbruch" stattfindet. In der Auftrags-abwicklung finden sich die abzubildenden Aufgabenstellungen: Verfolgung aller Projektaufgaben (Projektmanagement), Pflichtenhefte, Termin-management (Roll-Outs) usw. Diese Anforderungen gehen weit über das Leistungsspektrum klassischer CRM-Systeme hinaus oder bedürfen starker Anpassung des CRM Anbieters.

Das Customer Relationship Management (CRM) ist eine bewährte Geschäftsstrategie, die auf den systematischen Aufbau und die Pflege dauerhafter und profitabler Kundenbeziehungen zielt. Die Umsetzung dieser Strategie lässt sich durch geeignete Software unterstützen. Grundsätzlich eigenen sich CRM-Lösungen auch als Akquisitionswerkzeuge. Aufgrund zahlreicher Besonderheiten der einzelnen Branchen unterliegt ein rein adressbezogenes CRM-System für die Akquise einer projektbezogenen Lösung. Das gilt vor allem dann, wenn es funktional nicht mit dem Zeitpunkt der Auftragserteilung endet, sondern auch den weiteren Implementierungsprozess unterstützt. Branchenspezifische Lösungen sind aufgrund dieser branchenspezifischen Anforderungen schneller einzuführen und auch in den Folgekosten deutlich günstiger.

2.1.2 Key Account Management

Key Account Management (KAM) verstanden als ein Ansatz, um die wichtigsten Schlüsselkunden des Unternehmens zu betreuen, und aufgrund von identifizierten und angenommenen Bedürfnissen entwickelten Lösungen hat das Ziel, den größtmöglichen wirtschaftlichen Beitrag für das Unternehmen zu leisten. Es geht also um strategische Kundenentwicklung. Der Account Manager ist Experte für die hauseigenen Produkte und Leistungen. Als Betreuer der Großkunden übernimmt er die Rolle als Berater und Coach und baut die Beziehungen zu allen relevanten Entscheidern sowie zu den Einflussnehmern (Stakeholder) beim Kunden auf. Intern übernimmt er die Rolle des zentralen Ansprechpartners für die Kundenbelange und sorgt für eine optimale Abstimmung zwischen den Mitarbeitern der Funktionen Forschung & Entwicklung, Marketing, Vertrieb, Finanzen und Service. Er koordiniert die Kommunikation und die Aktivitäten. KAM hat die Aufgabe, Kunden, die eventuell zum Wettbewerb wechseln und wirtschaftlich ein

„Loch" hinterlassen könnten, zu halten und gegen den Wettbewerb zu verteidigen. Zweitens hat KAM das Ziel, Kunden „anzugreifen" und aufgrund von einem guten Verständnis der Kundenbedürfnisse mehr Geschäft zu generieren, indem gemeinsame Aktivitäten, Planungen und Entwicklungen zwischen Kunden und Lieferanten entwickelt werden. Die Gefahr ist, dass es in Unternehmen zu viele definierte Key Accounts gibt. Wir empfehlen daher, die 20 größten Kunden bzw. 20 % zunächst in die nähere Auswahl zu nehmen und dann mit den vorgestellten Werkzeugen professionell zu kategorisieren.

Als Key Account (Schlüsselkunde) werden Kunden definiert, die nach selbst definierten Kriterien selektiert werden. Im Kapitel 3.2. wird die Kategorisierung und Selektion von Kunden ausführlich behandelt. Um einen Account Management-Prozess mit all seiner Komplexität zu starten und durchzumanagen, benötigt es ein Strategiepapier, welches im Laufe der Kundenbetreuung verfeinert, weiterentwickelt und mit wichtigen Informationen ausgestattet wird. Der Strategieplan beinhaltet eine **Kundenanalyse** mit den wichtigsten Ansprechpartnern, Rollen, Entscheidungsbefugnissen, individuellen Bedürfnissen, Entscheidungsprozessen und zukünftigem Potenzial. Die **Portfolio-Analyse** enthält Informationen über die Kundenattraktivität, die eigene Wettbewerbsposition und wie in den Kunden „investiert" wird (s. a. Kapitel 3.2.6). Das Problem in der Praxis bei der Verteilung der Ressourcen ist hier, dass jeder Account Manager seine Lieblingskunden hat und die Kunden, die am lautesten schreien, oftmals die (nicht gerechtfertigte) größte Aufmerksamkeit erhalten.

Weiterhin reicht die übliche A, B, C Analyse nach dem Pareto-Prinzip nicht aus und es gibt keine expliziten Vereinbarungen, welche Ressourcen von welchem Schlüsselkunden benötigt werden. Verschiedene Mitarbeiter, die mit dem Kunden in Kontakt sind, haben erfahrungsgemäß verschiedene Prioritäten in ihren Kundenaktivitäten.

Die **Geschäftsfeldanalyse** des Schlüsselkunden beinhaltet relevante Informationen für eine individuelle Nutzenargumentation, projektbezogene Maßnahmenpläne und enthält Hinweise für zielgruppenspezifische Angebotspräsentationen. Je nach **Kundentyp** und Produktlebenszyklus gilt es in verschiedene Entwicklungsstufen einzutreten. Hier gibt es verschiedene Reifegrade. Die wichtigste Definition ist die nach Kundentyp.

Handelt es sich um unerfahrene Kunden, die größeren Wert auf die Anwenderunterstützung legen und wenig Erfahrung mit dem Produkt haben oder um erfahrene Spezialisten, die bereits ein eigenständiges Urteil über das Produktangebot haben und eine Entscheidung entsprechend schnell treffen können. Bei „unerfahrenen Generalisten" auf der Kundenseite gilt es, sich auf den Service zu konzentrieren, weil der Anwender sich nicht mit den Unterschieden der konkurrierenden Produkte auskennt und sich auf eine gute Einführung nach dem Kauf (Auftragsabwicklung) und Betreuung bei Schwierigkeiten verlassen muss.

Bei „erfahrenen Spezialisten" geht es um Preispolitik, Qualität, Verfügbarkeit, Skalierbarkeit und Ausfallsicherheit von Lösungen. Kaufentscheider sollten bei der Weiterentwicklung von Produkten und Systemen von den eigenen angebotenen Produktlösungen abhängig gemacht werden.

Um erfolgreiches Key Account Management zu implementieren, sollten die folgenden Aktivitäten festgelegt sein:

- Preispolitik

- Produktentwicklungsplan

- Projektplan

- Plan für Service und technische Unterstützung

- Plan für die Logistik

- Kommunikations- und Kontaktplan

- Informationsplan

Die Rolle und die Werkzeuge des Key Account Managers

Der Verkäufer wird mehr und mehr zum Veränderungsmanager, denn je komplexer die Produkte werden, desto mehr bringen sie notwendige Umstellung für den Kunden mit sich. Das gilt bei der Installation eines Roboters genauso wie bei der Einführung einer neuen Datenbank, eines CRM Systems oder Automationssysteme im Logistikbereich wie z. B. die RFID Erkennungstechnologie. Es gilt also als Kundenbetreuer nicht nur die direkten Anwender auf die Umstellung durch Trainings vorzubereiten, sondern auch die Manager Ihrer Kunden auf die bevorstehenden Neuerungen aufmerksam zu machen und diese zu begleiten.

Die folgenden 4 Aktivitäten sollte ein Key Account Manager nach der Kaufentscheidung erfolgreich sicherstellen:

1. Beziehungsausbau durch persönliche Verfügbarkeit, einfache Kommunikation statt komplizierte Begriffe, regelmäßiger Kontakt zum Kunden, auf Updates hinweisen, Informationsquelle für den Kunden sein, weitere Kontakte durch bestehende Ansprechpartner knüpfen, Empfehlungen einholen und ein Netzwerk zwischen Kunden und Lieferant aufbauen (Partneransatz)

2. Möglichen Ärger verhindern durch konstruktive Einwandvorwegnahme, proaktive Kommunikation, die die Vorteile erneut betont, im Falle von Ärger die Reklamation zur Reklameaktion machen und Verständnis für die Gefühle des Kunden zeigen. Erfolgskritisch ist, sich schnell für den Kunden um Lösungen zu kümmern

3. Entscheidung unterstützen durch: Feedback einholen, Anbieten von Zusatzservice, Nachbesuche und Nachmotivation, d. h. positive Verstärkung der Entscheidung

4. Die Implementation begleiten durch: regelmäßigen Kontakt, interne Entscheidungsprozesse kennenlernen und den Kunden begleiten, Support-Kollegen vorstellen, Pläne mit dem Kunden besprechen, Fortschritt in den Phasen überwachen und berichten, technische Probleme und mögliche Liefertermine schnellstmöglich mit dem Kunden besprechen

Das bedeutet, die eigentliche Betreuung des Kunden beginnt erst nach der Kaufentscheidung. Jetzt können Sie zeigen, wie Sie Schwierigkeiten meistern und im Servicefall Lösungen für den Kunden herbeischaffen und durch Verbindlichkeit langfristiges Vertrauen aufbauen.

Der Key Account Manager ist der Prozessmanager für alle Aktivitäten und das „One face to the customer". Er ist das Bindeglied zwischen Hersteller und Kunde. Key Account Manager sind auch Führungskräfte, die die Umsatz- und Ertragsverantwortung für ihre zugeordneten Key Accounts übernommen haben. Sie sind somit Betreuer, Berater und Gesprächspartner der Entscheider und Mitentscheider dieser Geschäftspartner, zu denen sie eine emotionale Beziehung aufbauen. Der Key Account Manager arbeitet langfristig mit den verschiedenen Ansprechpartnern zusammen und das, hoffentlich, lange vor der Kaufentscheidung. Er ist strategischer Partner, der ein regelmäßiges Budget vom Kunden erhält und einen Mehrwert durch sein Wissen einbringen kann.

Als Verkäufer ist der Account Manager auch Coach und definiert die gemeinsame Zukunft mit dem Kunden in der Accountstrategie. Der Account Manager ist kein Verteiler von produzierten Waren und immer weniger ein guter Rhetoriker, der verkauft was produzierbar ist. Der Verkaufsmanager ist in seiner Verkäuferrolle als Repräsentant der höheren Managementebene wichtig und führt gemeinsam mit dem Account Manager Gespräche mit Direktoren und Vorständen. Er pflegt ebenso die Kundenbeziehung und erarbeitet gemeinsame Kooperationsmöglichkeiten und ist bei Bedarf präsent.

Den Kunden interessiert nicht Ihre interne Unternehmensstruktur, Ihre Probleme und welche Abteilung Schuld hat. Er möchte Abhilfe sehen. Wichtig ist zu wissen, was der Kunde will, bevor man in das Handeln übergeht. Konzentrieren Sie sich auf den Kunden, bevor Sie von den Techniken Gebrauch machen und Aktivitäten starten.

Ein Kunde will:

- Anerkennung und Beachtung
- ernst genommen werden
- reden dürfen und auf offene Ohren stoßen
- das Produkt oder die Idee mit allen Sinnen erleben (visuell, auditiv, haptisch etc.)
- Unterstützung
- schnelle Reaktion
- einen fairen Preis
- sein Gesicht wahren und respektiert werden
- sich seine Lösung selbst verargumentieren und nicht rhetorisch überredet werden
- hat Bedenken, die durch Einwände (nicht beantwortete Frage) ans Licht kommen
- verstehen
- aus einer passenden Vorauswahl selektieren
- ein möglichst genaues Bild über den Endzustand und die Konsequenzen für sich und sein Unternehmen haben
- gut und ehrlich informiert werden
- klare Zusagen und Verbindlichkeit
- eine Partnerschaft mit Ihnen!

Die 3 folgenden Punkte entscheiden über Erfolg oder Misserfolg bei der Implementierung von KAM:

1. Projektmanagement
2. Zusammenarbeit und Koordination des Account Teams (Alle in eine Richtung)
3. Führung und Motivation.

2.1.3   Auf- und Ausbau von Entscheiderkontakten

In einer Studie des SPS-Instituts kam heraus, dass 78 Prozent der befragten Verkäufer zwar die relevanten Buying Center im Zusammenhang der Kundenziele kannten, jedoch nur jeder dritte die richtige Zuordnung der Entscheider im Buying Center identifiziert hatte, den durch eine neue Beschaffungspolitik der Unternehmen verändern sich auch die Zuständigkeit. Es mangelt über 66 Prozent der Befragten an der Kompetenz, Ansprechpartner in den höchsten hierarchischen Ebenen zu gewinnen und mit ihnen zu verhandeln (sog. C-Level Selling). Somit stellt sich prinzipiell eine Lücke hinsichtlich der Fähigkeit des strategischen Verkaufens in komplexen B2B Projekten im Investitionsgüterbereich. Das ist die Ursache dafür, dass Umsatzvorgaben nicht erreicht werden, weil das Engagement die notwendige Verkaufskompetenz nicht mehr kompensieren kann.

Benötigte BWL Kenntnisse, Elemente des partnerschaftlichen Beratungsverkaufs, Auf- uns Ausbau von Entscheiderkontakten sind wichtige Fähigkeiten, damit Vertriebsmitarbeiter Kunden nutzbringend gewinnen können. Das erfordert neben den richtigen Kontakten auch eine Integration in die Bedarfsstruktur des Kunden und die Flexibilität, passgenaue Lösungen zu entwickeln und anzubieten.

Nur wer die Entscheider und Beeinflusser im Buying Center in den verschiedenen Phasen des Verkaufsprozesses wirksam überzeugen kann und die zentralen Entscheidungskriterien kennt, wird im Verkauf erfolgreich sein. Außerdem geht es zunehmend darum, Produkte und Lösungen für Kunden zu entwickeln und nicht Abnehmer für seine Produkte zu finden.

Das Kontaktnetzwerk aufbauen

Verkaufen im B2B Großkundenbereich bedeutet immer auch den Ausbau von Kontakten an der Entscheiderbasis. Dort wo die Entscheidungsmacht vorhanden ist. Wenn es also um die Ausschöpfung von Kundenpotenzialen geht, d. h. um den Ausbau des eigenen Kontaktnetzwerks, so ist es erforderlich, dass wir verschiedene Kontaktpersonen identifizieren und kontaktieren.

Folgende Kontakttypen sind hier relevant:

Kontakte = neutrale Mitarbeiter des Kunden, die Informationen geben

Unterstützer = helfen dem Verkäufer bei seinem Vorhaben auf dem laufendem Projekt

Entscheider = Personen aus der Entscheiderbasis

Strukturen im Buying Center

Die Organisation und Zusammensetzung des Buying Centers hängen unter anderem von folgenden Faktoren ab:

- Organisationsform der Aufbauorganisation. Insbesondere Hierarchien und Prozessorientierung.
- Unternehmensgröße mit dem Grad der Ausprägung an Formalisierung im Einkaufsprozess (z. B. Anzahl der benötigten Unterschriften).
- Unternehmenskultur in Bezug auf Innovationen und Entscheidungsfindung.
- Größe der Beschaffungsprojekte (z. B. Ausschreibung ab Projektvolumen > 10.000 €).
- Branchen oder Industriezugehörigkeit (z. B. Automobilbranche vs. IT-Branche).

Entscheidungsträger und Rollen

Folgende Rollen findet man im Buying Center, die es zu identifizieren und zu bewerten gilt:

- Projekt-Initiator
- Anwender-Entscheider
- Entscheider aus der Fachabteilung (technischer Entscheider)
- Entscheider aus der Bereichsleitungsebene oder Geschäftsführung
- Unterstützer (Coach)
- Beeinflusser
- Kaufmännischer Einkäufer (aus dem Bereich Finanzen, Controlling oder Einkauf)
- Gegner

Im Folgenden werden die 4 wichtigsten Entscheidertypen und Ihre Bedürfnisse dargestellt:

1. Der kaufmännische Entscheider

In jedem Einkaufsprozess gibt es einen kaufmännischen Entscheider, der die Lösung wirtschaftlich betrachtet. Er wird evtl. noch durch einen Controller unterstützt. Der kaufmännische Entscheider kann auch der Projektinitiator sein und die Lösung aus seinem Investitionsbudget heraus verantworten. Er trifft die wichtigste Entscheidung. Viele Mitentscheider werden

Empfehlungen aussprechen und ihn fachlich oder aus der Anwendersicht heraus beraten, aber diese Person entscheidet über den Kauf. Deshalb ist es wichtig, diesen Entscheidertypen früh genug zu identifizieren. Er kann ebenso Bestandteil der Geschäftsleitung sein. Er kontrolliert die Ausgabe und gibt das Budget frei. In jedem Fall hat er ein Vetorecht und betrachtet die Entscheidung hinsichtlich der Auswirkung auf die Organisation und dem wirtschaftlichen Mehrwert (Return on Investment). Wirtschaftliche Entscheider wechseln von Projekt zu Projekt und müssen immer wieder neu identifiziert werden.

Kriterien, die ihm wichtig sind:
Mehrwert, Rahmenbedingungen (z. B. Zahlungsmodalitäten), Glaubwürdigkeit und Vertrauen in Ihr Leistungsangebot, Erfahrung mit Ihnen als Lieferant (bei bestehenden Beziehungen) und Ihrem Produktportfolio, Einfluss auf die eigene Organisationseinheit (Konsequenzen für das Change Management)

Seine Frage:
Wie schnell zahlt sich die Investition aus und welchen wirtschaftlichen (quantifizierbaren Nutzen) bringt uns die Lösung?

2. Der technische Entscheider

Die Rolle des technischen Einkäufers ist einerseits, die technischen Spezifikationen zusammenzustellen (z. B. für eine Ausschreibung) und dann aus den verschiedenen Angeboten die bestmögliche Lösung herauszufiltern. Oft sind dies die Entscheider, die eine „Short-List" erstellen und somit haben sie einen Einfluss, welcher Anbieter in die engere Wahl genommen wird. Das bedeutet auch, sie können durch die technischen Vorgaben gezielt Anbieter ausschließen oder während des Kaufprozesses Anbieter aussortieren und es mit technischen Mängeln der Lösung begründen. Damit werden Sie zu „Gatekeepern". Sie bewerten Angebote (Screening) und selektieren nach technologischen messbaren Kriterien/z. B. Qualität, Leistungsvergleich, Skalierbarkeit und Ausfallsicherheit einer Lösung) aus, selten nach wirtschaftlichen Kriterien.
Sie treffen nicht die endgültige Entscheidung, jedoch aufgrund von technischen Unzulänglichkeiten oder Inkompatibilität ein Veto einlegen.

Seine Frage:
Erfüllt die angebotene Lösung die technischen Vorgaben?

3. Der Anwender-Entscheider

Er repräsentiert die zukünftige Nutzergruppe. Im Entscheidungsprozess sollte immer ein Repräsentant für die Anwender mit einbezogen werden.

Entscheidet der wirtschaftliche Entscheider ohne die Anwender einzube-ziehen kann es in der Einführungsphase zu Problemen und Blockaden kommen, Weill sie die Anwender nicht ausreichend berücksichtigt gefühlt haben (Bsp. Produktionsmaschinen, Mobile Telefone für den Außendienst). Dieser Entscheidertyp hat das Ziel, seine Anwender produktiver zu ma-chen, denn das lässt ihn schlussendlich auch besser dastehen. Leistung ist in jedem Fall ein wichtiges Kriterium. Man kann 2 Untertypen definieren: Bequeme Entscheider, die möglichst wenig Aufwand mit der Installation und Nutzung haben möchten sowie leistungsorientierte und innovative Anwenderentscheider, die keinen Aufwand scheuen, wenn sich Ihre Er-wartung hinsichtlich der Leistungssteigerung (Kosteneinsparung, Produkti-vitätssteigerung, Erhöhung der Ausfallsicherheit, verbesserte Qualität und Umsatzsteigerung). Dieser Typ bewertet die Arbeitsergebnisse, die An-wendbarkeit, Benutzerfreundlichkeit und Anforderungen der Benutzer für die Anpassung der Lösung auf den Bereich. Er ist häufig emotional, wenn es um die Befindlichkeit der zukünftigen Benutzer geht, denn er soll diese Interessen bestmöglich vertreten (vgl. Betriebsrat). Sie werden auch den Er-folg –zumindest subjektiv- bewerten. In jedem Fall achten Sie darauf, dass die neue Lösung den laufenden Betrieb nicht einschränkt.

Seine Frage:
Wie beeinflusst die Anschaffung meine tägliche Arbeit und die der anderen Benutzer?

4. Der Unterstützer

Unterstützer sind hilfsbereit, wenn Sie Vertrauen, Sympathie und Kompe-tenz in der Geschäftsbeziehung gewonnen haben. Sie sind selten die Ent-scheider, können aber genau die Türen öffnen und Empfehlungen ausspre-chen, die es dem Verkäufer einfach machen, mit seinem Lösungsangebot vorstellig und erfolgreich zu werden. Er gibt Ihnen wertvolle Informationen über die Hintergründe, die aktuelle Entscheidungssituation, wichtige Kauf-beeinflusser, Wettbewerber und Anforderungen, damit sie gewinnen kön-nen. Er kann Ihnen helfen, Ihre Erfolgschance einzuschätzen und den rich-tigen Zeitpunkt für den nächsten Schritt zu finden. Diese Personen sind hilfsbereit, legen Wert auf die Beziehungsebene und machen öffnen sogar die interne Datenbank, um Ihnen Organigramme und Kontaktdaten zu ge-ben. Die Gegenleistung kann häufig Anerkennung oder ein gemeinsames Interessengebiet sowie gegenseitige Sympathie sein. Es ist wichtig, mindes-tens einen guten Kontakt zu einem Unterstützer aufzubauen und am bes-ten noch einen zweiten, falls eine Person wechselt oder das Unternehmen verlässt. Je höher der Unterstützer in der Organisation ist, desto hilfreicher wird er ihnen im Verkaufsprozess sein.

Seine Frage:
Wie kann ich helfen, so dass sie mit ihrer Lösung den Zuschlag erhalten?

Der Verkäufer/Berater muss erkennen, wann sich aus einem Verkaufsprojekt ein Mehrwert für den Großkunden ergibt und welche verbündeten Personen ihm weitere Kontakte zu Entscheidern ermöglichen, um die richtige Wettbewerbsstrategie in Großprojekten und schwierigen Situationen zu finden und den richtigen Ansprechpartner mit Macht zu finden. Anschließend exploriert man dessen Bedürfniswelt und baut eine informelle Beziehung auf, um die Bindung zu erhöhen und den Kontakt zum „Unterstützer" oder „Verbündeten" mit der Entscheidungsmacht zu intensivieren. Kontakte zu Verbündeten sollten vor allem nach dem Abschluss gepflegt werden, weil sie die Eintrittskarte zu anderen wichtigen Entscheidern in dem Unternehmen sind. Die Mitglieder an der Entscheiderbasis oder im Buying Center übernehmen bestimmte Aufgaben und Rollen, die von Unternehmen zu Unternehmen stark variieren können. Diese Rollen können von verschiedenen Personen gleichzeitig wahrgenommen werden.

Neben der Identifizierung der an der Kaufentscheidung beteiligten Personen ist es wichtig, den Einfluss dieser Personen, deren ausgesprochenen Entscheidungsmotive und die offiziellen Entscheidungskriterien für die Beschaffung zu analysieren.

Generelle Entscheidungskriterien sind:

- Investitionspreis
- Geringe Wartungskosten
- Beratungsleistung durch Experten
- Serviceumfang und Leistung
- Reaktionsgeschwindigkeit
- Lieferzuverlässigkeit
- Qualität
- Leistung

Diese werden i. d. R. mit anderen Anbietern verglichen und intern bewertet.

Entscheidend ist neben der zahlenmäßigen Bewertung (z. B. Nutzwertanalyse) auch das jeweilige individuelle emotionale Entscheidungsmotiv. Persönliche Interessenlagen wie Anerkennung, Teamdenken oder Qualität im Entscheidungsfindungsprozess sind hier einige Beispiele.

Das Vorgehen im Kontaktaufbau

Zunächst geht es darum, bestehende Kontakte zu analysieren und durch diese Kontakte zu neuen Kontakten zu gelangen.

Beispiel:

„Herr Meier, Sie erwähnten, dass unser Projekt im Bereich Datenbankmanagement Auswirkungen auf den Vertrieb haben wird. Insbesondere also die Gestaltung der Masken im CRM System, die es in Ihrem Key Account Management Bereich gibt. Wer ist denn hier der richtige Ansprechpartner, den wir mit einbeziehen sollten, wenn es um die Entscheidungsfindung geht?"

Es ist möglich, dass der Kunde antwortet, die Person sei nicht entscheidungsrelevant. Dann lassen sie sich dennoch den Namen geben, mit der Begründung, dass sie ihn gerne einmal persönlich kennenlernen möchten, um die Arbeitsweise, das Zusammenspiel und die aktuellen Herausforderungen in seinem Bereich besser verstehen zu können. Schließlich wird sich dieses Wissen auf die Qualität Ihrer Arbeit mit dem Kunden positiv auswirken.

Nachdem Sie nun Namen gesammelt haben, identifizieren Sie diese Kontakte nach den oben beschriebenen Rollen und kategorisieren diese zu den drei Haupttypen *Kontakt, Unterstützer, Entscheider.*

Den Einfluss der Person bewerten Sie z. B. auf einer Skala von 1 (niedrig) bis 5 (hoch) oder mit den Werten „niedrig", „mittel", „hoch". Sie benötigen mindestens einen Unterstützer im Unternehmen, der ihnen behilflich ist, ihre Ziele zu erreichen und mindestens 2-3 Entscheiderkontakte in verschiedenen Bereichen oder Abteilungen.

Beispiel:
Einkauf, IT-Leitung und Vertrieb. Je mehr Personen Sie aus der Geschäftsleitung kennen, desto besser für Ihre Positionierung und die Möglichkeit, Einfluss zu nehmen bzw. Informationen über bevorstehende Projekte zu erhalten. „Normale" Kontakte können Projektmitarbeiter sein, Personen aus dem Personalwesen und Anwender. Grundsätzlich liegen die Budgets für Projekte mit der Verantwortung eher im Bereich der Linie, also Marketing, IT, Vertrieb oder Einkauf. Zentrale Budgets werden immer seltener, weil das Profit-Center Denken zunimmt. Im Weiterbildungsbereich werden durch die interne Personalentwicklung (PE) oder Organisationsentwicklung (OE) ebenso Budgets festgelegt und für zentrale Maßnahmen verwendet.

Kontakte zu neuen Entscheidern sollten optimalerweise mit einer Referenz erfolgen. Plumpe Kaltakquise bringt selten Erfolg.

In der **Vorbereitung** auf den Anruf sollten Sie sich überlegen:

- Was kann ich dem Entscheider anbieten?
- Was könnte ihn interessieren (Wissensvorsprung)?
- Welche Information haben Sie für ihn, die wichtig sein könnte?
- Wie können Sie ihm helfen, seine Ziele zu erreichen, oder sein Bereichsergebnis zu verbessern?

Nutzen Sie die beiden Checklisten zur Angebots und Entscheider-Analyse am Ende des Kapitels.

Beispiel:

„Herr Vertriebsdirektor, in dem Projekt xy mit Herrn IT-Direktor sprachen wir über die optimale Anpassung des Frontends für die Vertriebsmitarbeiter. In diesem Zusammenhang empfahl mir Herr IT-Direktor, sie einmal zu kontaktieren, damit ich Ihre Anforderungen besser verstehen und Ihre Wünsche aufnehmen kann, um eine möglichst optimale Lösung für Ihr Unternehmen maßzuschneidern. Wann könnten wir uns einmal für 40 Minuten ihrer wertvollen Zeit zusammensetzen?"

Jeder bestehende Kontakt aus einem bevorstehenden oder abgeschlossenen Projekt sollte mindestens zu einem neuen Kontakt in diesem Bereich, in einem anderen Geschäftsbereich oder in einem anderen Land führen.

Machen sie sich bewusst, dass ein Manager in der Anwendungsentwicklung ganz andere Interessengebiete hat, als ein CIO (Chief Information Officer). Auf der Geschäftsleitungsebene stellt sich die IT die Frage, wie sie einen Beitrag zum Unternehmenserfolg leisten kann.

Natürlich sollen CIOs immer versuchen, die Betriebskosten zu senken und die Organisation effizienter aufzustellen, aber die plötzliche Änderung der Unternehmensstrategie während der Finanzkrise 2009 zeigt, dass schnelles Sparen und Restrukturierung im Vordergrund stehen. Dafür sind u. a. flexible IT-Lösungen wichtig. Die IT-Strategie muss entsprechend schnell der Unternehmensstrategie angepasst werden, um kurzfristige Kostensenkungen zu dürfen und schnell umzusetzen. Themen sind hier:

- Budgetpläne durch konsequente Überarbeitung des IT Projektportfolios zu erweitern.
- Kurzfristige IT-Kostensenkungsmaßnahmen zu finden und schnell umzusetzen.
- Chancen zur dauerhaften Senkung der Betriebskosten durch die Ablösung von alten IT-Systemen zu nutzen (Beispiel: IP-Telefonie).

Denken Sie also über Lösungsansätze nach, die Sie mit Ihrem Leistungsportfolio hier zielfördernd anbieten können. Der Manager der Anwendungsentwicklung wird die Entscheidung und Konsequenzen tragen.

Einfluss haben Sie hier auf Direktorenebene und der Geschäftsleitungsebene. Zeigen sie Ihren Mehrwert möglichst konkret auf. Zum Beispiel durch ein Value Statement.

Opportunity-Checkliste zur Angebotsanalyse

Projekt: ....
Kunde: ....

		--	-	0	+	++
Unser Mehrwert	Einfluss auf das Geschäft des Kunden					
	Nutzen ist klar messbar (€, ROI)					
	Kunde ist in die Mehrwertdiskussion eingebunden					
Kaufbeeinflusser	Beteiligte Entscheider identifiziert					
	Rollen und Einfluss bekannt					
	Persönlicher Gewinn pro Entscheider klar					
Lösung vom Wettbewerb	Passgenauigkeit unserer Lösung					
	Passgenauigkeit *Wettbewerbslösung*					
	Unser Differenzierung zum Wettbewerb					
Kundenbeziehung	Qualität unserer Kundenbeziehung/Historie					
	Qualität *Wettbewerbs*-Kundenbeziehung/Historie					
	Vertrauen des Kunden in meine Kompetenz					
Angebotsqualität	Widerspiegeln der Kundensituation und Ziele					
	Ziele des Kunden im Bezug zur Lösung dargestellt					
	Darstellung Nutzen im Vergleich zum Investment					
Projekt-Attraktivität	Profitabilität des Projekts für uns					
	Projektabwicklung ist machbar (Termin, Logistik)					
	Strategische Bedeutung für die Zusammenarbeit					
Gewinn-Wahrscheinlichkeit	Maßnahmenplan zum Gewinnen ist klar					
	Stärken sind in der Verkaufsstrategie deutlich					
	Politischer Hebel und Management Unterstützung					

Bewertung

© Thomas Menthe, 2010

Entscheider-Analyse

Name Kaufbeein-flusser	Rolle	Einstellung (- / 0 / +)	Einfluss (n / m / h)	Motiv	To Do:

Bemerkungen:

Rolle: Rollen sind z. B. Projekt-Initiator, Anwender, Entscheider aus der Fachabteilung, Entscheider aus der Bereichsleitungsebene oder Geschäftsführung, Unterstützer (Coach), Beeinflusser, Kaufmännischer Einkäufer (aus dem Bereich Finanzen, Controlling oder Einkauf), Gegner

Einstellung: negativ/blockierend, neutral, positiv/unterstützend

Einfluss: gemeint ist die Wichtigkeit dieser Person im Entscheidungsprozess. Welche Macht hat die Person: niedrig, mittel, hoch

Motiv: Was ist der persönliche Gewinn für die Person, wenn gekauft wird. Was hat er davon? Zum Beispiel Anerkennung, Produktivitätssteigerung, Karrierefördernd, Sicherheit, Bequemlichkeit usw.

To Do: Antworten auf folgende Fragen finden:

- Welche Aktivität und Maßnahmen werden unternommen, um den Beeinflusser für unsere Lösung zu gewinnen?
- Was ist notwendig, um ihn umzustimmen?
- Welche Person in höherer Instanz müsste beeinflusst werden, um das Risiko zu mindern, falls es sich um einen Gegner handelt?
- Welche Personen müssen noch identifiziert werden?
- Wer blockt mich und was kann ich dagegen tun?

- Wie kann ich den persönlichen Gewinn bei den Beeinflussern steigern, die eine negative oder neutrale Einstellung bzw. Haltung uns gegenüber als Unternehmen oder gegenüber unserer Lösung haben?

2.2 Ideen zum Zusatznutzen-Verkauf (Value-added Selling)

Zusatznutzen sind insbesondere auch Argumente zur Minderung der Preisbedeutung.

Im Vertriebsmanagement ist es wichtig, gemeinsam mit den Verkäufern Erfahrungen auszutauschen, welche Mehrwertargumente beim Kunden stark geschätzt werden und welche als Zusatznutzen kaum wichtig sind. Nur der individuelle Kunde wird entscheiden, ob der Zusatznutzen, den sich Ihr Marketing oder der Verkauf ausgedacht haben, auch für ihn einen Vorteil darstellt. Deshalb ist es wichtig, zwischen schönen Marketingformulierungen und verhandelbaren Mehrwerten zu unterscheiden, denn in der Preisverhandlung kann dieser Zusatznutzen einfließen und verhindern, dass der Kunde nur aufgrund des Preises entscheidet. Eine aktuelle Ausschreibung einer Stadtverwaltung für eine Druck- und Kopierlösung hatte 4 Entscheidungskriterien folgender Gewichtung: 80 % Preis, 10 % Kopiergeschwindigkeit (Leistung), 5 % Nachrüstbarkeit (Skalierbarkeit), 5 % Preis für Folgedrucke. Hier wird der evtl. vorhandene Zusatznutzen recht uninteressant. Um das Projekt zu gewinnen, macht es wahrscheinlich mehr Sinn, über politische Beziehungen Einfluss zu nehmen.

13 generelle Zusatznutzen, die Sie für Ihren Vertrieb prüfen sollten

1. Finanzierungsmöglichkeiten

2. Forschungspartner einer Universität (Kompetenzvorsprung, Image), eigene Entwicklung

3. Größe (geografische Verfügbarkeit, schnelle Betreuung vor Ort, Marktanteil)

4. Image (z. B. Auszeichnung im Bereich Innovation, Mitarbeiterführung, Kundenzufriedenheit, Qualität etc.)

5. Information und Beratung (Wissen, Expertenstatus)

6. Kundendienst (technische Kompetenz, Reaktionsgeschwindigkeit, regionale Präsenz)

7. Produktpalette (Größe, Lagerverfügbarkeit, Kapazitäten, maßgeschneiderte Lösungen)

8. Referenzen (gesellschaftliche Bewährtheit)

9. Stabilität der Firma (z. B. 40 Jahre am Markt erfolgreich)

10. Standardisierung (z. B. nach DIN, ISO, Qualitätsstandard)

11. Systemintegrator (Generalunternehmer mit breitem Lösungsangebot)

12. Seminar (Wissen, angeschlossene Schulungsmöglichkeit, Anwendertraining)

13. Technische Hotline (verfügbar, mehrsprachig).

Spezieller Nutzen für Ihre Ansprechpartner:

Nutzen für Einkäufer	**Zusatznutzen (Added Value)**
Kosten	Konditionen, Zahlungsfristen
Zuverlässigkeit	Verbindliche Zusagen, individuelle Verträge, pos. Überraschungen
Verfügbarkeit	Geschenke, Einladung, Case-Study, Vortrag über Projekt bei Kundenevent

Nutzen für Fachbereichsleiter	**Zusatznutzen (Added Value)**
Komplette Lösung	Beratung der Lösung auf zukünftige Geschäftsbedürfnisse in der Vorphase
Full-Service	Sorglosigkeit, ein Ansprechpartner
Profilierung	Geschenke, Einladung, Case-Study, Vortrag über Projekt bei Kundenevent
Standards	weniger Stress bei Einführung und Integration
Managebarkeit	Einfache Bedienbarkeit spart Zeit, gibt Kontrolle über Zustand der Anlage
Mobilität	Unabhängig in der Wartung, Informationen überall und jederzeit abrufbar

Nutzen für Geschäftsführer	**Zusatznutzen (Added Value)**
Produktivität	Sicherheit
Niedrige Kosten	Weiterentwicklungsmöglichkeiten
Amortisation	Transparenz über ROI
Flexibilität	Innovation
Kompatibilität	zukünftige Plattform
Qualität & Kompetenz	Strategieberatung

Sicherheit	Sicherheitskonzepte
Geringe Wartungskosten	Monatlicher Cash-Flow Vorteil gegenüber Wettbewerber
Skalierbarkeit	begleitet Wachstumsbereiche des Kunden
Ausfallsicherheit	Hohe Verfügbarkeit und Schutz vor wirtschaftlichem Schaden
Standards	Einheitliche Organisationsformen, Kostenreduktion in der Wartung, heterogene (IT-)Landschaften
Nutzen für Vertriebspartner	**Zusatznutzen (Added Value)**
Leistung	strategisches Verkaufen
Sicherheit	hohe Zufriedenheit
Skalierbarkeit	Angebotsbreite für Endkunden, Marketingargumente
Standards	Endkunde vermeidet Integrationskosten und Wartung heterogene Systemlandschaften
Geringe Kosten	Investments für andere Aktivitäten, höhere Margen
Servicenetzwerk	Endkunde kann global mit dem Partner und Hersteller wachsen, Partner kann Full-Service anbieten und sich auf seinen Vertrieb konzentrieren, Abwicklung größere (internationale) Projekte
Kundenzufriedenheit	Dokumentation über Erfolgsprojekte, Referenzen, Case-Studies, Video-Referenz
Starke Marke (Marktführer)	Pull-Marketing erzeugt Leads für Partner, gute Margen
Einfache Preisstruktur	spart Zeit, aufwändige Sonderrabatt Anträge
Ansprechpartner	gemeinsame Lösungsfindung mit dediziertem Ansprechpartner beim Hersteller
Marketingunterstützung	Professioneller Auftritt beim Kunden (siehe auch Starke Marke), geringe Kosten bei Erstellung von Marketingmaterial, Direktmailing Kampagnen
Ausbildung	Kostenloser Zugriff auf Know-how, Wissensvorsprung gegenüber größeren Kunden durch gezielte Weiterbildung im Produktbereich, Verkaufskompetenz oder technischer Service
Allianzen	Vertrieb von Lösungen durch Allianzen des Herstellers wie z. B. Cisco Systems mit Microsoft oder Kooperationen mit Beraterfirmen

Globale Präsenz	Zugriff auf internationale Spezialisten zur Abwicklung von großen Ausschreibungen für globale Großkunden, Service-Reaktionszeiten, Entwicklungsspezialisten
Preisgestaltung	individuelle Partnerschaftsverträge mit dem Hersteller oder mit Distributoren, um flexible und bessere Preise zu erzielen, bevorzugte Behandlung in Großprojekten ab einem bestimmtem Partnerstatus, flexible Zahlungsbedingungen und Absicherung von Kreditrahmen durch den Hersteller

Zusammenfassung:

Unabhängig von der Organisation ihrer Verkaufsabteilung sind Herstellerunternehmen (Anbieter), die von bedeutsamen Kunden (Abnehmern) wirtschaftlich „abhängig" sind, gezwungen, neue organisatorische Ansätze zu entwickeln, um den beschaffungsbezogenen Bedürfnissen dieser Kunden gerecht zu werden. Ein Ansatz ist Key Account Management. Derartige Key Accounts wie umsatzstarke Großkunden, Meinungsbildner, wichtige Entwicklungskunden, überregionale Kunden, organisatorisch komplexe Kunden usw. bedürfen – aufgrund ihrer Schlüsselposition für den Erfolg der Unternehmung – einer speziellen Behandlung. Die marketingpolitischen Instrumente müssen daher möglichst genau auf die Key Accounts ausgerichtet werden. Account Management ist Kundenentwicklung in dem Sinne, dass man sie auch bei ihrer strategischen Zukunftsplanung berät oder zumindest beteiligt ist. In letzter Konsequenz bedeutet es auch für Ihr Unternehmen, die eigenen Ablauforganisation und Strukturen optimal auf die wenigen Schlüsselkunden anzupassen. Account Manager sind keine klassischen Linienvorgesetzten, sondern arbeiten in Accountteams und übernehmen dort die Rolle eines vergleichbaren Projektleiters. Matrix-Organisation hat hier den Vorteil, optimal aus funktionalen und geografischen oder Produktbereichen auf die Kundenanforderung einzugehen und erfordert die Kompetenz im Team- und Konfliktmanagement.

2.3 Mehrwert durch quantifizierbare Nutzenaussagen

Das Value Statement

In den meisten Angebotspräsentationen findet man zu viele Informationen über das eigene Unternehmen und das eigene Angebotsportfolio. Den Kunden interessiert dagegen lediglich das ausgewählte Leistungsspektrum für seine aktuelle Thematik und zum Schluss evtl. ein Ausblick auf weitere Möglichkeiten bei einer längeren Zusammenarbeit. Letzteres ist in vertiefenden Gesprächen mit herausfordernden Auswirkungsfragen zu erarbeiten und sollte dann in ein neues Angebot eingearbeitet werden.

Man macht deswegen Geschäfte mit Kunden, weil ein gemeinsames Geschäft oder Projekt für beide Seiten einen Mehrwert generiert. Dementsprechend sollten Sie fließend mit dem Thema Wertediskussion und Präsentation des Mehrwerts umgehen können.

Die zentrale Frage lautet:

Welchen Mehrwert in Zahlen (Euro Kosteneinsparung, Zeiteinsparung etc.) können Sie wodurch bis wann erzeugen und auf welchem Weg ist das Ergebnis bzw. sind die Fortschritte messbar?

Das Value Statement dient als Vorbereitung für die Angebots- und Nutzenpräsentation. Sie benötigen also Zahlen des Kunden, z. B. aus Bilanzen, Geschäftsberichten oder von ihren Kontakten im Unternehmen, um den Mehrwert messbar zu machen.

Die Struktur:

Mit Beginn zum ...(*Implementierungsdatum*)..., als Resultat von (*unserer Lösung*) wird ...(*Kunde*)...in der Lage sein, ...(*was zu machen*)..., mit dem Ergebnis, dass ...(*quantifizierbare Geschäftsverbesserung*)..., durch die Investition von ...(*Gesamtinvestition*)... und einem ROI von ...(*Betrag und Zeitpunkt*)... zu realisieren.

Wir werden den Wert unserer Lösung messen, indem wir ...(*System der Resultatsaufzeichnung/Messmethode*) verifizieren.

Das Beispiel:

Mit Beginn zum **1.7.2010**, als Resultat von *Cisco's skalierbarer IT Infrastruktur* wird *die Fröschl AG* in der Lage sein, *Ihre E-Procurement Vorhaben umzusetzen*, mit dem Ergebnis, dass *5% der Lohn- und Prozesskosten* durch die Investition von *700.000 €* und einem ROI von *1.200.000 € bis 2012 realisiert werden können.*

Wir werden den Wert unserer Lösung messen, indem wir *gemeinsam die Einsparungen zum Ende Ihres Geschäftsjahres bewerten*/verifizieren. Diesen Wertevorschlag gilt es für jedes Kundenprojekt vorzubereiten und bei der Präsentation mit entsprechenden Fakten zu belegen. Rechnen sie mit Rückfragen zu Ihrem Angebot, denn sie werden erkennen, dass solch ein Wertevorschlag starke Aufmerksamkeit erzeugt, sie hierdurch eine wertvolle Diskussion mit dem Kunden in Gang setzen können und sich dadurch klar vom Wettbewerb differenzieren werden.

Der gesamte Prozess gliedert sich in 6 Stufen

1. Kundenprofil

- Was müssen wir über den Kunden und das Projekt wissen?
- Was sind die Erfolgskriterien, um es zu gewinnen?
- Wie sieht der Wertevorschlag aus (Value Statement)?

2. Ziel

- Was müssen wir erreichen?
- Inwieweit hilft uns dieses „neue Projekt" den Kunden zu entwickeln?
- Was sind die Ziele im Hinblick auf Umsatz, Margen, Deckungsbeitrag etc.?

3. Strategie

- Wie sieht unser Ansatz aus (Lösungskomponente und politische Komponente)?

4. Taktik

- Was tun wir, um die Kundenstrategie und die Ziele zu erreichen (Ausbau, Verteidigung etc.)?

5. Ressourcen

- Mitarbeiter, Zeit, Geld, Ausrüstung, Information, Räumlichkeiten.

6. Test

- Wie wird der Test erfolgreich bzw. was muss verhindert werden?
- Wie sieht der Rückkopplungszyklus aus?
- Setzen wir 6-Sigma Qualitätssicherung im Anschluss ein?

Viel Erfolg in Ihrem professionellen Ansatz, Kundenpotentiale vollkommen zu erschließen und Projekte gegen Ihren Wettbewerb zu gewinnen.

2.4 Der Beratungsverkaufs-Ansatz (consultative value selling)

Um den erwähnten Anforderungen der Kunden im B2B Beriech gerecht zu werden, wird ein Verkaufsansatz benötigt, der insbesondere den messbaren Nachweis der betriebswirtschaftlichen Wirkung einer angebotenen Leistung belegt, damit der Kunde seine wirtschaftlichen Ziele erreichen kann. Nachdem der Kunde in der Promblemanalyse seinen Bedarf entdeckt und bestmöglich definiert hat, fordert er Angebote vom Markt an. Mit dem Beratungsansatz wird dem Kunden der Engpass bewusster und er erhält Informationen (Beratung) wie er die Schwachstellen in der Wertschöpfungskette abstellen oder Wachstumschancen besser nutzen kann. Die Lösung wird gemeinsam entwickelt und erhöht somit die Auftragswahrscheinlichkeit (siehe auch solution selling).

Die betriebliche Wertschöpfungskette

Definiert man die Wertschöpfung als die Summe der in einem Unternehmen in einer Periode geschaffenen Werte, so stellt die betriebliche Wertschöpfungskette (nach Porter) die Gesamtheit der Primär- und Sekundärprozesse dar, die in einem Unternehmen zur Schaffung von Mehrwert beitragen. Die moderne Definition der Wertschöpfungskette bezeichnet den Weg des gesamten Produkts bzw. der Dienstleistung vom Lieferanten über den Hersteller bis hin zum Endkunden dar. Wesentliche Bestandteile sind hierbei:

1. Zulieferer (Rohstofflieferant)

2. Lieferant/Hersteller mit den Phasen Beschaffung, Entwicklung, Produktion, Logistik

3. Kunde des Herstellerunternehmens

4. Endkunde /Konsument (Kunde des Kunden)

In der Informationstechnologie spricht man von sogenannten End-to-End Prozessen und kann den Prozess in vier Abschnitte unterteilen:

1. **Analyse** (Expertise, Evaluation, Beginn des Projekt-Managements)

2. **Design** (Konzept, Architektur, Systemdesign)

3. **Build** (Installation, Integration, Konfiguration, Test, Roll-Out, Training)

4. **Operate** (Betrieb mit Wartung und Service Management)

Die eingekauften Produkte und Dienstleistungen in der Phase der Beschaffung sind Vorleistungen für die eigene Leistungserstellung (Bsp. Programmierung eines eigenen Betriebssystems, Herstellung eines LKWs). Die Wertschöpfung des Herstellers zeigt den Ertrag der wirtschaftlichen Tätigkeit.

Wertschöpfung = Leistung – Vorleistung

Die Leistung ist der Umsatzerlös einer Periode (bereinigt um Bestandsveränderungen) und die Vorleistung definiert die im Produktionsprozess verbrauchten, verarbeiteten oder umgewandelten Waren und Dienstleistungen. Sie geht voll in das im Produktionsprozess nachgelagerte Produkt ein (z. B. Strom, der in einer Fabrik verbraucht wird).

Das Consultative Selling konzentriert sich hier auf vier Aufgaben-bereiche, die der Verkäufer zu erledigen hat.

1. Prozessberatung in der Wertschöpfung des Kunden. Sie ermöglicht eine frühe Einflussnahme auf die Problemdefinition, die Auswirkung der Lösung (implizierter Bedarf) und den Ablauf auf die Entscheidungsfindung.

2. Aufzeigen von Problemen, Engpässen, Wachstumsmöglichkeiten, Optimierungspotenzial und Bedürfnissen des Kunden

3. Anbieten mehrwertorientierter Lösungen durch das value statement und das Werteversprechen (value proposition)

4. Überzeugung des Kunden von dem Mehrwert/Nutzen der angebotenen Lösung anhand von zahlengestützten Berechnungen (z. B. ROI) und emotionaler Nutzenargumentation entsprechend der Bedürfnisse des einzelnen Entscheiders

Hierzu ist in der Regel eine vertrauensvolle Beziehungsbasis erforderlich, denn sonst ist der Kunde verschlossen und gibt dem Verkäufer nicht die benötigten Informationen über den bisher festgestellten Bedarf, die Hintergründe und die wirtschaftlichen Leistungszahlen. Nur dieser Austausch ermöglicht dem Consultative Seller die relevanten Daten für seine Mehrwertpräsentation aufzubereiten und im value statement eine konkrete Amortisierungsberechnung anzufertigen.

Die Wertschöpfung lässt sich durch 2 Parameter steigern:

1. *Erhöhung der bisherigen Leistung* durch Umsatzsteigerung in bestehenden Märkten durch Verdrängung oder durch den Aufbau von neuen Märkten bzw. Kundensegmenten. Mit dem consultative selling-Ansatz werden dem Kunden Möglichkeiten aufgezeigt, wie er mit welchen Produkten in welchen Märkten und Kundensegmenten wachsen kann. Hierbei ist es wichtig, den Kunden des Kunden zu analysieren. Nur wer diesen Schritt verfolgt kann sich in die Situation hineinversetzen, welchen zukünftigen Herausforderungen das Unternehmen ausgesetzt sein wird und welche Möglichkeiten es gibt, dennoch die Wertschöpfung zu steigern. Eine Preiserhöhung durch innovative Produkte und neue Dienstleistungen für die Kunden des Kunden führt ebenso zur Leistungssteigerung.

2. Die Optimierung der Wertschöpfungskette geschieht durch *Reduzierung* von Produktionsfehlern (Reduzierung Ausschuss usw.), Verbesserung der Qualität, Effizienzsteigerung in der Herstellung, Produktion und Vertrieb (Prozessoptimierung) sowie die Kostenreduktion der allgemeinen und speziellen Kosten. Mengen können reduziert werden und somit die Anschaffungskosten für die Herstellung. Eine Optimierung der *Einkaufskosten* im Einkaufsprozess, Reduzierung der Kosten in der Supply-Chain (z. B. 6 Sigma Maßnahme), Reduzierung von Wartungskosten durch neue Technologien (z. B. IP Telefonie benötigt nur noch die Wartung der IT und nicht zusätzliche Wartung der TK-Anlage) wirkt sich positiv auf die Wertschöpfung aus. Reisekosten können vermindert werden, indem neue Technologie im Bereich mobile Datenkommunikation eingesetzt werden (z. B. Video conferencing und blended learning). Es ergeben sich neue Möglichkeiten der Kundenbindung durch innovative Call Center Technologie.

Je besser das Verständnis der Kundenprobleme, zukünftiger Herausforderungen seiner Branche (Trendanalyse) und der Optimierungsbereiche sind, desto intensiver werden die Verkaufsgespräche sein, um wirklich an Lösungen für den Kunden zu arbeiten, die die Verbesserung der Wertschöpfung zum Ziel haben und nicht den Vertrieb von Produkten. Dies beschreibt auch den Weg vom Produktverkäufer zum Partnerschaftsverkäufer. Es ist eine wichtige Voraussetzung zur Erhöhung der Trefferquote in der Auftragsgewinnung. Intensive Kundenbeziehungen von Partner zu Partner erhöhen die Intensität der Geschäftspartnerschaft und dem Abschluss von neuen Projekten für den Kunden.

3. Ansätze zur Kategorisierung von Kunden

3.1 Das Gewinnen von Informationen über die Kunden

Im Vertrieb kommt es verstärkt darauf an, die gesamten Anstrengungen auf die einzelnen Kundengruppen richtig zu verteilen. Noch nie war die Botschaft so wichtig, dass es gilt, mit den richtigen Kunden zu wachsen.

Kunden können nach verschiedenen Kriterien in Kategorien eingeteilt werden. Im Folgenden werden die Zuordnungen in einem Matrix-System benannt und graphisch dargestellt.

Die Zuordnungen sind:

1. Attraktivität der Kunden und Wettbewerbssituation gegenüber dem „besten" Wettbewerber

2. Umsatz und Ertrag

3. Wachstum und Service-/Akquisekosten

4. Potenzial und Ist-Umsatz

5. Preissensibilität und Auftragswahrscheinlichkeit

6. Erzielter Preis und kundenspezifische Kosten

7. Zukünftiger Gewinnbeitrag und aktueller Gewinnbeitrag

Die graphischen Darstellungen finden sich in den Abbildungen „Kunden-Portfolio" und „Weitere Varianten der Kunden-Portfolio-Analyse".

In der Abbildung „Kunden-Portfolio" werden vier Kundenklassen unterschieden:

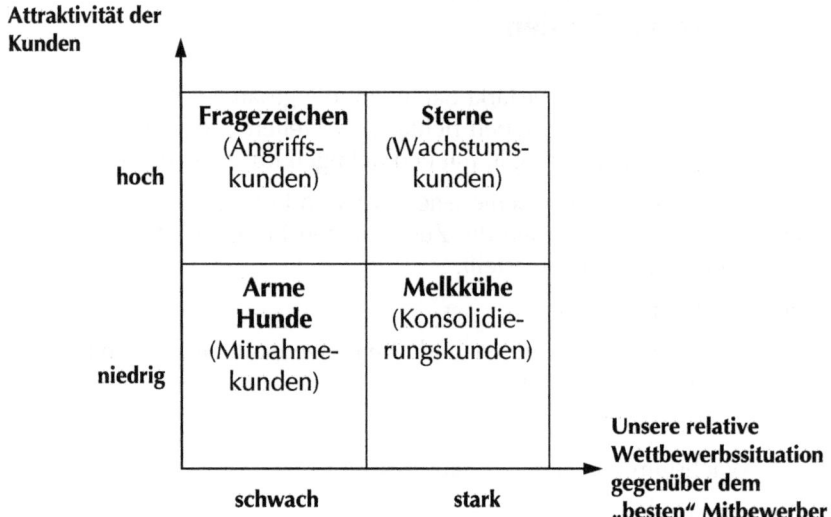

Kunden-Portfolio

Attraktivität der Kunden

	schwach	stark
hoch	**Fragezeichen** (Angriffs-kunden)	**Sterne** (Wachstums-kunden)
niedrig	**Arme Hunde** (Mitnahme-kunden)	**Melkkühe** (Konsolidie-rungskunden)

Unsere relative Wettbewerbssituation gegenüber dem „besten" Mitbewerber

	Potenzial	Bedarfs-deckung	Erste Überlegungen
Fragezeichen			
Sterne			
Melkkühe			
Arme Hunde			

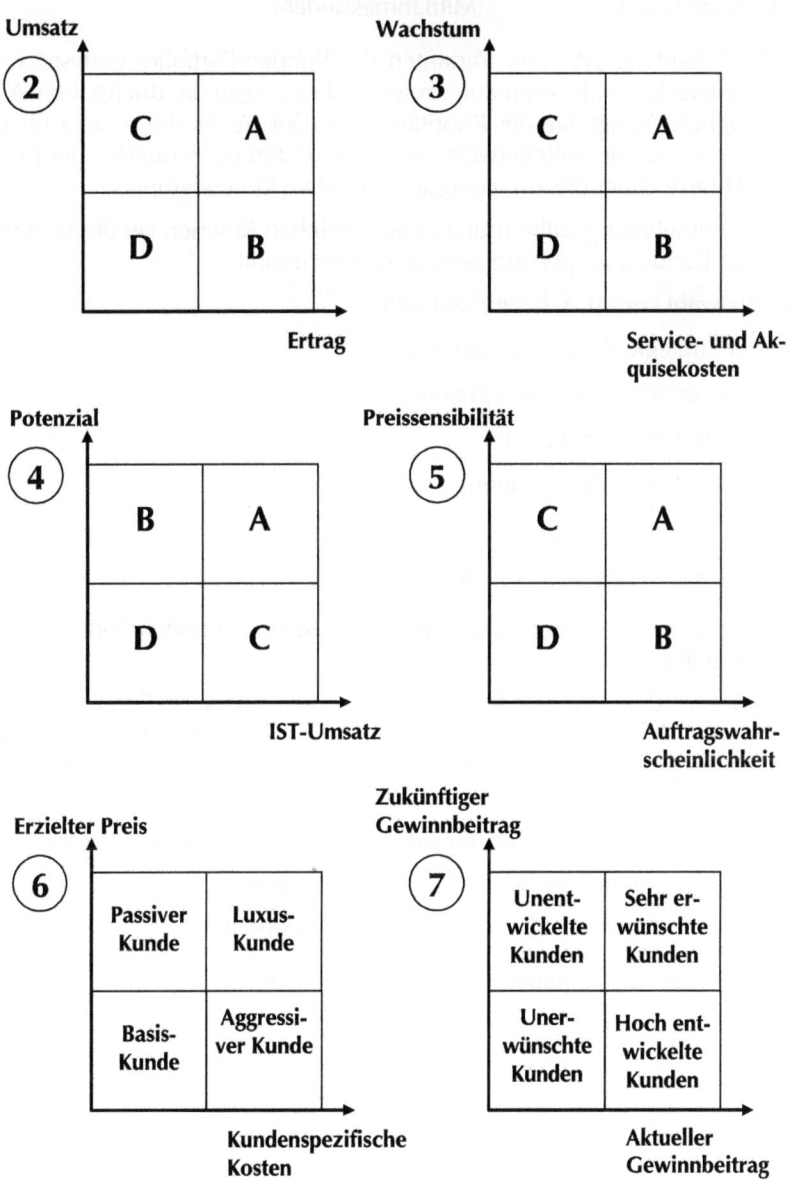

Weitere Varianten der Kunden-Portfolio-Analyse

1. Fragezeichen   (Angriffskunden)
2. Sterne   (Wachstumskunden)
3. Melkkühe   (Konsolidierungskunden)
4. Arme Hunde   (Mitnahmekunden)

In der Abbildung „Weitere Varianten der Kunden-Portfolio-Analyse" werden weitere Klassifikatoren aufgezeigt. Dabei zeigen die Buchstaben A–D die mögliche Rangfolge der Prioritäten auf. Der Buchstabe A steht für die Kundengruppe, die üblicherweise am wertvollsten ist (A-Kunde), der Buchstabe D bezeichnet die am wenigsten attraktive Kundengruppe.

Jede Unternehmung sollte prüfen, nach welchen Kriterien sie die Unterteilung der Kundengruppen am sinnvollsten vornimmt.

Die Auswahl wird u. a. beeinflusst von:

- der Strategie des Unternehmens

- den vertriebspolitischen Zielen

- der Anzahl der Kunden

- der Wettbewerbs-Situation

- den Produkt-Gruppen

- der Ausprägung des Rechnungswesens

Für die weiteren Ausführungen wird die Matrix „Kunden-Portfolio" zugrunde gelegt.

Das Wissen über die Kunden hat heute einen hohen Stellenwert. In der Praxis weiß der Vertrieb häufig zu wenig über die Kunden. Am Beispiel der Investitionsgüterindustrie werden im Folgenden einige Formulare vorgestellt.

Zunächst kommt es darauf an, für jede der vier Kundengruppen zu ermitteln:

1. Unsere Argumente bei den „harten" Faktoren

2. Unsere Argumente bei den „weichen" Faktoren

Versuchen Sie die Argumente zusammenzutragen.

Argumente zum Kunden-Portfolio

Kundengruppe: Angriffskunden

1. Unsere Argumente bei den „harten" Faktoren

2. Unsere Argumente bei den „weichen" Faktoren

Argumente zum Kunden-Portfolio

Kundengruppe: Wachstumskunden

1. Unsere Argumente bei den „harten" Faktoren

2. Unsere Argumente bei den „weichen" Faktoren

Argumente zum Kunden-Portfolio

Kundengruppe: Konsolidierungskunden

1. Unsere Argumente bei den „harten" Faktoren

2. Unsere Argumente bei den „weichen" Faktoren

Argumente zum Kunden-Portfolio

Kundengruppe: Mitnahmekunden

1. Unsere Argumente bei den „harten" Faktoren

2. Unsere Argumente bei den „weichen" Faktoren

Jeder Vertriebsbeauftragte sollte für seine wesentlichen Kunden die folgenden Arbeitsblätter ausfüllen. Natürlich sollten diese den spezifischen Anforderungen entsprechend angepasst werden (siehe Abbildung: „Meine Kunden-Analyse nach dem Kunden-Portfolio").

Für die Umsetzung des Kunden-Portfolios werden für alle vier Kundengruppen die wichtigsten Inhalte zur Kundenanalyse dargestellt (siehe hierzu die Abbildung „Die Umsetzung des Kunden-Portfolio").

Für den Vertrieb dürfte es förderlich sein, ein Kunden-Informations-System (KIS) systematisch aufzubauen. Hierbei ist wichtig zu berücksichtigen, dass KIS oder Customer-Relationship Management (CRM) nur Werkzeuge der Informationstechnologie sind. Die Inhalte und die Prozesse sind der wichtigste Teil mit dem Ziel, die abgeleiteten Kundenbearbeitungsstrategien und Aktivitäten zu verbessern. KIS sind somit auch ein Teil des strategischen Konzepts. Eine effektive Vertriebsarbeit ohne ein sinnvoll unterstützendes Management von kundenbezogenen Daten ist kaum noch möglich und ineffektiv. Wesentliche Bestandteile sind das Hinterlegen und die Transparenz über die Entscheidungsprozesse beim Kunden inklusive der relevanten Entscheiderinformationen, Informationen über Kundenpotenziale, eine gemeinsame Kommunikationsplattform mit aktuellen Daten für alle Mitarbeiter im Unternehmen sowie das Opportunity-Management, aus dem konkrete Aktivitäten für den einzelnen Betreuer abgeleitet werden können. Die Ergebnisse der Sales Excellence Studie (durch Mercury und Universität St. Gallen) haben in einer Umfrage mit 747 Unternehmen belegt, dass die Top Performer Ihre CRM Systeme dreimal häufiger für die Durchführung ihrer Vertriebsaktivitäten nutzen als Low-Performer. Es geht also um die Art und Weise wie das System genutzt wird und nicht, ob ein System vorhanden ist.

Die Basis könnte die Abbildung „Datensatz: Kundenentwicklung und -betreuung" bilden (siehe Seite 63).

Im Gespräch mit den einzelnen Entscheidungsträgern kommt es darauf an, die richtigen Fragen zu stellen. Stellvertretend werden für den Investitionsgüterbereich Hinweise gegeben.

Meine Kunden-Analyse nach dem Kunden-Portfolio

Kundenname:	Umsatz (TEUR)		DB (TEUR)		Potenzial-Ausschöpfung	
	abs.	%	abs.	%	abs.	%
1. Fragezeichen (Angriffskunden)						
Summe:						
2. Sterne (Wachstumskunden)						
Summe:						
3. Melkkühe (Konsolidierungskunden)						
Summe:						
4. Arme Hunde (Mitnahmekunden)						
Summe:						

Die Umsetzung des Kunden-Portfolio

Kundengruppe: Angriffskunden

1. Ziele	• Analyse der Kunden-Situation • Vorgehen systematisch planen • Vorteile bei den „harten" Faktoren erarbeiten • Vorteile bei den „weichen" Faktoren verdeutlichen • Marktanteile gegenüber der Konkurrenz gewinnen				
2. Besuchshäufigkeit	pro Jahr:				
3. Zeitaufwand					
4. Kontakt-Qualität zu	sehr gut	gut	befried.	ausrei-chend	mangel-haft
Senior-Chef	O	O	O	O	O
Junior-Chef/Nachfolger	O	O	O	O	O
Produktions-Leitung	O	O	O	O	O
Montage-Leitung	O	O	O	O	O
Verkaufs-Leitung	O	O	O	O	O
5. Wie sieht der Kunde unser Haus? Seine Zufriedenheit ist:	O	O	O	O	O
6. Was sollten wir bzgl. der „harten" Faktoren tun?	- Mitbewerber-Vergleich verdeutlichen - Vorteile verargumentieren - ...				
7. Was sollten wir bzgl. der „weichen" Faktoren tun?	- Unternehmensanalyse anbieten - Beziehungsmanagement aufbauen - ...				

Die Umsetzung des Kunden-Portfolio

Kundengruppe: Wachstumskunden

1. Ziele	• Keine Kunden verlieren • Beziehungen pflegen • Nachfolger unterstützen • Betriebswirtschaftliche Beratung anbieten/ausbauen
2. Besuchshäufigkeit	pro Jahr:
3. Zeitaufwand	

4. Kontakt-Qualität zu	sehr gut	gut	befried.	ausrei-chend	mangel-haft
Senior-Chef	O	O	O	O	O
Junior-Chef/Nachfolger	O	O	O	O	O
Produktions-Leitung	O	O	O	O	O
Montage-Leitung	O	O	O	O	O
Verkaufs-Leitung	O	O	O	O	O
5. Wie sieht der Kunde unser Haus? Seine Zufriedenheit ist:	O	O	O	O	O

6. Was sollten wir bzgl. der „harten" Faktoren tun?	- Mengenorientierte Angebote verstärken - ... - ...
7. Was sollten wir bzgl. der „weichen" Faktoren tun?	- Verstärkte betriebswirtschaftliche Beratung - Unternehmensanalyse anbieten - ...

Die Umsetzung des Kunden-Portfolio

Kundengruppe: Konsolidierungskunden

1. Ziele	• Marktzahlen/Produktionszahlen beobachten • Position ausbauen und sichern • Schwachstellen reduzieren • Betriebswirtschaftliche Beratung verbessern
2. Besuchshäufigkeit	pro Jahr:
3. Zeitaufwand	

4. Kontakt-Qualität zu	sehr gut	gut	befried.	ausrei-chend	mangel-haft
Senior-Chef	O	O	O	O	O
Junior-Chef/Nachfolger	O	O	O	O	O
Produktions-Leitung	O	O	O	O	O
Montage-Leitung	O	O	O	O	O
Verkaufs-Leitung	O	O	O	O	O
5. Wie sieht der Kunde unser Haus? Seine Zufriedenheit ist:	O	O	O	O	O
6. Was sollten wir bzgl. der „harten" Faktoren tun?	- Chancen aufzeigen - Mutmachen mit neuen Aktivitäten - …				
7. Was sollten wir bzgl. der „weichen" Faktoren tun?	- Unternehmensanalyse anbieten - Nischenlösungen überprüfen				

Die Umsetzung des Kunden-Portfolio

Kundengruppe: Mitnahmekunden

1. Ziele	• Keine größeren zeitlichen Investitionen • Keine größeren finanziellen Investitionen • Geschäft mitnehmen				
2. Besuchshäufigkeit	pro Jahr:				
3. Zeitaufwand					
4. Kontakt-Qualität zu	sehr gut	gut	befried.	ausrei-chend	mangel-haft
Senior-Chef	O	O	O	O	O
Junior-Chef/Nachfolger	O	O	O	O	O
Produktions-Leitung	O	O	O	O	O
Montage-Leitung	O	O	O	O	O
Verkaufs-Leitung	O	O	O	O	O
5. Wie sieht der Kunde unser Haus? Seine Zufriedenheit ist:	O	O	O	O	O
6. Was sollten wir bzgl. der „harten" Faktoren tun?	- Mitbewerber-Vergleich verdeutlichen - Vorteile verargumentieren				
7. Was sollten wir bzgl. der „weichen" Faktoren tun?	- Unternehmensanalyse anbieten - Beziehungsmanagement aufbauen - ...				

Datensatz:
Kundenentwicklung und -betreuung

Kundendaten:		Kundenart:

Name der Firma : Anschrift:
Inhaber : Name: Tel.-Nr.: email:
Junior : Name: Tel.-Nr.: email:
Prod.-Leitung : Name: Tel.-Nr.: email:
Montage Ltg. : Name: Tel.-Nr.: email:
Verkaufs-Ltg. : Name: Tel.-Nr.: email:

	n - 2	n - 1	n	n + 1	n + 2
Umsatz in Euro:					
DB in Euro:					

Was fördert unsere Position/unser Geschäft?

Was hindert unser Geschäft?

Was will ich ändern?

Welche Maßnahmen ergreife ich?

Vertriebsbeauftragter   Unterschrift

Stellen Sie die richtigen Fragen!

Ansprechpartner sind üblicherweise

Seniorchef/Juniorchef

- Was kennzeichnet Ihre Unternehmenspolitik?
- Wie sehen Ihre Unternehmensziele, insbesondere mittel- bis langfristig aus? Kennen die Mitarbeiter die Strategie?
- Was sind Ihre drei größten Probleme bzw. Herausforderungen?
- Wie heben Sie sich von Ihren Konkurrenten ab?

Produktionsleiter

- Welche drei wesentlichen Anforderungen stellt die Geschäftsleitung an Sie?
- Wie zufrieden sind Sie mit Ihrer erzielten Produktivität?
- Wie können wir Sie am besten im operativen Bereich unterstützen?
- Wie können wir Ihren Chef am besten für Ihre Pläne und Ziele gewinnen?

Montageleiter

- An welchen Kriterien werden Sie vorwiegend gemessen?
- Welche Möglichkeiten sehen Sie, die Kundenorientierung zu verbessern?
- Wie können wir Sie am besten unterstützen?

Verkaufsleitung

- Wie ist die Verteilung des Umsatzes auf die einzelnen Zielgruppen?
- Was tun Sie für die einzelnen Zielgruppen?
- Wie können wir Sie am besten unterstützen?

3.2 Weitere Methoden zur Kundensegmentierung

Damit Verkäufer im Innen- und Außendienst effektiv zusammenarbeiten können, ist es wichtig, Ihre Kunden zu sortieren. Das gewährleistet eine optimale Aufteilung der Aufgaben zwischen Verkäufern im Außendienst mit hohem Beziehungsmanagement und Vertriebsinnendienst.

Erfolgreiche Unternehmen setzen heute verschiedene Systeme und Methoden zur Kundensegmentierung ein. Die Einteilung bei vorhandenen und potenziellen Kunden in ertragsstarke und zukunftsträchtige Kunden sowie in weniger wichtige Kunden kann mit Hilfe von verschiedenen Verfahren für die Kundenbewertung erreicht werden. Lernen Sie in diesem Kapitel die Wichtigsten kennen und finden Sie eine geeignete für Ihre Situation – sei es im Business-to-Business (z. B. Investitionsgüter) oder im Business-to-Consumer (Konsumgüter) Bereich.

Die Praxis und Studien (z. B. Harvard, 2000) belegen, dass Teams, die Kundenportfolios nutzen, durchschnittlich dreimal mehr Neukundengeschäft generieren als Ihre Wettbewerber. Zusätzlich benötigen Verkäufer natürlich verschiedenen Fähigkeiten, um Produkte, Lösungen oder Dienstleistungen in Unternehmen auf verschiedenen Ebenen zu positionieren. Eine Menge von Netzwerkschaltstellen (Switches) für den Abteilungsleiter Netzwerke eines Großunternehmens anzubieten, erfordert ein anderes Niveau als die Überzeugung des Senior Managements, um strategische Partnerschaften vorzubereiten. Wichtig ist bereits hier, entsprechend ausgebildete Innendienstkräfte und Key Account Manager mit technischen Kundenberatern im richtigen Mix auf die verschiedenen Ansprechpartner anzusetzen.

3.2.1 Portfoliomethode 2

Mit der zweiten Portfoliomethode lassen sich nun potenzielle Kunden in vier Kategorien einteilen:

1. **Wiederkäufer (vgl. Mitnahmekunden)**
2. **Wachstumskunden**
3. **Wechselkunden**
4. **Innovationskunden**

Wiederkäufer

Wiederkäufer werden zu Stammkunden, weil die Verkäufer eine hohe Präsenz und damit eine hohe Kundenbindung aufweisen. Kunden vertrauen dem Verkäufer (A), weil dieser durch geschicktes Fragen den Bedarf des Kunden identifiziert und die Kundenbeziehung ernsthaft und emotional pflegt und ausbaut. Abgesehen von der Gefahr, dass die erwarteten Produkteigenschaften, Lieferzusagen, Preisentwicklungen und sonstigen Konditionen sich negativ für den Kunden verändern, kann der Kunde nur abwandern, wenn ein Wettbewerber (B) im richtigen Moment beim Kunden präsent ist und der Verkäufer (A) seine Kontaktfrequenz zurückgefahren hat. Verkäufer müssen sich um die Kunden kümmern, sich deren Probleme annehmen und diese möglichst über die Erwartung hinaus zur Zufriedenheit lösen, um weitere Produkte und Leistungen zu platzieren. Diese Kunden sind verwöhnt und daher macht es Sinn, mit Innendienstbetreuern (Inside Sales) und guten Servicearbeitern den Kunden ständig in Schach zu halten. Der Verkäufer kümmert sich dann um andere Abteilungen und Ansprechpartner sowie um die nächste Kundengruppe.

Wachstumskandidaten

Verkäufer können Ihren Kunden zum Wachstum verhelfen, wenn sie neue Bedürfnisse und Wünsche identifizieren und bedienen. Der Fokus im Verkauf liegt hier auf den strategischen Überlegungen, wie sich der Kunde entwickelt. Es benötigt Zeit, sich mit den strategischen Märkten, Produktinnovationen der Kunden zu beschäftigen und die Produkte bzw. Dienstleistungen des eigenen Unternehmens mit dem künftigen Bedarf des Wachstumskunden abzugleichen sowie ggf. durch Forschung und Entwicklung zu unterstützen. Business Development heißt die Devise und erfordert ein Team bestehend aus: Verkäufer/Kundenbetreuer (Account Manager), Marketingmitarbeiter und funktionsübergreifende Mitarbeiter wie Entwickler und Finanzcontroller, die Vorschläge evaluieren und beziffern (Risikoabwägung), um eine evtl. Investition zu rechtfertigen. Der Kundenbetreuer managt den Prozess und die Koordination, während die fachlichen Experten entwickeln und beurteilen. Er konzentriert sich auf das Projektmanagement mit dem Kunden. Langfristig haben die Verkäufer somit eine gegenseitige erhöhte Abhängigkeit mit dem Kunden. Das schafft mehr Einfluss, engere Zusammenarbeit, erweitertes Vertrauen und größere Geschäfte.

Wechselkunden

Wechselkunden wechseln schnell den Anbieter. Das heißt sie wechseln bei richtigen Voraussetzungen vom Wettbewerb zu Ihnen, wenn sie die Gelegenheit erkennen und nutzen. Interne Kunden- und Marktrecherche sollten helfen, diese Opportunitäten frühzeitig zu erkennen und beim Kunden vorstellig zu werden. Insbesondere wenn der Wettbewerb bei Service,

Produktinnovation oder Produktqualität nachlässt. Bevorstehende Branchenentwicklungen, Technologieveränderungen und Produkttrends bieten Gelegenheiten, dem offenen und flexiblen Kunden den Wechsel zu erleichtern. Informieren Sie Wettbewerbskunden regelmäßig auf verschiedenen Kommunikationskanälen über Ihr Leistungsangebot, Neuheiten und „Sonderangebote".

Innovationskunden

Der höchste Anspruch im Vertrieb ist die Zusammenarbeit mit dem Kunden und der Austausch auf Geschäftsleitungsebene. Verkäufer können Ihren Kunden dabei helfen, erfolgreicher zu werden, wenn sie sich mit den Kunden Ihrer Kunden beschäftigen. Man kann gemeinsam neue Produkte entwickeln, um Nachfrage zu befriedigen und Interesse zu wecken. Diese Beziehungen laufen mit den obersten Führungskräften beim Kunden und nicht auf technischer Ebene, wo zusammen über Leistungsdetails diskutiert wird. Dies bedeutet auch, ein Budget vorzuhalten, um diese Art „Joint Ventures/Joint Development" zu finanzieren. Geschäftsleitungsmitglieder erwarten hier auch Gesprächspartner auf Augenhöhe, die verstehen wollen und nicht vordergründig verkaufen. Man diskutiert langfristige Strategien der Zusammenarbeit und sucht gemeinsam nach Lücken wie Servicequalität, die der Markt nicht adressiert und wo neue Standards gesetzt werden können, die eine Angebotslücke schließen. Der Vertrieb besteht dann aus einer spezialisierten Gruppe, die Beziehungen auf allen Ebenen herstellt (Einkauf, technische Abteilungsleiterebenen, Geschäftsleitung). Oft kommen die Return-on-Investments (ROI) in Form von einem Auftrag erst nach ein bis zwei Jahren oder noch später. Hier gilt es, genau zu evaluieren, wie hoch das Risiko ist. In der Automobilzuliefererbranche werden oft einstellige Millionensummen in die Entwicklung investiert und nach vier Jahren nimmt der Automobilhersteller die Spezifikationen und schreibt sie über das Internet aus. Sie waren der Erste, haben investiert, um einen Vorteil beim Kunden zu erzielen und der Wettbewerb kann es nun einfach abschätzen, ob er Ähnliches in kurzer Zeit leisten und anbieten kann. Zeit- und Kostenpläne sollten hier sorgfältig auf ein Risiko hin geprüft werden. Damit sich Verkäufer ganz auf die strategischen Themen und den Kontakt sowie Vorbereitung mit Top Managern fokussieren können, sollte man Ihnen überflüssige Aufgaben abnehmen. Neue Geschäfte ermöglichen eine differenzierte Positionierung bei den wichtigen Kunden, um den Umsatz und Gewinn auszubauen, statt Produkte zu verkaufen. Das ist echter Wettbewerbsvorteil.

3.2.2 ABC-Analyse

Eine weitere bekannte Methode ist die „Kunden ABC-Analyse". Diese selektiert Kunden in Topkunden (A), gute Kunden (B), schwache Kunden (C) und sehr schwache Kunden oder Interessenten (D) nach entsprechenden Kriterien der Kundenattraktivität (siehe auch Kapitel Leistungsüberwachung und Kennzahlensysteme). Zur Gewichtung wird häufig auch die Pareto-Regel hinzugezogen. Nach Pareto machen 20 % der Kunden ca. 80 % des Umsatzes. Von daher sind A-Kunden in der Regel in den Top 20 % zu finden, außer sie gelten als besonders strategisch zur Besetzung neuer Märkte (Produkte, Zielgruppen oder Regionen). Die darauf folgenden 30 % der Kunden machen nur noch 10 % des Umsatzes und die verbleibenden 50 % die letzten 10 % (D-Kunden) aus. Der Pareto-Effekt (auch in der Lorenz'schen Kurve belegt) bedeutet:

- Der Schwund betrifft alle Kundengruppen (A, B und C).
- Die Umsatzanteile pro Kunde schwanken.
- Neue Kunden kommen in jeder Kategorie hinzu.

Insbesondere die Kundensegmentierung hat sich zu einem sehr effektiven Instrument entwickelt, um die Attraktivität von Kunden im Sinne einer Potenzialanalyse und vertrieblicher Wirtschaftlichkeit der Kunden zu bewerten.

3.2.3 Kundenattraktivitäts (Account Attractiveness)-Matrix

Die Kundenattraktivitätsmatrix ist ein Instrument, um die geeignetsten Kundenstrategien zu identifizieren und Investitionen für das Schlüsselkunden-Portfolio (Key Account Portfolio) zu bewerten. Es basiert auf dem Ansatz, dass alle Beteiligten sich einheitlich über die Kriterien geeinigt haben, die einen Schlüsselkunden für eine Fokussierung und Investition attraktiv machen und andere weniger attraktiv. Man könnte auch die Frage stellen: Wie sieht ein idealer Key Account aus?

Schritt 1:

Auch das Management sollte über die identifizierten Attraktivitätskriterien entscheiden, inwieweit sie die Wettbewerbsposition des eigenen Unternehmens bei jedem Kunden widerspiegeln. Die Bewertung wird in einer Matrix mit 9 Feldern aufgetragen. Jedes Feld hat eine bestimmte Strategie für den Umgang mit den Kunden in diesem Feld. Weil diese nicht in Stein gemeißelt sind, sollten sie regelmäßig neu bewertet und „verschoben" werden. Die wichtigste Unterscheidung bei der Strategie für einen oder mehrere Kunden in einem bestimmten Feld ist die Wahl für eine „Investment"-Strategie oder einer „Halten- bzw. Abstoßen"-Strategie. Dieses Bewertungssystem mit wichtigen Kennzahlen im Key Account Management unterstützt die gezielte Entwicklung oder Nicht-Entwicklung von Kunden durch die Aktivitäten der Kundenbetreuer, die auf die Kunden fokussieren, welche nach Einschätzung und Bewertung langfristig attraktiver sind, d. h. einen höheren Rückfluss für das Unternehmen generieren können. Insbesondere die Kunden im Mittelfeld (mittlere Attraktivität und mittelmäßige Wettbewerbsposition beim Kunden durch die eigene Präsenz) sollten weiterentwickelt werden in Richtung „Hohe Attraktivität" und die Wettbewerbsposition (z. B. Marktanteil beim Kunden im Vergleich zum Wettbewerb) entsprechend ausgebaut werden.

Als Limit sollte man sich eine zeitliche Grenze setzen. Ist der Kunde dann auf dem Weg in eine höhere Kundenattraktivität, entwickelt man ihn weiter. Gelingt dies nicht, kann es an den Fähigkeiten des Key Account Managers liegen, oder aber der Kunde sollten zugunsten eines Anderen vernachlässigt werden. Die Matrix ist auch in einer früheren Version unter dem Namen „Directional Policy Matrix" bekannt und wurde von General Electric (GE) und McKinsey entwickelt.

Beispiel der Kundenattraktivitäts-Faktoren (Kriterien) und der Kalibrierung:

Definition des Kriteriums	Gewich-tungs-faktor	Bewertung		
		Hoch 3	Mittel 2	Niedrig 1
Umsatzpotenzial (Vergleich Vorjahr, Bezug von allen Lieferanten unserer Produktkategorien z. B. verschiedene Distributoren)	15	> € 75mio.(m)	€ 25m – € 75m	<€ 25m
Wachstum (durchschnittliches Wachstum der Einkäufe von allen Bezugsquellen aller unserer Produktkategorien pro Jahr über die letzten 3 Jahre)	12	>25 % p. a.	10 %–25 % p. a.	<10 %
Globalisierung (Potenzial den Kunden international auszubauen)	10	Niederlassungen in 3 oder mehr Kontinenten	Niederlassungen in 1 oder 2 Kontinenten	Niederlassungen in 1 Kontinent
usw.				

Bei der Festlegung der Kriterien sollten einige Eigenschaften berücksichtigt werden: Das Kriterium muss messbar gestaltet werden – und dies so objektiv wie möglich. Zum Beispiel wird die Beziehungsstärke als Wettbewerbspositionskriterium herangezogen. Anstatt sich nur auf eine Meinung einer Person zu verlassen, ist es angemessener, sich auf ein objektives Bewertungssystem, basierend auf einer Menge von messbaren Faktoren zu einigen, die einen Einfluss auf die Qualität der Kundenbeziehung haben.

Bewertungskriterien für die Kundenattraktivität:
Umsatzpotenzial, Schlüsselkunde, Meinungsbildner, Preissensibilität, Deckungsbeitrag, Betreuungsbedarf, Beschwerdeverhalten, Strategischer Kunde für innovative Produkte und Lösungen, Referenz, künftige Sortimentsbreite des Kunden, Bonität, Betreuungsaufwand, Cross-Selling Potenzial, Mitarbeiterqualifikation beim Kunden, Marktposition, Kooperationsbereitschaft (z. B. für gemeinsame Entwicklungen), Innovationsbereitschaft (First Mover).

Bewertungskriterien für die eigene Wettbewerbsposition
(auch Auftragschance genannt):
Persönliche Kontakte (Anzahl, Funktion, Ebenen, Sponsoren), unser Image beim Kunden, Konditionen im Vergleich zu anderen Lieferanten des Kunden, Kundenzufriedenheit, Leistungsbewertung der eigenen Pro-dukte und Zuverlässigkeit der Verkäuferversprechen, USPs im Marketing-Mix. Ist das Bewertungssystem verabschiedet, kann das Portfolio der Kunden bewertet werden.

Weitere Kriterien zur Kundenattraktivität:

- Kundenwachstum, Globale Tätigkeit, Finanzielle Risiken (Zahlungsausfall, Bonität)

Attraktivität des Kunden

Kundenname:

	Gewich-tung	Gut 3	Mittel 2	Schlecht 1	Total
		RATING			
Umsatzpotenzial	15	✓			45
Wachstum	12	✓			36
Globale Aktivität	10		✓		20
Innovationsbereitschaft	5			✓	5
Finanz-Risiken	5		✓		10
Marktposition (Nr. 1, 2, 3)	3			✓	3
	50				119

Abbildung 6: Bewertung der Attraktivität des Kunden für unser Unternehmen

Weitere Kriterien zur Wettbewerbsposition:

- Marktanteil beim Kunden im Vergleich zu Wettbewerbsprodukten, die der Kunde im Einsatz hat, Kundenwahrnehmung über die bestehende Qualität von Produkten, Beratung und Service, Wachstum beim Kundenmarktanteil, Niveau beim technischen Support, wettbewerbsfähige Preise

Eigene Wettbewerbsposition (als Lieferant beim Kunden)

Kundenname:

	Gewich-tung	Gut 3	Mittel 2	Schlecht 1	Total
Marktanteil beim Kunden	18			✓	18
Qualitätsniveau der Produkte/Services	12		✓		24
Wachstum des Anteils beim Kunden	8		✓		16
Kundenkontakte und Beziehungen	5	✓			15
Technischer Support	4		✓		8
Wettbewerbsfähige Preise	3	✓			9
	50				90

Abbildung 7: Bewertung der eigenen Wettbewerbspositionierung unseres Kunden

Schritt 2:

Einstufung der Schlüsselkunden (Key Accounts) anhand der Kriterien

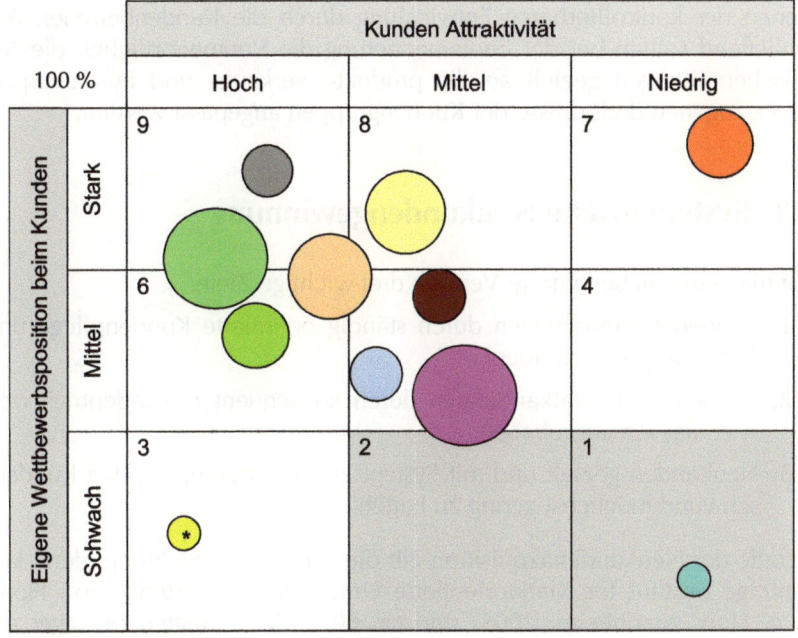

Abbildung 8: „Key Customer Planning" – nach Alan Melkman u.
Professor K. Simmonds, Thorogood 2003

Die nächsten Schritte sind die Definition der Strategien für die Kunden in den einzelnen Feldern.

Strategische Ansätze zur Leistungsverbesserung beim Kunden sind die Maßnahmen, die nach einer gemeinsamen „Gap-Analyse" entwickelt werden können, um die identifizierten Leistungslücken des Lieferanten zu schließen. Beispielsweise Know-how-Transfer, strategische Beratung, Unterstützung beim Markteintritt, Überlassung von temporären Mitarbeitern oder finanzielle Unterstützung sowie prozessorientierte Beratung im Bereich Produktion oder Logistik.

Kunden in den grau schattierten Feldern sind zum Beispiel nicht attraktiv und sollten wenig betreut werden. Der „dunkelgelbe (∗)" Kunde im Feld „3" kann ein hohes Potenzial beinhalten, muss jedoch intensiver betreut werden, um andere Wettbewerber zu verdrängen und die eigene Wettbewerbsposition beim Kunden zu steigern. Die Größe der Kreise kann zum Beispiel die Profitabilität repräsentieren. Die groben Strategien für die Felder müssen dann auf jeden einzelnen Kunden herunter gebrochen werden. Relevante Kennzahlen zur Beurteilung der folgenden Ausbauaktivitäten dienen der kontrollierbaren Entwicklung durch die Kundenbetreuer. Anschließend sollten bei der Implementierung die Verantwortlichen die Akquisebemühungen gezielt an die produkt-, verkaufs- und beratungsprozessbezogenen Bedürfnisse der Kundengruppen angepasst werden.

3.3 Systematische Neukundengewinnung

Auf die Dauer haben wir im Vertrieb drei wichtige Ziele:

1. Kundenabwanderungen durch ständig optimierte Kundenpflege und Betreuung zu verhindern.

2. Kleinere Potenzialkandidaten durch konsequenten Kundenmehrwert systematisch auszubauen.

3. Neukunden gezielt und mit System zu akquirieren, um den Kundenschwund möglichst gering zu halten.

Gerade der Neukundenakquisition gilt die verstärkte Beachtung, denn laut Umfrage (Institut für Marktorientierte Unternehmensführung, Prof. Homburg, Univ. Mannheim, 2005) sind ca. 60 % der befragten Manager mit der eigenen Neukundenakquisition unzufrieden. In den meisten Fällen sind neue Kunden unwirtschaftlich oder es werden die falschen Akquiseinstrumente eingesetzt und womöglich nicht auf wirtschaftlichen Erfolg hin nachkontrolliert.

Ein erster wichtiger Schritt bei der Neukundengewinnung besteht bereits in der sorgfältigen Kundeneinteilung (Segmentierung) und Priorisierung, die den zentralen Hebel für die Effizienz der Akquisitionsmaßnahmen darstellt. In der Priorisierung müssen die verantwortlichen Manager ökonomisch prüfen, für welche Neukundengruppen wie viel im Rahmen der Marktbearbeitung investiert werden soll. Dabei sollte die Höhe der Investition pro Zielgruppe die Wichtigkeit der Zielgruppe für das eigene Wachstum darstellen. Eine rein intuitive Priorisierung der Vertriebsmitarbeiter ist nicht ausreichend. Eine systematische Herangehensweise mittels der oben beschriebenen Portfoliomethode (Kundenattraktivitätsmatrix) schafft hier Abhilfe.

An dem Beispiel eines Handelsunternehmens im Konsumgüterbereich von Premium Genussmittel zeigt sich eine geeignete Vorgehensweise mit zwei wichtigen Faktoren:

1. Neukundenwert

2. Akquisitionswahrscheinlichkeit

Hintergrund: Das Unternehmen ist seit mehr als sieben Jahren im Markt und hat ca. 35000 Kunden gewonnen wie auch einige verloren (vgl. auch Kundenabschmelzung nach Lorentz). Die Zielgruppen sind zum größten Teil Selbstständige, Geschäftsführer und leitende Angestellte in Unternehmen. Die Bewertung und Analyse der Attraktivität potenzieller Kunden erfolgte nach drei Kriterien: voraussichtliche Affinität zu Premiumgenussmitteln, Bonität und Einkommensklasse. Die erste Einstufung ergab eine klare Prioritätenliste, die in zwei Meetings mit Vertriebsleitern und Mitarbeitern durch deren subjektive Einschätzungen der Akquisitionswahrscheinlichkeit abgeglichen wurden. Anschließend wurde sichergestellt, dass das Akquisitionsangebot (Verkaufsaktion) die Bedürfnisse der Kundengruppe anhand vorhergehender Erfahrungen und Marktrecherche bestmöglich erfüllen würde. Durch diese sorgfältige Vorbereitung konnten aus den ca. 20000 Adressen systematisch die 1000 Topkandidaten auf Events und Firmenveranstaltungen sowie Kooperationen mit Premium-Anbietern (Golfturniere, Premiumautomobil Neuvorstellungen etc.) eingeladen und kontaktiert werden.

Die Zielgruppe hatte ein hohes Wertpotenzial und eine hohe Akquisewahrscheinlichkeit, sodass in das jährliche Budget für Neukundenakquisition effektiv investiert wurde. Weitere 15000 wurden telefonisch mit einem Sonderangebot kontaktiert und die restlichen 4000 durch Email oder Mailing angeschrieben, die zwar eine hohe Akquisitionswahrscheinlichkeit aufwiesen, aber einen niedrigen Erstbestellungswert repräsentierten.

Andere Beispiele zeigen, wie unsystematisches Vorgehen ohne entsprechende Vorbereitung bei aufwendigen Marketingmaßnahmen, attraktiven Neukundenangeboten sowie die im Bankenumfeld bekannten Wechselprämien schnell unprofitabel werden kann. Häufig erhöht sich der Marktanteil kurzfristig, nicht aber der Gewinn. Leider wird insgesamt zu wenig getan, um neue Kunden zu gewinnen, denn umfangreiche Investitionen vieler Unternehmen in die Kundenbindung haben diese wichtige Komponente in der Wachstumsstrategie vernachlässigt.

Ein erfolgreiches Akquisemanagement muss vor allem zwei Ziele erreichen: Wirtschaftlichkeit und mittelfristige (1–3 Jahre) Profitabilität. Häufigste Ursache für die immensen Kosten und die mangelnde Wirtschaftlichkeit in der Neukundenakquisition sind unzureichende Erfolgs- und Wirtschaftlichkeitskontrollen. Im Beispiel des Premiumhandels im Konsumgüterbereich wurde herausgefunden, dass ein Kunde erst nach dem dritten Einkauf (nach ca. 15 Monaten) profitabel für das Unternehmen wird. Wenn dann 30 % der Erstkunden jährlich nach ca. 24 Monaten abschmelzen, fängt man gerade einmal den Abwanderungsgrad auf. Oder wie die bekannte Vertriebsformel besagt: Ein Neukunde kostet sechsmal soviel Investition wie ein Stammkunde. Nur ohne Neukundenwachstum geht es nicht.

Ausgereifte Customer-Relationship-Management Lösungen (CRM) verhindern nicht, dass Unternehmen ständig einen Teil ihrer Bestandskunden verlieren. Darum muss insbesondere in stagnierenden Märkten gezielte Neukundenakquise betrieben werden, um die Marktposition zu halten. Unabhängig von Marktwachstum und Wettbewerbsdruck sind neue Kunden weiterhin der beste Weg, um Wachstumserfolge zu erzielen. Gerade weil die Verkaufspotenziale bei bestehenden Kunden häufig schon ausgeschöpft sind, schaffen es Vertriebsmanager nur mit erheblichem Aufwand, Umsatzwachstum mit Stammkunden zu steigern. Gerade die „Wechselkunden" stellen hier ein gutes Potenzial da, denn sie sind einfach vom bisherigen Anbieter zu lösen. Man nennt diese Kunden auch „stimulante" Kunden, denn sie suchen Neues und Abwechslung. Das Wachstumspotenzial bei bestehenden Kunden reduziert sich auf *Cross-Selling Aktivitäten* (Verkauf ergänzender Produkte oder Dienstleistungen an einen bereits bestehenden Kunden), *Up-Selling* (das Bestreben des Anbieters, dem Kunden statt einer günstigen Variante im nächsten Schritt ein höherwertiges Produkt oder eine Dienstleistung anzubieten) oder Churn Management (Kunstwort aus „Change" und „Turn").

Im Cross-Selling bieten spezielle Softwaretools Unterstützung, die während der verschiedensten Marketingaktionen gezielt darüber informieren, welcher Kunde welche Produkte in welcher Kombination und zeitlichen Reihenfolge kauft. Wichtiger Bestandteil hier ist die Kontakthistorie, die eine Aussage darüber trifft, was der Kunde bisher konsumiert hat, welche Produktkombinationen er bevorzugt und welche Preissegmente er präferiert. Aus den so ermittelten Daten werden dann Kundensegmentierungen (zum Beispiel „Kunde A = affin für Produkt B" oder „Kunde A ≠ affin für Produkt C") abgeleitet.

Ein Beispiel für Up-Selling wäre:

Der Kunde betritt einen Autosalon und erkundigt sich nach einem Mittelklassemodell. Zunächst offeriert der Verkäufer eine Probefahrt – jedoch niemals in der schlecht ausgestatteten Grund- oder Mittelklasseversion, sondern möglichst im stärker motorisierten und besser ausgestatteten Wagen mit Klimaanlage, Lederbezügen, Sound- und Navigationssystem. So kann der Kunde die Vorteile der höherwertigen Variante hautnah erleben. Wenn er die Extras später nicht möchte, muss er sich innerlich von den bereits erlebten Vorteilen lösen, sozusagen Verzicht üben. Während er dies überlegt, wird der Verkäufer die Finanzierung so kalkulieren, dass die zusätzlichen Kosten als gering erscheinen.

Churn Management

Beim **Churn Management** gilt es, mit gezielten Maßnahmen der Wechsel-Wahrscheinlichkeit von Kunden frühzeitig entgegenwirken zu können. Churn bezeichnet im Englischen den Wechsel eines Kunden zur Konkurrenz. Gerade die Flexibilität in Zeiten des E-Commerce führt zu einer weitgehend fehlenden Kundenloyalität, da das Abwandern zum Wettbewerber nur den Aufwand eines Mausklicks erfordert. Unter dem Begriff *Churn Management* fasst man folglich jene Marketing-Strategien zusammen, die zur Kundenbindung und gegebenenfalls weiteren Entwicklung des Kunden entworfen werden.

Das Unternehmen forciert die Neukundenakquisition und die Bestandskundenbindung häufig gleichermaßen. Entscheider wissen oft nicht, wie die Mittel zwischen der Investition für Neukundengewinnung und der Bindung von Bestandskunden verteilt sind. Daher sollten Entscheidungsträger für sich systematisch analysieren und abwägen, wie viele Ressourcen sie für jede Zielerreichung investieren wollen. Professor Robert Blattberg von der Kellogg School of Management hat hier einige analytische Modelle zur Ableitung einer optimalen Balance entwickelt.

Ein weiterer wichtiger Erfolgsfaktor in der Neukundengewinnung ist die entsprechende Gestaltung und Anpassung der Anreizsysteme an die Vertriebsstrategie. Folgende Problemlösungen sind denkbar, um die typischen Herausforderungen durch maßgeschneiderte Anreiz- und Vergütungssysteme für die Mitarbeiter in den Vertriebsabteilungen erfolgreich zu verbessern.

Problem	Lösung
Mitarbeiter besuchen die bekannten Kunden lieber und flüchten vor der beschwerlichen Neukundenakquisition	Konkrete Ziele für beide Bereiche: Kundenbindung und Neukundengewinnung (z. B. 15 Neukunden pro Monat für einen Mitarbeiter im Vertriebsinnendienst eines Versandhandels)
Verkäufer akquirieren unprofitable Kunden, die evtl. leichter zu gewinnen sind und viele kostspielige Sonderwünsche haben	Zielvereinbarungen mit Umsatz- und Deckungsbeitragsziel (nach z. B. 12 Monaten). Die Investitionen mit neuen Kunden sollten sich nach absehbarer Zeit amortisieren. Anerkennung für die Gewinnung wichtiger Neukunden, die vorher definiert wurden (siehe auch Portfolio-Segmentierung)
Suboptimale Akquisetechnik der Verkäufer wie z. B. – aggressive Penetration mit dem Ergebnis, dass der Kunde irgendwann genervt unterschreibt, damit er Ruhe hat (führt zu Kaufreue) – Abschlussschwäche ohne Zwischenabschlüsse. Verkäufer investiert viel Zeit und Arbeit, erfüllt neue Sonderwünsche und kommt nicht zum Vertragsabschluss	Vergütung von Abschlüssen erfolgt erst nach Vertragsabschluss statt nach Angebotsbestätigung oder mit einem Stornorückbehalt. Die Bonuszahlungen erfolgen erst nach dem zweiten Kauf des Kunden. Bonus ist an das Wachstum der einzelnen Kunden und/oder Profitabilität gekoppelt. Bonus erfolgt auch aufgrund der jährlichen Kundenzufriedenheitsumfragen (seiner Kunden und/oder aller Kunden im Vertriebsbereich). Materielle und immaterielle Anerkennung durch die Erfüllung bestimmter verhaltensorientierter Bewertungskriterien (z. B. in managementorientierten Systemen)
Verkäufer halten wichtige Informationen über ihre Kunden(-beziehungen) zurück und pflegen wichtige Kundendaten nicht in einem vorgesehenen CRM System	Klare Konsequenzen, wenn bestimmte Kundendaten nicht vollständig und zeitnah in das Informationssystem eingegeben werden (z. B. Besuchsberichte bis Sonntag, Kontaktdaten von Ansprechpartnern, Entscheidungsprozesse beim Kunden, Unternehmensprofil mit Strategie, Tätigkeit und Finanzkennzahlen oder bevorzugte Produkte, Persönlichkeitstyp, präferierte Kommunikationskanäle, Gewohnheiten, Entscheidungskriterien)

Quelle: Harvard Business Manager, Spezial Vertrieb, S. 106, Oktober 2006,
manager magazin Verlagsgesellschaft

Das Management kann somit den Fokus der Verkäufer entsprechend steuern. Andererseits sollte das Management die Effektivität der Neukundenakquise anhand der folgenden Kriterien beurteilen und bewerten:

- Reaktion potenzieller Kunden auf Verkaufs- oder Beratungskontakte
- Zahl der gewonnenen Kunden pro Mitarbeiter, Kundensegment, geografische Region, Periode usw.
- Erreichen der gesetzten Akquisitionsziele (Soll-Ist Vergleich, z. B. x % vom Umsatz des Neukundengeschäfts pro Periode)

Abschließend sei hier noch auf die Tatsache hingewiesen, dass in den meisten Branchen Außendienstler nur 20 % aktive Verkaufszeit zur Verfügung haben. Die verfügbare Zeit für Neukundengewinnung und Kundenpflege vor Ort ist daher ein weiterer Hebel, um Umsatz- und Gewinnwachstum erfolgreich zu steigern.

4. Die neue Rolle des Verkäufers

4.1 Die 4 Phasen in der Verkäufer-Entwicklung

Die klassischen Produkte und Dienstleistungen werden mehr und mehr austauschbar. Die Verfasser dieses Buches haben das System der 4 P's entwickelt (siehe Abbildung 9): Von den Produkten, zu Problemlösungen für Zielgruppen, zur Prozessoptimierung bis hin zu Partnerschaften. Hier eignen sich zwei Verkaufsstile insbesondere, die eine hohe Erwartung seitens des Kunden (für Prozess-Optimierung und Partnerschaften) einerseits und eine sehr gute Kundenbeziehung andererseits unterstützen: Consultative Selling und Relationship Selling.

Top-Verkäufer haben eine völlig andere Verkaufsgesprächsstrategie – das sogenannte Consultative Selling – entwickelt, bei der der Kunde sich das Produkt oder die Dienstleistung selbst erklärt: also die umfassende Einbeziehung aller Kundenaspekte in die Konzeption und den Verkauf von Produkten und beratungsintensiven Lösungen. Es wurde erkannt, dass Kunden sich gegen alles wehren können, was Verkäufer ihnen sagen, dass sie aber dem völlig ausgeliefert sind, was sie zu sich selber sagen.

Relationship Selling: Verkaufsaktivitäten, die vor allem auf die Etablierung einer langfristigen Beziehung zu einem Kunden abzielen, aus der permanente Käufe entstehen sollen. Das wirtschaftliche Ziel des Relationship Selling ist dabei, Kunden langfristig profitabel an das Unternehmen zu binden. Kundendeckungsbeitrag oder Customer Lifetime Value sind hier z. B. mögliche Steuermechanismen.

Die Abbildung 9 (Die 4 P's) zeigt das Spannungsgefüge. Nimmt man diese Darstellung als Grundlage für die neue Rolle des Verkäufers, dann wird deutlich, dass sich eine Reihe von Entwicklungsstufen für Verkäufer ergeben. Diese sind in der Abbildung skizziert. Die wesentlichen Argumente sind selbsterklärend und müssen daher textlich nicht weiter umschrieben werden.

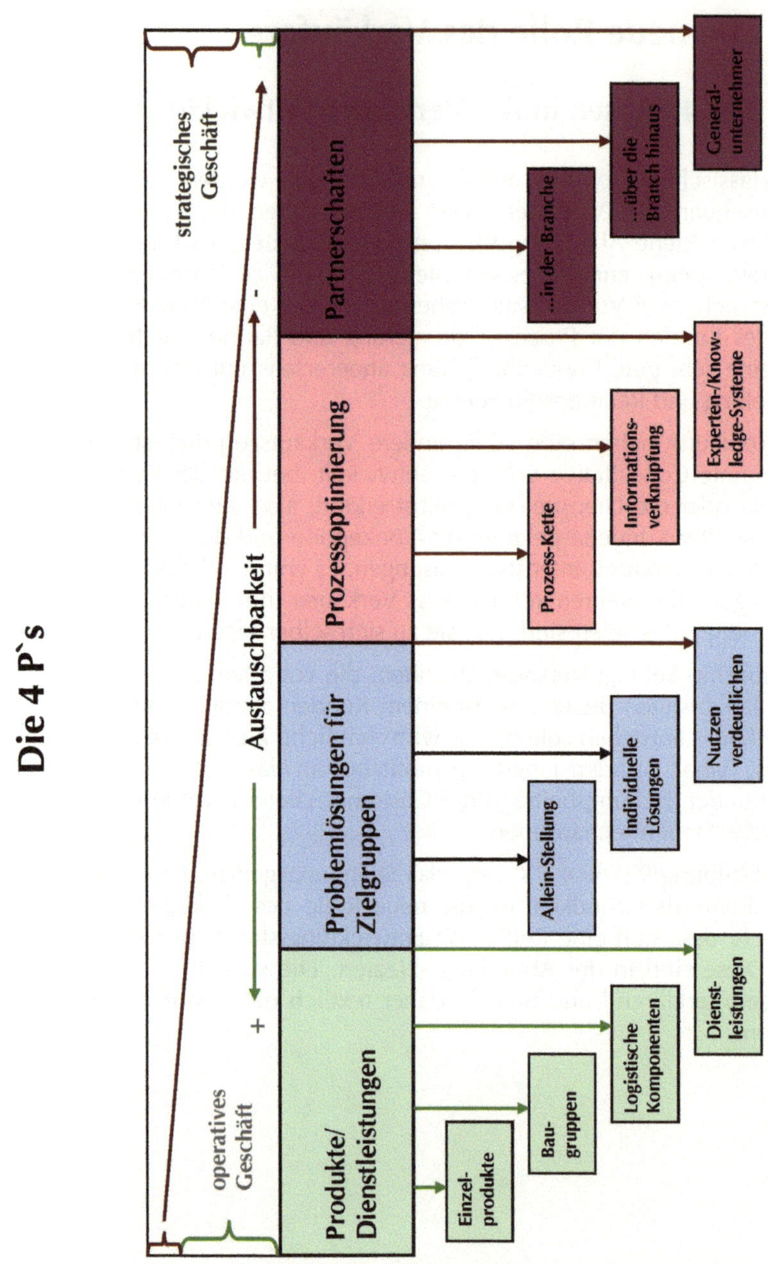

Abbildung 9: Die 4 P's (Phasen der Verkäufer-Entwicklung)

Für die Wirtschaft erhalten Innovationen einen immer höheren Stellenwert. Innovation hat hierbei nichts damit zu tun, wie viel Budget man für Forschung und Entwicklung hat. Als Apple den MAC präsentierte, haben andere Computerhersteller mehr in die Forschung und Entwicklung investiert. Es geht also nicht um Geld, sondern um die Mitarbeiter, die man hat, wie man geführt wird und wie man das Thema Innovation versteht. Die meisten Menschen denken immer zuerst an Produkte und Technologien und man sieht Bilder von großen Forschungszentren. Heutzutage sind Innovationen in der Kundenerfahrung (customer experience) verwurzelt. Das MIT (USA) hat kürzlich 12 Typen von Innovation identifiziert, von denen heute einige ignoriert werden. Genau diese unterschätzten Innovationsbereiche bringen den größten Wert für das Geschäft. Produktinnovationen muss man so oder so betreiben, bevor man technologisch zurückfällt. Kunden in den Innovationsprozess einzubeziehen, gemeinsame Innovationsplattformen zu schaffen helfen und beschleunigen die Identifizierung von neuen Opportunitäten und validieren die Erfolgschancen. Einige vernachlässigte Innovationstypen sind bzw. waren: Kunden (Bsp. Pre-paid mobile, Apple Education markets), Prozesse (Zara, Dell Finanzmodell), Brand (Virgin), Customer experience (Harley Davidson, Lego, You tube).

Um heutzutage im Marktplatz erfolgreich zu sein, muss sich jede Unternehmung klar über die Marktbearbeitungsstrategie sein. Wird die Strategie durch den Preis oder durch Kundenmehrwert wie Service gegenüber dem Wettbewerb ausgerichtet?

Wird die Strategie ein herausragendes Verständnis über seine Kundenprobleme haben, sodass sie genau anbieten kann, was der Kunde sucht. Daher muss auch Innovation die definierte Strategie unterstützen:

- Preisanbieter sollten darauf achten, einen guten Produktwert zum geringsten Preis anbieten zu können.

- Produkt „+" Anbieter sollten sich über Zusatzfunktionalitäten, besonderen Service sowie emotionalen Nutzen differenzieren.

- Anbieter von kundenspezifischen Lösungen, die durch Partnerschaften entstehen, sollten sich auf neue, einzigartige Wege fokussieren, um die Kundenbedürfnisse zu erfüllen und von Projekt zu Projekt sich ständig selbst erneuern (self-reengineering).

Für die Klassifikation in die 4 P's der

1. Produkte
2. Problemlösungen
3. Prozessoptimierung
4. Partnerschaften

werden nachstehend einige kurze Aussagen gemacht.

1. Produkte

In der Vergangenheit und auch verstärkt noch in der Gegenwart stand bzw. steht im Mittelpunkt des innovativen Denkens die Produkt-Innovation. Um Wettbewerbsvorteile zu erreichen, war und ist es deshalb notwendig, die richtigen Produkte zur richtigen Zeit der richtigen Zielgruppe zu offerieren.

Die Wettbewerbsvorteile durch spezifische Produkte und Dienstleistungen waren in der Vergangenheit oft ein „sanftes" Ruhekissen. Heute stellt sich das Bild jedoch zunehmend anders dar: Die zeitlichen Wettbewerbsvorteile bestehen häufig nur kurzfristig. Die Mitwettbewerber sind in der Lage, rasch zu imitieren und zu verbessern.

Künftig wird es nicht mehr ausreichen, nur einzelne, isolierte Produkte dem Markt anzubieten. Wer meint, in den kommenden Jahren mit z. B. einer „Pumpe" die notwendigen Umsatzzahlen erreichen zu können, wird sich schwer tun. Was der Markt fordert, ist ein „Entsorgungssystem".

2. Problemlösungen

Hier geht es darum, für jede einzelne Zielgruppe konkrete Problemlösungen zu erarbeiten. Überprüfen Sie:

- Welche wesentlichen Zielgruppen haben Sie?
- Welche Anforderungen stellen die Zielgruppen an Problemlösungen heute?
- Welche Anforderungen stellen die Zielgruppen an Problemlösungen morgen?
- Wie können strategische Wettbewerbsvorteile erreicht werden?

3. Prozesse

Während der Schwerpunkt der Produkt-Innovation/Problemlösung im produktionswirtschaftlichen Bereich liegt, ist der Schwerpunkt der **Prozess-Innovationen** im organisatorischen und logistischen Bereich zu suchen.

In der Zukunft wird es noch mehr darauf ankommen, die Prozesse mit den Geschäftspartnern zu verknüpfen. Im Rahmen des Prozessmanagements gilt es, Innovationen – vor allem vor dem Hintergrund der Optimierung der Prozesse – über Team-, Abteilungs-, ja Unternehmensgrenzen hinweg zu optimieren. Gerade hier ist ein vernetztes Denken angesagt. Im Mittelpunkt dieser Überlegungen steht insbesondere der Einsatz von Logistik- und Informationssystemen. Je mehr es gelingt, diese Organisationsprozesse zu vereinheitlichen und im Sinne eines Gewinner-Gewinner-Spiels umzusetzen, desto erfolgreicher wird ein Unternehmen sein.

Zur Verbesserung von Prozessen ist das Vorhandensein konkreter „Messlatten" wünschenswert. Diesbezügliche Vorgaben können z. B. für einzelne Betriebe sein:

* Die Durchlaufzeit in der Produktion sind für das Produkt C 2 Tage.

* Die Auftragsabwicklungszeit ist um 30 % zu reduzieren.

* Zugesagte Kundentermine sind zu 100 % einzuhalten.

* Die Reaktion auf Kundenprobleme – Meldung bis Bearbeitungsbeginn – ist um X Stunden zu verkürzen.

4. Partnerschaften

Die **Zusammenarbeit von Unternehmen** dient generell der gemeinsamen Ausbeutung von Wettbewerbsvorteilen, die in dieser Form alleine oder per Übernahme nicht möglich wäre. **Partnerschaften** können vertikal, horizontal oder diagonal stattfinden. Letztere Variante nennt man strategische Netzwerke; sie basieren auf Kunden-Lieferanten-Beziehungen und können entweder einer Vertiefung der Verbindung oder einer Diversifikationsstrategie dienen. Die Größe derartiger Netzwerke kann sehr unterschiedlich sein, was ebenfalls für die räumliche Ausdehnung gilt (regional, national, international).

Die 4 P's bilden die Grundlage für die Abbildung „Die 4 Phasen in der Verkäufer-Entwicklung".

Auf der Basis dieser Entwicklung kann die Kompetenz der Außendienst-Mitarbeiter abgeleitet werden (siehe Abbildung „Wie gehe ich auf meine Partner ein?").

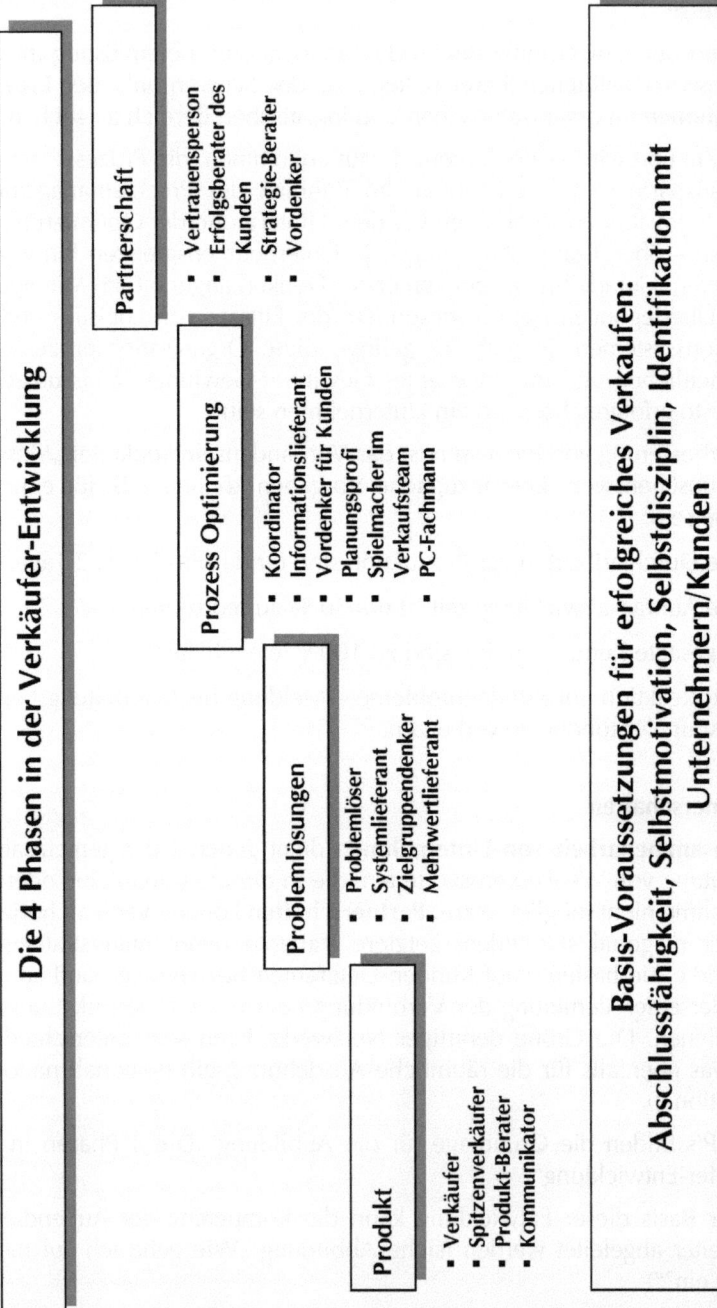

Die 4 Phasen in der Verkäufer-Entwicklung

Partnerschaft
- Vertrauensperson
- Erfolgsberater des Kunden
- Strategie-Berater
- Vordenker

Prozess Optimierung
- Koordinator
- Informationslieferant
- Vordenker für Kunden
- Planungsprofi
- Spielmacher im Verkaufsteam
- PC-Fachmann

Problemlösungen
- Problemlöser
- Systemlieferant
- Zielgruppendenker
- Mehrwertlieferant

Produkt
- Verkäufer
- Spitzenverkäufer
- Produkt-Berater
- Kommunikator

Basis-Voraussetzungen für erfolgreiches Verkaufen: Abschlussfähigkeit, Selbstmotivation, Selbstdisziplin, Identifikation mit Unternehmern/Kunden

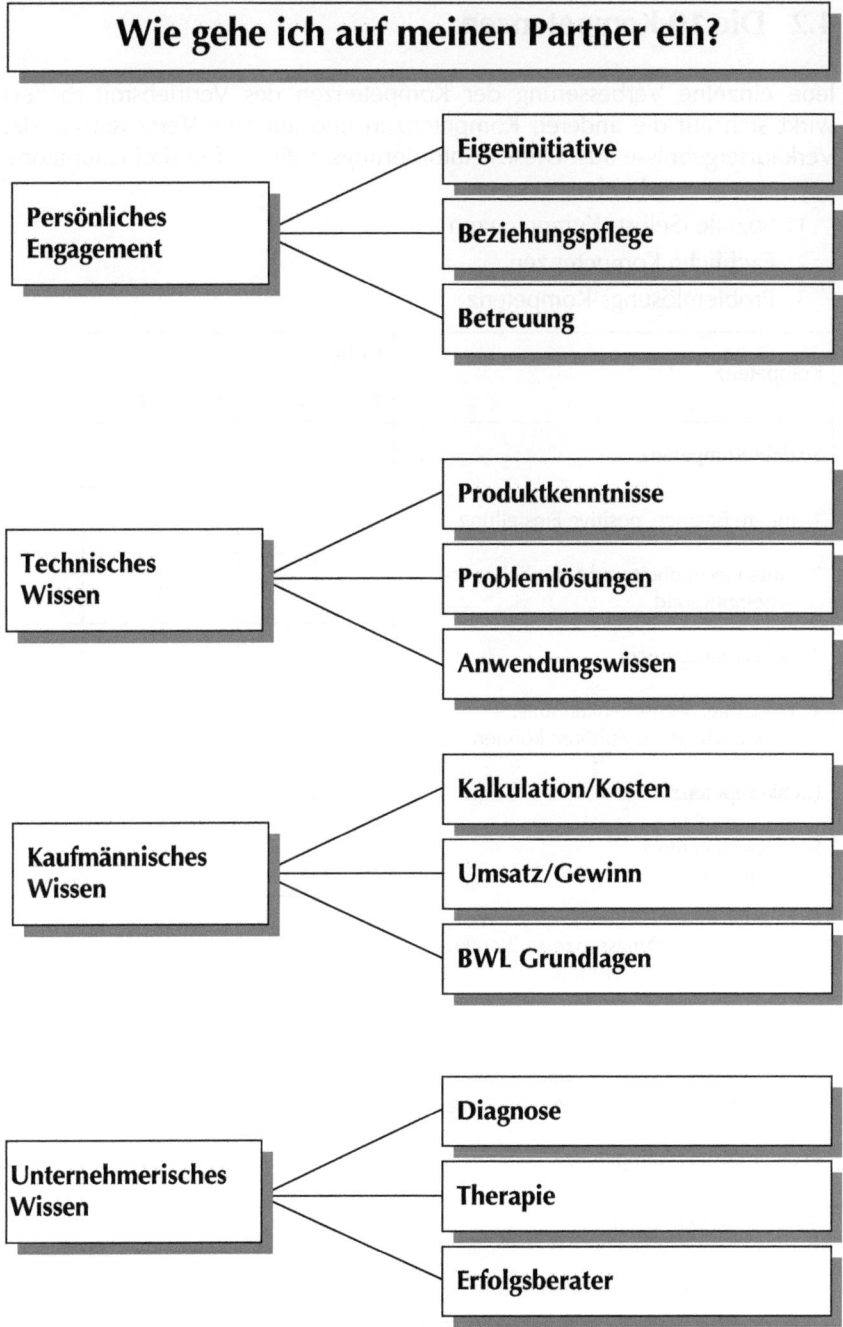

Wie gehe ich auf meinen Partner ein?

Persönliches Engagement
- Eigeninitiative
- Beziehungspflege
- Betreuung

Technisches Wissen
- Produktkenntnisse
- Problemlösungen
- Anwendungswissen

Kaufmännisches Wissen
- Kalkulation/Kosten
- Umsatz/Gewinn
- BWL Grundlagen

Unternehmerisches Wissen
- Diagnose
- Therapie
- Erfolgsberater

4.2 Die 10 Kompetenzen

Jede einzelne Verbesserung der Kompetenzen des Vertriebsmitarbeiters wirkt sich auf die anderen Kompetenzen und auf eine Verbesserung der Verkaufsergebnisse aus. Dieses Anforderungsprofil wird in drei Hauptkompetenzen unterschieden:

1. Soziale (Selbst-)Kompetenzen
2. Fachliche Kompetenzen
3. Problemlösungs-Kompetenz

Kompetenz	Note:				
	1	2	3	4	5
Soziale Kompetenz					
1. Innere Balance, positive Einstellung					
2. Gute Gesundheit und äußerliches Erscheinungsbild					
3. Selbstmanagement					
4. Empathie, Menschenkenntnis, Kontaktfähigkeit, Zuhören können					
Fachkompetenz					
5. Produktkenntnis, Fachkenntnis					
6. Kundenwissen (z. B. Entscheidungsprozesse, Kaufkriterien), Branchenkenntnis					
7. Akquisitionsgeschick					
8. Präsentationsqualität, Argumentationskompetenz, Einwandbehandlung					
Problemlösungskompetenz					
9. Analysevermögen					
10. Handlungs- und Zielorientierung					

5. Mit Methoden die Erfolgschancen im Vertrieb (das MAT-System) verbessern

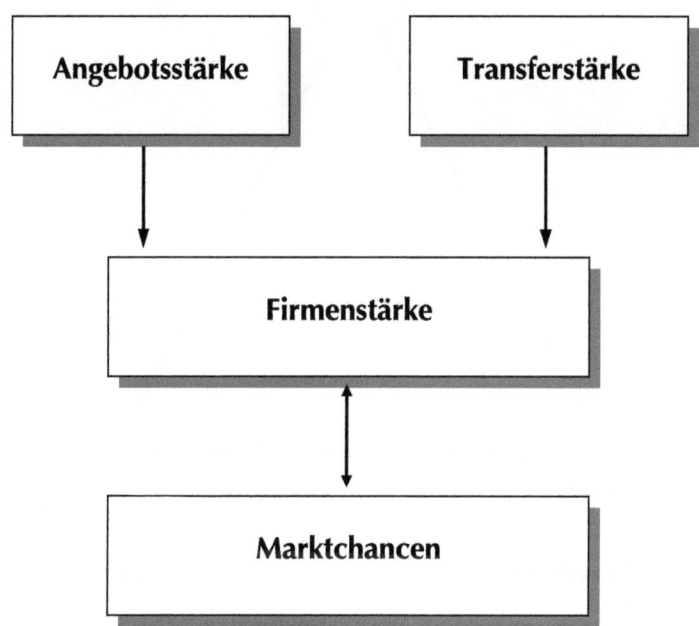

Wie gehe ich auf meinen Partner ein?

Angebotsstärke

Transferstärke

Firmenstärke

Marktchancen

Angebotsstärke:	Wie stark ist ein Unternehmen mit seinen Erfolgs-faktoren?
Transferstärke:	Wie stark ist ein Unternehmen im Transfer der Angebote in den Markt?
Marktchancen:	Wie sind die Chancen eines Unternehmens im Markt?

Das MAT-System

Marktchancen

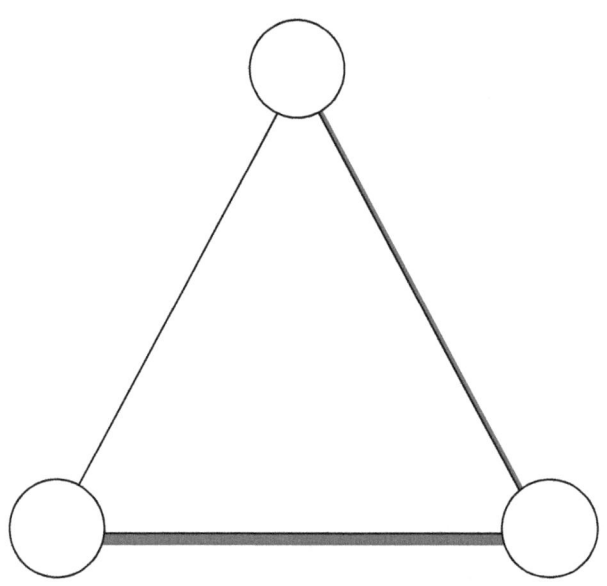

Angebotsstärke   **Transferstärke**

Im Folgenden können Sie für das System

M = Marktchance
A = Angebotsstärke
T = Transferstärke

die jeweilige Ausprägung ermitteln. Die Checklisten beginnen mit der Evaluierung des Angebots, dann des Marktes und enden mit dem Transfer.

Das Angebot:	Note:				
	1	2	3	4	5

Wir bewerten

	1	2	3	4	5
1. Unsere Produkte					
2. Unsere Dienstleistungen					
3. Unsere Problemlösungen für Zielgruppen					
4. Unsere Alleinstellungsmerkmale					
5. Unsere Führung					
6. Unsere Mitarbeiter					
7. Unsere Informations-systeme (z. B. CRM)					
8. Unser Organisationssystem					
9. Unseren Technologiegrad					
10. Unsere Innovationen					

Notenpunktzahl:

Durchschnitts-Gesamtnote:

Der Markt:	Note:				
Wir bewerten	1	2	3	4	5
1. Unser Marktvolumen					
2. Unsere Wettbewerbsstärke					
3. Unsere Kundenstruktur					
4. Unsere Kundenentwicklung					
5. Unsere Kunden-Bindung					
6. Unser Kunden-Potenzial					
7. Unsere derzeitige Kundensituation					
8. Unsere künftige Konkurrenzsituation					
9. Unsere Profitabilität					
10. Unser Wachsen mit den richtigen Zielgruppen					

Notenpunktzahl:

Durchschnitts-Gesamtnote:

Der Transfer:	Note:				
	1	2	3	4	5
Wir bewerten					
1. Unsere Werbung					
2. Unseren Vertrieb					
3. Unsere Aggressivität beim Verkauf					
4. Unser Vorausdenken für die Kunden					
5. Unser Zugehen auf die Kunden					
6. Unsere Kundenbetreuung					
7. Unsere Informations-systeme (z. B. CRM)					
8. Unsere Kommunikations-medien					
9. Unsere Multiplikatoren/ Partner beim Verkauf					
10. Unsere Abschluss-Stärke					

Notenpunktzahl:

Durchschnitts-Gesamtnote:

Angebotsstärke + Transferstärke = Firmenstärke

Ange-bots-stärke	Transferstärke				
	(1)	(2)	(3)	(4)	(5)
1	1 (1) 1	1 (2) 1	1 (3) 2	1 (4) 3	1 (5) 3
2	2 (1) 1	2 (2) 2	2 (3) 2	2 (4) 3	2 (5) 4
3	3 (1) 2	3 (2) 2	3 (3) 3	3 (4) 4	3 (5) 5
4	4 (1) 3	4 (2) 3	4 (3) 4	4 (4) 4	4 (5) 5
5	5 (1) 4	5 (2) 4	5 (3) 5	5 (4) 5	5 (5) 5

Die Abbildung: „Angebotsstärke + Transferstärke = Firmenstärke" versucht die Zusammenführung von Angebotsstärke und Transferstärke zur Firmenstärke notenmäßig festzuhalten. Dabei steht für

☐ = Angebotsstärke

◯ = Transferstärke

■ = Firmenstärke

Aus den Einzelnoten der Angebots- und der Transferstärke wird die Firmenstärke ermittelt. Das Ergebnis der Note Firmenstärke ist unter praktischen Voraussetzungen ermittelt, ist also nicht immer der Durchschnitt der beiden Werte.

Ein wesentlicher Aspekt beim MAT-System ist die Analyse der Wettbewerbssituation. Hierzu dienen die nachfolgenden Abbildungen.

Stärken-/Schwächen: Genereller Vorschlag

Kriterien	Wir/ Ich	Wett- bewerb	Wett- bewerb	Wett- bewerb
① Wirtschaftliche Aspekte: Preis Rabatte Sonstige Konditionen Europaweite Präsenz Produktivitätsverbesserung Computergestützte Auftrags- optimierung Montageoptimierung Qualität Lieferkonditionen Lieferzeit/Verfügbarkeit Versand/Auslieferung				
② Strategische Aspekte: Erfahrungsvorsprung Komponenten/Systemvorteile Patente/Rechte Hoher Marktanteil Technologiegrad/Innovation Problemlösungen Werbliche Unterstützung Betriebswirtschaftliche Analyse/Beratung Zukunftssicherung des Kunden				
③ Persönliche Aspekte: Fachliche Kompetenz Kompetenter ganzheitlicher Berater Informationslieferant Koordinator Erfolgsberater/ Vertrauensperson				

Bewertung der Kriterien:

Generell (gültig für alle Kriterien, außer dem Preis):

0 =	schlecht;	sehr niedrig;	nicht erkennbar;
1 =	befriedigend;	niedrig;	gering;
2 =	gut;	mittel;	mittelmäßig;
3 =	sehr gut;	hoch;	stark;

Preis:

0 = sehr hoch im Vergleich zur Konkurrenz;

1 = hoch im Vergleich zur Konkurrenz;

2 = mittel im Vergleich zur Konkurrenz;

3 = niedrig im Vergleich zur Konkurrenz;

5.1 Ihre Stärke-/Schwächen Analyse zum Wettbewerb

Stärken-/Schwächen: Genereller Vorschlag

Kriterien	Gew.	Wir/Ich		Mitbewerber 1		2		3		4	
		Wert	GxW	W	GxW	W	GxW	W	GxW	W	GxW
1. Wirtschaftliche Aspekte:											
Preis	0,4	1	0,4	3	1,2	1,5	0,6	2	0,8	1	0,4
Produktverbesserung	0,2	2,5	0,5	1	0,2	2	0,4	2	0,4	1	0,2
Qualität	0,2	3	0,6	1,5	0,3	2	0,4	2,5	0,5	1	0,2
Lieferzeit	0,2	2	0,4	2	0,4	2	0,4	2,5	0,5	1,5	0,3
	1,0		**1,9**		**2,1**		**1,8**		**2,2**		**1,1**
2. Strategische Aspekte:											
Erfahrungen	0,1	3	0,3	1	0,1	2	0,2	1	0,1	2	0,2
Technologiegrad	0,2	3	0,6	1	0,2	1,5	0,3	2	0,4	2	0,4
Problemlösungen	0,2	2,5	0,5	1,5	0,3	1,5	0,3	1,5	0,3	-	-
Werbliche Unterstützung	0,1	2	0,2	-		2	0,2	2	0,2	1	0,1
Betriebswirtschaftl. Beratung	0,2	1,5	0,3	-		1	0,2	1	0,2	-	-
Zukunftssicherung	0,2	1	0,2	-		-	-	1	0,2	1	0,2
	1,0		**2,1**		**0,6**		**1,2**		**1,4**		**0,9**
3. Persönliche Aspekte:											
Kompetente Berater	0,3	3	0,9	1	0,3	2	0,6	2	0,6	1	0,3
Koordinator	0,3	2	0,6	2	0,6	2	0,6	3	0,9	2	0,6
Vertrauensperson	0,4	1,5	0,6	1	0,4	1	0,4	2	0,8	1	0,4
	1,0		**2,1**		**1,3**		**1,6**		**2,3**		**1,3**

G= Gewichtung (0,1;0,2;0,3;..;0,9), W= Wert (1; 1.5; 2; 2.5;3)

Darstellung der Stärken-/Schwächenanalyse in einer Portfolio-Matrix

Basis: Beispiel auf der vorhergehenden Seite

Strategische Aspekte (2)

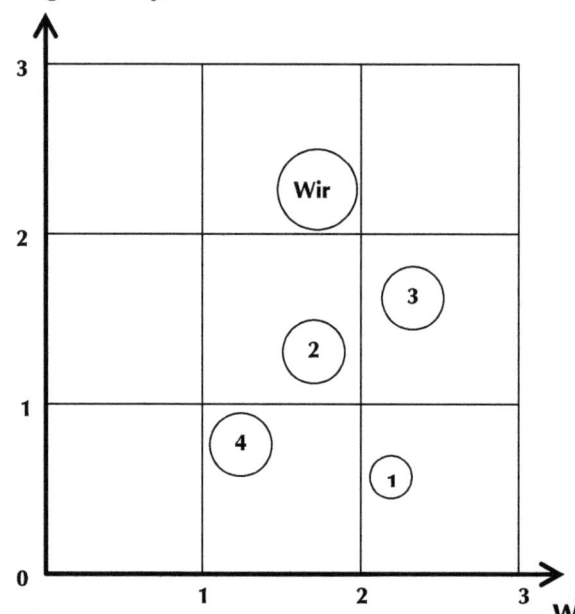

Dritte Dimension: **Persönliche Aspekte (3)**

Wirtschaftliche Aspekte (1)

< 1 = ◯

1 - 2 = ◯

> 2 = ◯

Die Transferstärke: Ausgewählte Hinweise zu Besuchsplanung, Gesprächsvorbereitung und Erstkontakten

Empfehlungen zu einer effektiven Besuchsplanung

1. Klassifizieren Sie Ihre Kunden nach Klasse

z. B.   oder
1. Angriff-
   kunden
2. Wachstums-
   kunden
3. Konsolid.
   Kunden
4. Mitnahme-
   kunden

Meine Maßnahmen:

2. Jede Kundenklasse wird nach einem festen Rhythmus besucht
Klasse 1: x-mal
Klasse 2: x-mal
..
..
..

Meine Maßnahmen:

3. Legen Sie einen Grobplan für die durchschnittliche Besuchsdauer fest
Klasse 1: x Std.
Klasse 2: x Std.
...
...

Meine Maßnahmen:

4. Nutzen Sie für Kleinabnehmer und das Einholen von Routineaufträgen die adäquaten Medien?

Meine Maßnahmen:

Empfehlungen zu einer effektiven Besuchsplanung

5. Halten Sie in einem Formular (siehe Muster) die mittelfristige Besuchsvorschau fest

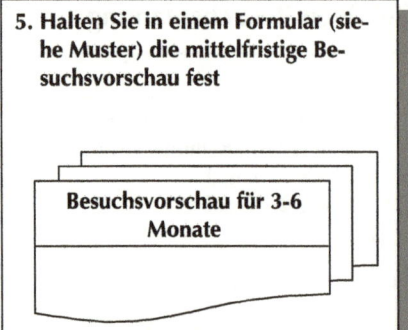

Besuchsvorschau für 3-6 Monate

Meine Maßnahmen:

6. Gehen Sie vorbereitet und professionell in Ihre Kundengespräche

Infos Unterlagen

Meine Maßnahmen:

7. Leben Sie die Kultur der Aufmerksamkeiten im Gespräch und bei besonderen Anlässen

Meine Maßnahmen:

8. Dokumentieren Sie Ihre Gesprächsergebnisse und Informationen. Nutzen Sie diese für sich und die Zentrale.

Chancen	Risiken	Infos
- - !!	⚡⚡⚡	- - - - -

Meine Maßnahmen:

Kundenklassifikation nach dem Nutzwert

Kriterien	% Gewichtung der Kriterien	Kundenbe- wertung 1–10 Punkte	Punktezahl
1. Umsatzvolumen	20 %	7	140
2. Potenzial	15 %	5	75
3. Wachstum (Chance zur Umsatzsteigerung)	15 %	5	75
4. Produktschwerpunkte	5 %	4	20
5. Deckungsbeitrag/Rendite	16 %	6	96
6. Bonität	14 %	8	112
7. Meinungsbildner	4 %	10	40
8. Bedarfsrhythmus	3 %	6	18
9. Kooperationsbereitschaft	3 %	8	24
10. Standort	5 %	4	20
	100 %		620

Wesentliche Folgerungen:

1. Klassifikation der Kunden nach dem Stellenwert

2. Ableitung der Besuchshäufigkeit

Klassifikation der Kunden nach dem Stellenwert und Ableitung der Besuchshäufigkeit

Kategorie:	Punktzahl	Besuchshäufigkeit
Kategorie A:	800–1000	6 x im Jahr
Kategorie B:	600–799	4 x im Jahr
Kategorie C:	400–599	2 x im Jahr
Kategorie D:	< 400	1 x im Jahr

Aufgaben:

1. Überprüfen Sie die Kriterien und ergänzen Sie diese gegebenenfalls durch spezifische Kriterien.
2. Erarbeiten Sie für die einzelnen Kriterien ein Bewertungsraster.
3. Ordnen Sie den jeweiligen Kategorien
   a) die spezifische Punktzahl und
   b) die spezifische Besuchshäufigkeit zu.

Im Folgenden werden Empfehlungen zur Gesprächsvorbereitung und -durchführung sowie für erfolgreiche Erstkontakte gegeben.

Formular: Gesprächsvorbereitung und -durchführung

Persönliche Daten: ⟶	**Kunden-Stammdatei**
Geschäftsdaten : ⟶	**Kunden-Entwicklung**

Gesprächsziele:
1.
2.
3.

Gesprächseröffnung:

Kundenprobleme:	**Lösungsansätze:**
1.	
2.	
3.	

Empfehlungen an den Unternehmer

Unternehmerisch:	**Persönlich:**

Einsatz von Visualisierungshilfen:

Abschluss des Gesprächs:

„Rosen"/Aufmerksamkeiten:

Empfehlungen für erfolgreiche Erstkontakte

1. Brief/Fax/Email mit darauf folgender Nachfass-Aktion

➡ Wichtigster Zweck des (elektronischen) Briefes besteht im Verkauf des nachfolgenden Telefongesprächs – und nicht des Angebots

➡ Persönliche Ansprache

➡ So kurz wie möglich!

➡ Gleich in den ersten Zeilen ein Problem oder einen Bedarf ansprechen, von dem Sie sicher sind, dass Ihr Adressat davon betroffen ist

➡ Sparen Sie nicht mit Referenzen

➡ Fordern Sie zur Aktion auf! bzw. verweisen Sie konkret auf Ihren Anruf

2. Das Erstkontakt-Telefonat

➡ Starten Sie mit dem Aufhänger des Briefes

➡ Bringen Sie „Interessen-Wecker" ein, von denen der Kunde sich beeindruckt zeigt

➡ Zeigen Sie, dass Sie über das Haus des Kunden einiges wissen und bekunden Sie Ihre Wertschätzung

➡ Versuchen Sie einen Termin mit dem Kunden zu vereinbaren

A = Aktion
Sie sollten den Kunden zu einer Handlung bewegen
B = Bonus
Sie müssen dem Kunden einen Bonus, also einen Mehrwert, Vorteil oder Nutzen anbieten
C = Commitment
Sie sollten den Kunden zu einem persönlichen Termin verpflichtet

3. Der Erstkontakt-Besuch

➡ Zeigen Sie, dass Sie über das Unternehmen einiges wissen

➡ Machen Sie deutlich, wie Sie durch die Produkte und Problemlösungen den Kunden erfolgreicher machen

➡ Seien Sie Erfolgsberater und weniger Verkäufer im Erstkontakt-Gespräch

5.2 Neuroselling: Gesprächsführung und Nutzen-argumentation verbessern

Kaufpsychologie oder die Methode Neuroselling

Nutzen Sie die neuesten Erkenntnisse aus der Hirnforschung. Wenn es um Kaufentscheidungen geht, ist das limbische System die Entscheidungszentrale. Das Unbewusste übt mehr Macht auf die Entscheidungen unserer Kunden aus, als man bisher gedacht hat. Heute weiß man, dass unser ganzes Gehirn überwiegend emotional geprägt ist. Wissenschaftliche Untersuchungen am Gehirn haben gezeigt, dass Vernunft und Gefühl – also emotionale und wirtschaftlicher Mehrwert – kein Widerspruch sind. Ohne ein grundsätzliches positives Erstgefühl können überhaupt keine vernünftigen Entscheidungen ermöglicht werden.

Im Verkauf gilt es also, zuerst durch Vertrauen, die Gefühlsebene zu befriedigen, um sodann mit der Nutzenargumentation an die Sachebene zu appellieren. Und täglich grüßt das Eisberg-Modell. Der Mensch ist einfach nicht in der Lage die Informationsmenge und Komplexität rational zu gewichten und zu bewerten. Letztlich sind die Gefühle die zentrale und größtenteils unbewusst ablaufende Entscheidungsinstanz. Damit werden Methoden zur Bewertung wie die Nutzwertanalyse oder andere Instrumente in ein neues Licht ihrer Relevanz für Entscheidungsprozesse gerückt.

Im B2C-Bereich (Business-to-Consumer) spielt der emotionale Anteil eine andere Rolle als im B2B-Bereich (Business-to-Business). Fragt sich nur in welchem Verhältnis. Die limbischen Instruktionen treiben uns an, steuern unser Verhalten, prägen unser Denken und sind somit die tragenden Säulen unserer Persönlichkeit. Das eigentliche Machtzentrum im menschlichen Gehirn ist nicht das Großhirn (Neocortex), in der die Ratio beheimatet ist, sondern das entwicklungsgeschichtlich weitaus ältere limbische System. Hier gibt es zwei wesentliche Motivationsrichtungen für die das limbische System kämpft. Erstens die Wiederholung von erfreulichen Gefühlen und zweitens die Vermeidung von negativen Gefühlen.

Über 70% unserer Entscheidungen, die wir im Alltag und damit auch bei Kaufentscheidungen treffen, erfolgen aufgrund dieser unbewussten Steuerung. Der Verstand – ein ca. 500.000 Jahre alter Gehirnteil namens Neokortex – ist nur ein Newcomer im Vergleich zum 300 Millionen Jahre alten Reptiliengehirn.

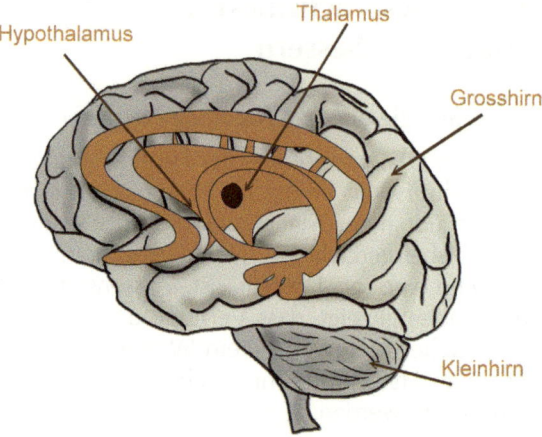

Abbildung 10: Die Entscheidungszentrale im Hirn: Das limbische System

Neuroselling berücksichtigt also diese Erkenntnisse im persönlichen Verkauf und zeigt wie wir die Macht des Unbewussten nutzen können. Neben den Primärbedürfnissen nach Essen, Trinken, Schlafen und Sex (siehe auch Maslow) nennt der promovierte Psychologe Hans-Georg Häusel, derExperte für dieses Gebiet der Neurowissenschaft ist (Transfer in das Marketing der Unternehmen), nun die drei zentralen limbischen Instruktionen, die die Kaufentscheidungen bei unseren Gesprächspartnern steuern. Diese sind: Sicherheit (Balance), Stimulanz und Dominanz und Ihre fünf limbischen Typen, die sich aus der Kombination der Grundinstruktionen ergeben und die wir im Geschäftskundenbereich antreffen:

- Sicherheit (Balance)
- Dominanz
- Innovation (Stimulanz)
- Leistung
- Kontrolle

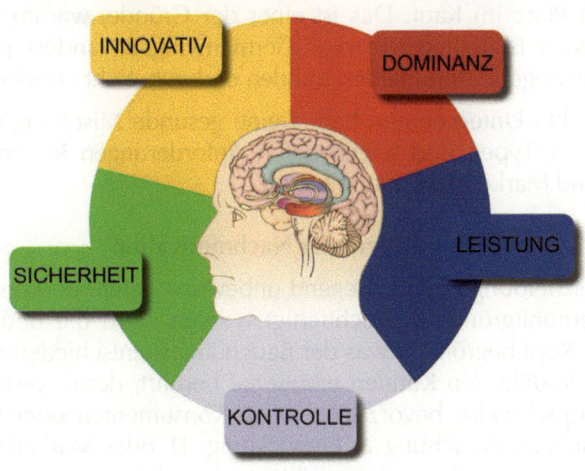

Abbildung 11: Die 5 limbischen Typen

Um nun Verbraucher und Entscheider nach diesen neuen Erkenntnissen besser beeinflussen zu können, ist es wichtig, Botschaften im Verkauf, Marketing und seitens der Unternehmensmarke, inklusive dem Markenverhalten der Mitarbeiter als Repräsentanten, gezielt auf das „Reptiliengehirn" hin abzustimmen. Konkret sollten Sie also vorher die limbischen Profile Ihrer Zielgruppe(n) analysieren, denn ein Gesprächspartner mit ausgeprägter Dominanz-Instruktion wird sich durch die Ankündigung eines Zugewinns an Macht und Prestige eher beeindrucken lassen als durch einen Appell an sein Harmoniebedürfnis. Als Beispiel nehmen wir die Zigarettenmarken HB, Marlboro und Camel:

Während HB eher mit der Hervorhebung der Tradition den Balance-orientierten Konsumenten anspricht, regt Camel mit implizierten Abenteuern (Camel Safari) die stimulante Persönlichkeit an und Marlboro mit der Cowboy Werbung am Lagerfeuer eher den freiheitsliebenden unabhängigen Dominanztyp. Die Bildsprache in den Medien übermittelt also eine Botschaft um die Aufmerksamkeit der Zielgruppe zu erreichen. Entweder werden Raucher in ihrer Wahl der marktführenden Marken bestätigt oder potenzielle Interessenten klar und mit einfachen Bildern angesprochen.

Vermeiden Sie unverständliche abstrakte und zu technische Botschaften visueller und auditiver Art in der Kommunikation. „Limbische Produkte" sprechen optimalerweise das Unterbewusstsein mit den drei limbischen Instruktionen der Zielgruppe an und sichern sich somit einen merkbaren und dauerhaften Platz im Kauf. Das ist einer der Gründe, warum Lufthansa® mit ihre neuen Billigflieger-Marke „Germanwings®" anders positionierte und ihre vorwiegend dominanten Kunden dadurch nicht verwirren wollte.

Gut aufgestellte Unternehmen haben eine gesunde Mischung verschiedener limbischer Typen und tragen deren Anforderungen Rechnung in der Verkaufs- und Marketingkommunikation.

Das Prinzip der Nachmotivation

Da Kaufentscheidungen überwiegend unbewusst gefällt und erst nachträglich mit Vernunftgründen gerechtfertigt werden, wird die Bedeutung des Satzes „Der Kopf begründet, was der Bauch längst entschieden hat" klar. Je stärker ein Produkt den Kunden emotional berührt, desto wertvoller ist es für ihn. Beispielsweise bevorzugen junge Konsumenten oder Entscheider aus dem Einkauf, Forschung & Entwicklung, IT oder Marketing verstärkt Innovationen und Risiko während ältere Menschen vermehrt auf Sicherheit, Bewährtheit, Tradition, Zuverlässigkeit und Qualität setzen. Im Verkaufsgespräch ist es deshalb umso wichtiger nach dem Abschluss eine positive Nachmotivation zu schaffen. Gerade das Ende im Einkaufsprozess prägt sich besonders im Unterbewusstsein ein und entscheidet über einen Wiederkauf und den Grad der Kaufreue. Ist keine Nachmotivation vorhanden, so wird es häufiger passieren, das der Kunde den mündlichen Abschluss evtl. noch einmal verschiebt: „Ich muss es noch einmal überdenken oder mit Herrn XY besprechen."

Beispiel für die Nachmotivation:
„Herr Kunde, schon nach wenigen Woche nach der Installation, wenn sie das erste Mal die neue Abrechnung der Wartungskosten in den Händen halten, spätestens dann werden Sie rückblickend sagen: es war gut, diese Entscheidung über die neue Technologie heute getroffen zu haben."

Vom Produktmerkmal zum wirtschaftlichen und emotionalen Nutzen

Unbestritten ist im B2B wie auch teilweise im B2C Bereich, dass Entscheider einen wirtschaftlichen Vorteil von einer neuen Lösung, die erworben werden soll, erwarten.

Emotionen sind ein Produktwert so wie z. B. die Drehgeschwindigkeit einer Bohrmaschine. Bisher wurden diese emotionalen Produktwerte zu wenig in Verkaufsgesprächen herausgestellt. Viel zu häufig wird noch ausführlich über teils ermüdende Produkteigenschaften und -vorteile gesprochen. Der Kunde stellt sich unbewusst jedoch nur eine Frage. „Was habe ich davon?" oder genauer „Welchen emotionalen und wirtschaftlichen Nutzen habe ich bei diesem Kauf?"

Jedes Produkt (z. B. Flip-Chart Marker oder Motorenöl) und jede Dienstleistung (z. B. Training oder Buchungsservice) muss also eine emotionale Note beinhalten, wenn es erfolgreich verkauft werden will. Im Weinbereich ist das sicherlich einfacher zu realisieren als bei dem Verkauf von Büroartikeln. Hier wäre es z. B. wichtig, wie der Stift in der Hand liegt (angenehm oder unangenehm). Ein Produkt oder eine Marke, so die Erkenntnisse aus dem Neuromarketing, ist also umso wertvoller, je mehr Emotionen beim Kaufentscheidungsprozess hervorgerufen werden können. Klar ist, dass Verkäufer hier einen wesentlichen Beitrag dazu leisten können. Anders lässt sich wohl kaum erklären warum Premiumhersteller wie Porsche®, Bang&Olufsen® oder Rolf Benz® u. a. als Möbeldesigner laufend Geschäft machen. Ginge es nur nach der Vernunft um den Preis, würde in jedem Haus Billy von IKEA® stehen, in jeder Garage ein Ford® und im Bereich der Audioerlebniswelt Produkte der Marke Medion®. Es gibt eben unterschiedliche Käufertypen, die je nachdem stärker Dominanz-, Stimulanz- oder Balance-orientiert entscheiden.

Verkaufen ist individuell!

Nicht nur, dass wir verschiedene Verkäuferpersönlichkeiten in den Verkaufsteams der Unternehmen finden, es ist wichtig, das VerkäuferInnen individuell und typengerecht verkaufen. Weitere Unterschiede in den limbischen Instruktionen finden wir in Geschlecht und in verschiedenen Altersgruppen. Um diese individuellen Unterschiede minimal zu klassifizieren, kann man neben den drei limbischen Instruktionen auch auf andere Motiv-, Werte- und Verhaltenstypen zurückgreifen. Um es deutlich zu machen, es gibt über eine Milliarde Typen und individuelle Persönlichkeiten. Die Kategorisierung soll hier nur eine grobe Orientierung geben, um die eigene Kommunikation individueller zu gestalten.

Das **DISG Persönlichkeitsmodell** bietet einen weiteren Ansatz, der hier stellvertretend für andere Persönlichkeitsmodelle kurz dargestellt wird. **D** steht für Dominanz, also entscheidungsstarke und durchsetzungsfähige Menschen, **I** für Initiativ-Typen, also begeisternde Menschen, denen u. a. Anerkennung und Abwechslung wichtig ist, **S** für stetige Typen, die gerne Stabilität in Ihren Aufgaben haben und **G** für gewissenhafte Menschen, die besonderen Wert auf Genauigkeit, sorgfältige Analyse und sequenzielle Vorgehensweise legen.

Man kann sich nun vorstellen, dass zwei stark verschiedene Typen im Vertrieb oder in der Führung nicht optimal miteinander kommunizieren werden. Der Flexibelste steuert in diesem Fall das System und damit sollte der Verkäufer in der Lage sein, sich auf sein Gegenüber zu adaptieren. Dominante Kundentypen spricht man also gerne mit „Herr Kunde, letztendlich treffen sie natürlich die Entscheidung für Lösung A oder Alternative B" an. Für gewissenhafte Einkäufer (G-Typ) bietet es sich an, entsprechend vorbereitet in das Gespräch einzusteigen und neben konkreten Plänen und gut analysierten Kundensituationen, einen Weg mit logisch aufeinanderfolgenden Schritten vorzustellen. Zu viele Impulse eines I-Typen würden hier eher verwirren, denn der G-Typ braucht Klarheit, eine rationale Begründung, Qualitätsnachweise und Daten, die ihre Behauptungen stützen und nachvollziehbar machen.

Am erfolgreichsten werden Verkäufer also sein, wenn sie die Motivfelder identifizieren und bevorzugte Verhaltensmuster beim Gegenüber ansprechen. Entsprechend abgestimmte Botschaften, Reize, Signale, Argumentation und haptische Verkaufserlebnisse unterstützen die Ansprache der verschiedenen Persönlichkeitstypen. Als Verkäufer sollten sie somit möglichst typengerecht argumentieren und Ihr Verhalten dem jeweiligen Kundentypen anpassen. Im limbischen System bedeutet dies z. B., das man einem männlichen Dominanz- oder Performertyp, der Wert auf Leistung und Ergebnisse legt, zuerst die Geschwindigkeit eines Kopierers vorführt oder den 8-Zylinder im Motorraum präsentiert.

Altersgruppen im Konsum- und Investitionsgüterbereich

Es dürfte nachvollziehbar sein, dass sich im Laufe des Lebens der Hormonhaushalt verändert. Der Testosteronspiegel als Treiber für dominantes und leistungsorientiertes wie auch wettbewerbsmotiviertes Verhalten flacht durchschnittlich ab dem 35ten Lebensjahr ab. Während in den 20gern die Ausschüttung von Testosteron und Dopamin die Dominanz- und Stimulanzkräfte anregen, was häufig risikoreiche Handlungen verursacht, liegt der Fokus ab dem 40ten Lebensjahr eher auf dem Familienleben, der benötigten finanziellen Sicherheit für das gebaute Haus und auf Qualität.

Ab 50 Jahren dominieren Funktionalität, Harmonie und Genuss. Die Kinder sind evtl. aus dem Haus, und der Garten steht im Vordergrund. Der schnelle Sportwagen weicht zunehmend beim Durchschnittsverdiener einem vernünftigen Fortbewegungsmittel und die Risikobereitschaft sinkt. Die Devise: Wandern statt Wasserski und Bowlen statt Bungee-Jumping. Ab 60 werden Menschen zunehmend ängstlicher. Gesundheitsfragen stehen im Vordergrund und Investitionen werden nur vorsichtig getätigt. Bundesschatzbriefe statt Optionsscheine, Alarmanlage statt Musikanlage.

Erfolgreiche Marken und VerkäuferInnen aktivieren und verstärken in der Kommunikation durch Medien und im persönlichen Kontakt (am Point-of-Sale) immer wieder das gleiche neuronale Netzwerk im Gehirn bei Bestandskunden. Weil unser Unbewusstes wesentlich leistungsfähiger als das Bewusstsein ist, können selbst komplexe Entscheidungsfragen recht schnell gelöst und zur Weiterverarbeitung an das Großhirn geleitet werden. Ebenso werden gerade Kleinigkeiten vom Unterbewusstsein wahrgenommen und das ist der Grund warum wir mit unserem begrenzten bewussten Handeln und Sprechen im Kundengespräch diese Kleinigkeiten vergessen oder als unwichtig bewerten. Dies kann im schlimmsten Fall erneut zum Abbruch des Kaufprozesses führen. Während z. B. der Kunde mit dem Verkäufer in einer Produktpräsentation ist und ein schlecht gelaunter Kollege grummelnd an den beiden vorbeizieht oder gar das Gespräch unhöflich unterbricht, sendet das Unterbewusstsein höchstwahrscheinlich ein negatives Gefühl an das Bewusstsein des Kunden und löst somit Zweifel aus. Das veranlasst den Kunden nun kritische Fragen zu stellen, mit denen der Verkäufer nicht gerechnet hat. Selbst nach dem Abschluss ist es für Wiederholungskäufe wichtig, dass der Kunde mit einem guten Gefühl bezahlt oder unterschreibt und sich zufrieden verabschiedet. Wir kennen diese Situation nach einem impulsintensiven Einkauf im Supermarkt oder der Shopping Mall bis zum Zeitpunkt an der Kasse. Haben wir bis hierhin ein positives Einkaufserlebnis gehabt und warten an der Kasse oder ärgern uns über die Unfreundlichkeit der Kassiererin, so ist der Wiederholungskauf schon gefährdet. Aufgrund von unfreundlichem Verkaufspersonal haben langjährige Kunden nach 20 Jahren Kundschaft Ihren Stammbäcker gewechselt. Das sind schnell fünfstellige Umsatzverluste im Konsumbereich des täglichen Lebens.

Produzieren und Verstärken von Emotionen

Das sogenannte Emotional Boosting ist eine neue Form des Marketings. Die neuesten Erkenntnisse aus der Hirnforschung zeigen, dass Marketing, Service und Verkauf aus Sicht des emotionalen Gehirns (s. limbisches System) betrieben werden sollte. Insbesondere die Kleinigkeiten sind hier ausschlaggebend und deshalb empfiehlt es sich, jedes Detail, ob im Produkt, im Lösungsverkauf, im Service, in der Kundenbindung, im Verkaufsprozess oder am Point-of-Sale, emotional zu verstärken und somit ihr Leistungsangebot positiv im Gehirn des Kunden zu verankern, damit er wiederkauft.

Dies bedeutet auch, dass Details, die keine Emotionen auslösen, für das Gehirn und damit im Verkaufsprozess wertlos sind. Es ist erwiesen, dass Produkteigenschaften oder Funktionalität(features) heute neutral für den Verkaufserfolg sind. Emotionaler oder wirtschaftlicher **Nutzen** (benefits) helfen hingegen dem Kunden mehr. In jedem Falle müssen VerkäuferInnen die Produktfunktionalität in Vorteile übersetzen und diese wirkungsvoll in individuellen Nutzen umwandeln.

Fokussieren Sie auf den Kunden nicht auf das eigene Produkt. Vorsicht vor zu viel Begeisterung über die neue Produktfunktionalität, denn den Kunden interessiert nur der persönliche Nutzwert und denn gilt es erst einmal festzustellen. Emotionen – auch über den voraussichtlichen wirtschaftlichen Nutzen – bestimmen den Verkaufswert einer Leistung. Jeder Kundentyp interessiert sich auch für andere Produkte, bevorzugt andere Marken und Leistungsangebote. Hier hat der Mensch keinen zentralen Kaufkopf im Gehirn, sondern es sind die vielen kleinen Emotionen, die am Ende den Wettbewerbsvorsprung und den Abschluss beeinflussen. Dies passiert selbstverständlich nicht nur auf der verbalen Ebene, sondern auch auf der non-verbalen Ebene durch Bewegung und Augenkontakt und visuellen wie auch haptischen Kaufimpulsen.

Für die Mitarbeiter in einem Unternehmen bedeuten diese Erkenntnisse, dass alle Mitarbeiter, die im Kundenkontakt arbeiten die aller wichtigsten Emotional-Booster sind. Das Verhalten, der Auftritt, die Begrüßung, die Reklamationsbehandlung im Servicebereich und der Messe- wie auch Promotionskontakt prägen den Eindruck beim Kunden wesentlich. Promotion-Aktionen, die auf die Bekanntmachung des Produkts fokussieren werden wenig erfolgreich sein, denn der Auftritt der Promotoren und Merchandiser repräsentieren die Marke und das Unternehmen und haben damit den höchsten emotionalen Einfluss auf den Konsument – ein Bereich, der in jedes Schulungskonzept von Promotoren zu verkaufsfördernden Maßnahmen gehört.

Im Servicebereich reicht es demnach nicht aus, wenn Qualität und Serviceleistung stimmen, z. B. die Behebung eines Computerschadens, der Austausch einer Klimaanlage, die Nachkorrektur in der Beratungsdienstleistung, sondern erst echte positive Emotionen sorgen für menschliche Verbundenheit, die nachhaltige Kundenbindung schafft. Wichtig zu wissen ist, dass negative Erlebnisse sich stärker einprägen als positive Kaufgefühle.

Anwendungsmöglichkeiten

Bisher glaubte man, dass B2B-Geschäfte kaum emotional und vielmehr rational entschieden werden und sich somit die gewonnenen Erkenntnisse nur klar auf den B2C Bereich auswirken werden. Dies hat Dr. Georg Häusel mit seinem Leistungsangebot der Gruppe Nymphenburg Consult AG bereits erfolgreich u. a. im Retailbereich namhafter internationaler Marktführer gezeigt. Aber auch im B2B-Bereich gibt es viele Anwendungsmöglichkeiten des Emotional Boosting. Folgende Varianten stehen dabei zu r Auswahl:

- **Functional Boosting**: Es geht darum, Produkteigenschaften, die objektiv gut unterschieden werden können, besonders positiv in der Verkaufskommunikation zu betonen.

  Beispiel 1: Das Betriebssystem IOS von Cisco Systems ist deutlich leistungsfähiger als andere im Punkt Datenkomprimierung.

  Beispiel 2: Die Reliabilität (Genauigkeit bzw. Verlässlichkeit wissenschaftlicher Messungen) eines Persönlichkeitstests A ist höher als die von Test B.

  Beispiel 3: Der Zusatznutzen des Serviceangebots eines Leasingunternehmens im Bereich Fuhrparkmanagement durch wöchentliche Reportings und Optimierungsvorschläge für den Kunden ist deutlich höher als das der Konkurrenz.

- **Presential Boosting**: Weil der Inhalt weniger zählt als die visuelle Ausgestaltung eines Produkts, senden Farben, Formen, Geruch und Geschmack oder Geräusche andere emotionale Botschaften an das Gehirn des Kunden als das Angebot der Konkurrenz.

  Beispiel 1: Die Lautstärke oder das Design eines Notebooks.

  Beispiel 2: Die Form und grafische Bedieneroberfläche eines Business-Smartphone.

  Beispiel 3: Die Oberfläche eines Schreibtischs.

- **Trust Boosting**: Zuverlässigkeit, Ausfallsicherheit, Langlebigkeit, Garantieleistungen, Qualitätssiegel, Normkonformität, Testberichte und Kundenmeinungen befriedigen den Verstand in Punkto Sicherheit und sind wertvolle Argumente für eine Kaufentscheidung. Bekannte Marken von Marktführern stärken das Vertrauen

  Beispiel 1: Marke IBM „Whenever you buy IBM, you never get fired" war ein bekannter Spruch unter IT-Leitern in den 80er Jahren.

  Beispiel 2: Nokia mit seinen kommunizierten Verkaufszahlen und Testergebnissen zählt zu einem bewährten Mobiltelefonanbieter.

  Beispiel 3: Microsoft ist der Marktführer mit den meisten Installationen und gibt somit IT-Leitern Sicherheit im Bereich Produktweiterentwicklung.

- **Referential Boosting**: In welcher Umgebung wird ein Produkt präsentiert? Wie ist der Bezug der Wirkung eines Produktes auf die bewusste und unbewusste Wahrnehmung der Einkaufsumgebung? In einem ungepflegten Raum wirkt eine hochwertige Beratungsdienstleistung minderwertig. Andererseits kann ein Produkt minderer Qualität durch die Kaufumgebung positiv aufgewertet werden.

Beispiel 1: Geschäftsräume mit hochwertiger Ausstattung (Möbel), Kaffeequalität und technologischen Innovationen (Smartboard, Videoconferencing System)

Beispiel 2: Attraktiver Messestand (evtl. Design-Award) eines Standard-Werkzeugmaschinen-Ausstellers

Beispiel 3: Verkaufstrainings in einem 5-Sterne Hotel und einer landschaftlich beeindruckenden Umgebung oder ein Kundengespräch beim Sternekoch

Die erwähnten Marken sind registrierte Markennamen der jeweiligen Unternehmen.

6. Mit neuen Methoden zur besseren Kundenorientierung

Die Voraussetzungen für eine gute Kundenorientierung sind vielfältig: sie liegen insbesondere in einer marktorientierten Strategie, in einer auf den Kunden ausgerichteten Organisation und in motivierten Mitarbeitern. Nur wenn die Strategie, das Organisationssystem und die Mitarbeiter den Kunden im Mittelpunkt sehen, ist eine erfolgreiche Kundenorientierung möglich.

In diesem Beitrag werden vier ausgewählte Instrumente vorgestellt:

1. Die 7 A's der Kundenorientierung
Auf der Basis der 7 A's werden Empfehlungen für eine ganzheitliche Kundenbetreuung gegeben.

2. Die 5 B's der Kundenorientierung
Dieses Instrument macht deutlich, welche Anforderungen an die Bearbeitung, Beratung, Betreuung, Beziehung und Bindung der Kunden zu stellen sind.

3. Die Kunden-Zufriedenheits-Analyse
Zufriedene Kunden werden nicht geboren, sondern im täglichen Geschäft gemacht. Dieses Instrument zeigt, wie ein Unternehmen in der Lage ist, die Beurteilung der Kunden konkret zu erfahren.

4. Beschwerdemanagement
Dieses System zeigt, wie Reklamationen optimal abgewickelt werden.

6.1 Die 7 A's in der Kundenorientierung

Mit Hilfe von 7 A's lassen sich die einzelnen Phasen eines ganzheitlichen Kunden-Prozesses beschreiben.

1. A: Anziehung
Hier geht es darum, dass das Unternehmen auf die Kunden einen Sog ausübt. Das Unternehmen muss sich für die Kunden attraktiv machen.

2. A: Auftritt
Die Kontaktaufnahme mit den Kunden, die Glaubwürdigkeit der Aussagen und das Verhalten der Mitarbeiter sind Kriterien zur Bewertung des Auftritts.

3. A: Anfrage

Bei der Anfrage von Kunden geht es um die beste Erledigung dieses Kundenprozesses.

4. A: Angebot

Die Abgabe von Angeboten stellt einen zentralen Aspekt im Prozess der Kundenorientierung dar.

5. A: Abschluss

Die Phase des Abschlusses sollte immer von einem Gewinner-Gewinner-Spiel ausgehen. Sowohl die Kunden als auch das Unternehmen müssen Vorteile von der Geschäftsverbindung haben.

6. A: Abwicklung

Die Abwicklung basiert auf den getroffenen Vereinbarungen. Hier gilt es für das Unternehmen, die Zuverlässigkeit unter Beweis zu stellen.

7. A: After-Sale-Betreuung

Diese Phase bildet den Abschluss der klassischen Kunden-Prozesse. Sie entscheidet häufig über das neue Auftragsverhalten des Kunden.

Die 7 A's in der Kundenorientierung

Checkliste: So sieht es der Kunde

Die Checkliste hat zum Ziel, das Unternehmen bezüglich der Ausprägung der 7 A's auf den Prüfstand zu stellen. Für jede Phase der 7 A's werden drei Bewertungskriterien angegeben. Versuchen Sie sich für jedes Kriterium eine Note zu geben. Seien Sie dabei möglichst objektiv und kritisch.

Nach der Einschätzung aller 7 A's mit den Bewertungskriterien erhalten Sie einen Status über Ihr Unternehmen. Die Auswertungsmöglichkeiten sind vielfältig:

1. Sie können erkennen, welche Phasen der 7 A's eher stärker und welche eher schwächer ausgeprägt sind.

2. Wenn Sie die einzelnen Einordnungen zu einer Profilkurve verbinden, haben Sie einen guten Überblick über die Ausprägung des gesamten Kunden-Prozesses.

3. Sie können sich neben dem IST-Profil ein Soll-Profil zeichnen, d. h. wo würden Sie gerne in einem Jahr stehen.

4. Aus der Differenz zwischen Soll- und IST-Profil können Sie konkrete Maßnahmen zur Verbesserung des gesamten Kundenprozesses ableiten.

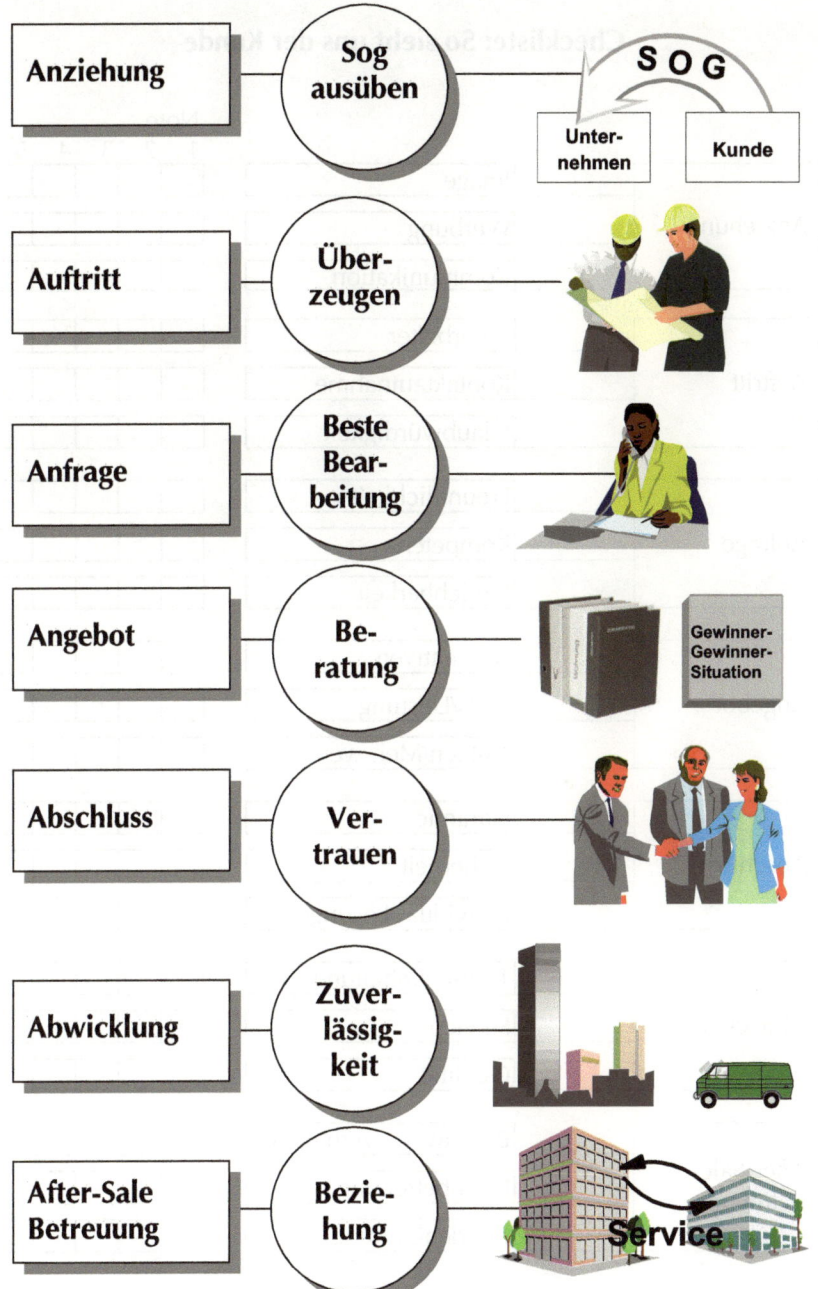

Abbildung 12: Die 7 A's der Kundenorientierung

Checkliste: So sieht uns der Kunde

		Note 1	2	3	4	5
Anziehung	Image					
	Werbung					
	Kommunikation					
Auftritt	Mitarbeiter					
	Kontaktaufnahme					
	Glaubwürdigkeit					
Anfrage	Freundlichkeit					
	Kompetenz					
	Erreichbarkeit					
Angebot	Alternativen					
	Preis/Leistung					
	Nutzen/Mehrwert					
Abschluss	Garantie					
	Sicherheit					
	Individual-Lösungen					
Abwicklung	Termineinhaltung					
	Service					
	Qualität					
After-Sale-Betreuung	Beschwerdeverhalten					
	Nachbetreuung					
	Kundenbindung					

6.2 Die 5 B's der Kundenorientierung

In Unternehmen lassen sich fünf Phasen der Kundenorientierung unterscheiden:

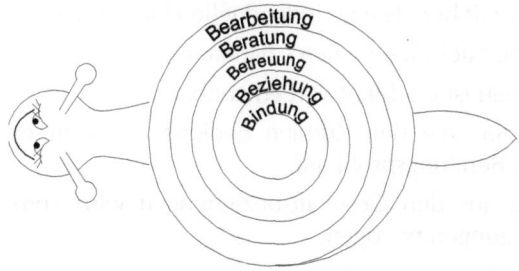

Bearbeitung

Die Phase der Bearbeitung betrachtet den Kunden lediglich als Geschäftsvorfall. Sie kann wie folgt umrissen werden:

- der Kunde ist anonym,
- der Wunsch des Kunden wird lediglich abgearbeitet,
- der Kunde kann keinerlei spezifischen Kundennutzen erkennen,
- die Mitarbeiter, die den Kunden bedienen, haben eine niedrige Qualifikationsstufe,
- für den Kunden bestehen keinerlei Austrittsbarrieren, d. h., er kann bei nächster Gelegenheit das Geschäft mit einem anderen Unternehmen tätigen.

Beratung

In der Phase der Beratung ist die Kundenorientierung gegenüber der ersten Phase bereits etwas stärker ausgeprägt. In dieser Phase stellt sich das Verhältnis zum Kunden folgendermaßen dar:

- der Kunde erfährt eine standardisierte Unterstützung,
- die Beratung orientiert sich ebenfalls an Standards,
- der für den Kunden erkennbare Nutzen ist durchschnittlich,
- die Qualifikation der Mitarbeiter hebt sich gegenüber den Mitbewerbern nicht ab,
- die Gefahr der Abwanderung zur Konkurrenz ist groß, sieht der Kunde doch bestenfalls relativ niedrige Austrittsbarrieren.

Betreuung

In der Phase der Betreuung bemüht man sich verstärkt, den Bedürfnissen und Vorstellungen der Kunden entgegenzukommen. In dieser Phase wird der Kunde wie folgt gesehen:

- der Kunde erhält bereits eine individuelle Unterstützung,
- die Betreuung hat individuellen Charakter,
- für den Kunden ist ein Mehrwert erkennbar,
- die Mitarbeiter, die den Kunden bedienen, weisen ein überdurchschnittliches Beratungsprofil auf,
- der Ausstieg aus den Geschäftsbeziehungen wird vom Kunden erst nach Überlegungen erwogen.

Beziehung

In der Phase der Beziehung besteht bereits eine ausgeprägte Kundenorientierung. Man versetzt sich in die Lage des Kunden und macht ihn zum Verbündeten. In dieser Phase lässt sich die Kundenbeziehung in folgender Weise umschreiben:

- der Kunde wird zum Partner,
- zu den Kunden entstehen persönliche Beziehungen,
- dem Kunden wird der Nutzen verdeutlicht, und der Nutzen ist für ihn konkret gegeben,
- die Mitarbeiter zeichnen sich durch eine hohe fachliche und persönliche Qualifikation aus,
- für die Kunden existieren relativ hohe Austrittsbarrieren.

Bindung

In der Phase der Bindung existiert bereits eine bewährte Partnerschaft zwischen Unternehmen und Kunden. Die komplementäre Natur der Beziehung, die beiden Partnern zugutekommt, geht so weit, dass die Abwesenheit des einen den Schaden des anderen bedeutet. Es kommt zu einer beidseitigen Gewinnsteigerung. In dieser Phase wird die Kundenorientierung „gelebt":

- die Kundenbeziehungen basieren auf einer langfristigen Partnerschaft,
- die Geschäfte werden im Sinne eines Gewinner-Gewinner-Spieles abgewickelt, d. h. Lieferant und Kunde erzielen angemessene Wertschöpfungsbeiträge,
- der Kundennutzen ist bestmöglich,

- die Mitarbeiter zeichnen sich durch höchste fachliche und persönliche Qualifikation aus,
- die starke Partnerbindung schafft hohe Austrittsbarrieren.

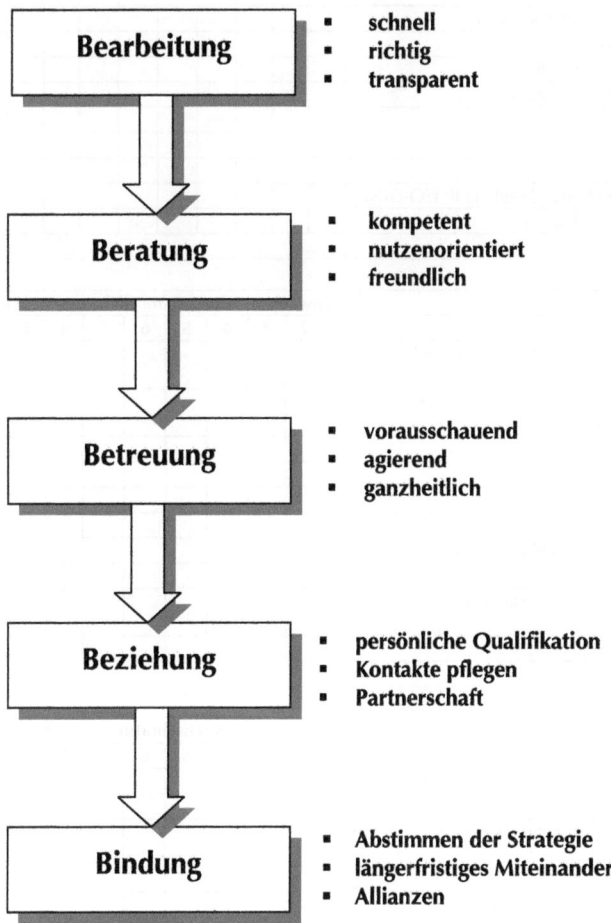

Abbildung 13a: Die Kunden-Betreuungs-Analyse

Die Grundlage für diese Analyse bilden die 5 B's, die auf der Basis der folgenden Checkliste überprüft werden können.

Checkliste zur Realisierung der Kundenorientierung

1. Bearbeitung		schwach			durchschnittlich				sehr stark		
Nr.	**Leistungskriterien**	**1**	**2**	**3**	**4**	**5**	**6**	**7**	**8**	**9**	**10**
1.	Wir verfügen über schriftliche Unternehmensgrund-sätze										
2.	Angebotsabgabe innerhalb < x Tagen										
3.	100 % Termineinhaltung										
4.	Erreichbarkeit rund um die Uhr										
5.	Sofortige Reklamationserledigung										
6.	Qualitätsgarantie										
7.	Sauberkeitsgarantie										
8.	Preisgarantie										
9.	Organisierte/Dokumentierte Abläufe (z.B: ISO-DIN)										
10.	Transparente Rechnungslegung										
Summe											

2. Beratung		schwach			durchschnittlich				sehr stark		
Nr.	**Leistungskriterien**	**1**	**2**	**3**	**4**	**5**	**6**	**7**	**8**	**9**	**10**
1.	Wir haben die Mehrwertargumente schriftlich fixiert										
2.	Alle Mitarbeiter sind in der Lage, unsere Alleinstellungsmerkmale zu verargumentieren										
3.	Computergestütztes Beratungsprogramm										
4.	Zielgruppenorientierte Beratung										
5.	Kompetente Mitarbeiter										
6.	Freundliche, kundenorientierte Beratung										
7.	Vorhandensein von Spielregeln für die Beratung										
8.	Kenntnis der Vorschriften/Richtlinien										
9.	Vorhandensein von Verkaufsförderungsprogrammen										
10.	Aktivieren neuer Vertriebswege										
Summe											

3. Betreuung		schwach			durchschnittlich				sehr stark		
Nr.	**Leistungskriterien**	**1**	**2**	**3**	**4**	**5**	**6**	**7**	**8**	**9**	**10**
1.	Vorhandensein einer aussagefähigen Kunden-datei										
2.	Festgelegtes Kundenbetreuungskonzept										
3.	Zuordnung von Mitarbeitern zu einzelnen Kundengruppen										
4.	Schlüsselkundenbetreuer										
5.	Vorgabe von Maßzahlen für die Kunden-betreuung										
6.	Einbindung der Kundenbetreuung in ein flexibles Entgeltsystem										
7.	Anstreben persönlicher Kontakte										
8.	Vorhandensein von Verhaltensempfehlungen bei Neukunden										
9.	Vorhandensein von Verhaltensempfehlungen bei Stammkunden										
10.	Pflege der Kultur der Kleinigkeiten										
Summe											

4. Beziehung	schwach			durchschnittlich				sehr stark		
Nr. Leistungskriterien	1	2	3	4	5	6	7	8	9	10
1. Wille der Beste zu sein										
2. Fachliche Überlegenheit										
3. Menschliche Anteilnahme leben										
4. Kontakte im Sinne eines Gewinner-Gewinner-Spiels ausbauen										
5. Kontakte pflegen										
6. Vorhandensein von Kundenbeiräten pro Zielgruppe										
7. Informationssystem über Innovationen etablieren und ständig Kunden informieren										
8. Regelmäßiger Informationsaustausch										
9. Kundenbefragungsanalyse										
10. Bestmögliches Anwenden der Grundsätze und Regeln durch alle Mitarbeiter										
Summe										

5. Bindung	schwach			durchschnittlich				sehr stark		
Nr. Leistungskriterien	1	2	3	4	5	6	7	8	9	10
1. Gemeinsame Ziele und Strategie abstimmen										
2. Längerfristiges miteinander festlegen										
3. Allianzen und Kooperationen aufbauen										
4. Kunden sind die besten Verkäufer										
5. Außergewöhnlichen Nutzen stiften										
6. Höchster Grad an Kundenorientierung										
7. Realisieren des Grundsatzes „Kein alter Kunde darf verloren gehen"										
8. Permanentes Vorausdenken für Kunden										
9. Sehr hohe Austrittsbarrieren für Kunden										
10. Sehr hohe Eintrittsbarrieren für Mitbewerber										
Summe										

Nach dem Ausfüllen der Checkliste können u. a. folgende Analysen vorgenommen werden:

1. Welche Kriterien sind besonders schwach ausgeprägt?

2. In welchen Kriterien liegen unsere Stärken?

3. Wie bewerten wir jeden einzelnen Bereich der 5 B's insgesamt?

4. Welche Bereiche gilt es vorrangig zu verbessern?

5. Mit welchen Maßnahmen lassen sich einzelne Kriterien konkret verbessern?

6. Wie sehen die Aktivitätenpläne aus?

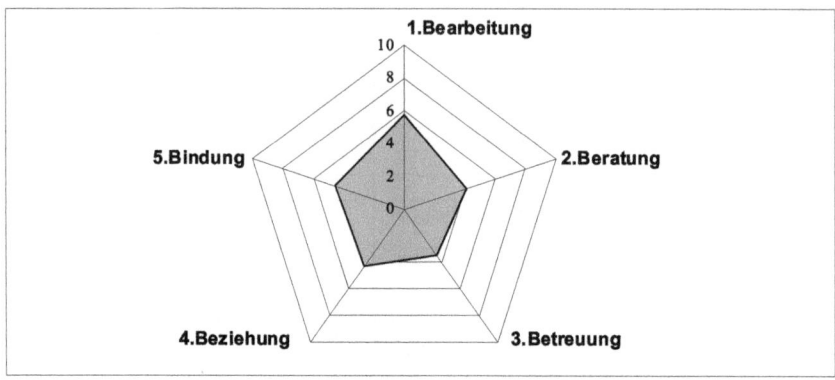

Abbildung 13b: Fadenkreuz der Auswertung der 5 B's

Für jedes der 5 B's wurde in der Summenzeile die Punktzahl für alle 10 Kriterien ermittelt. Für das 1. B der Bearbeitung liegt die Punktzahl z. B. bei 58. Teilt man diesen Wert durch 10, so ist die durchschnittliche Ausprägung 5,8. Dieser Wert wird in das Diagramm eingetragen. Dies gilt auch für die anderen Werte der Beratung, Betreuung, Beziehung und Bindung. Damit erhält man das Flächendiagramm. Aus diesem geht hervor, wo die Stärken und Schwachstellen der 5 B's liegen.

6.3 Die Kunden-Zufriedenheits-Analyse

Die Turbulenzen und Risiken im unternehmerischen Umfeld verlangen von Unternehmen eine kompromisslose Ausrichtung auf die Anforderungen und Ansprüche des Marktes. Der Kunde und alle anderen marktbeeinflussenden Faktoren müssen zum Maßstab des unternehmerischen Denkens und Handelns werden.

Die Herausforderung Kunde

- ist mehr als ein freundliches Lächeln,

- erfordert ganzheitliche Konzepte,

- verlangt kunden- und marktorientierte Organisations- und Informationssysteme und

- sieht den Mitarbeiter in der Rolle des Mitunternehmers.

Nur wer **ständig „in den Gehirnwindungen der Kunden spazieren geht"** und den Markt und seine Entwicklungen intensiv im Auge behält, kann heute und morgen dauerhafte Erfolgspositionen aufbauen.

In den vergangenen Jahren rückte die Kundenorientierung verstärkt in den Vordergrund unternehmerischer Aktivitäten. Man weiß, dass der Kunde der eigentliche Sinn und Zweck jeder Arbeit ist. Er darf kein Außenstehender, sondern er muss ein lebendiger Teil des Geschäftes sein. In den Unternehmen kommt es darauf an, dem Kunden einen **Mehrwert** zu bieten – egal, ob in qualitativer, servicemäßiger, innovativer oder emotionaler Hinsicht – der dem Unternehmen für eine gewisse Zeit einen Wettbewerbsvorteil einbringt. Die Betonung der Zeitkomponente macht deutlich, dass es Mitbewerbern in der Zukunft immer schneller gelingen wird, den erzielten Vorsprung einzuholen. Wettbewerbsvorteile werden heute nicht mehr in Jahren gemessen, sondern in Monaten und sogar Tagen. Die Produktlebenszyklen verkürzen sich seit Jahren dramatisch.

Will man die Wettbewerbsvorteile zeitlich ausdehnen, dann weiß man um die Notwendigkeit der Erarbeitungen von **Problemlösungsangeboten für Zielgruppen**. Diese Angebote stiften einen Zusatznutzen für die einzelnen Kundensegmente. Problemlösungspakete können nicht ohne Weiteres in kürzester Frist kopiert werden.

Häufig ist eine genaue Kenntnis der Kundenprobleme in jeder einzelnen Zielgruppe erforderlich. Basierend auf diesen Voraussetzungen ist bei der Ermittlung der Kundenzufriedenheit die Frage nach den Zielgruppen-Ergebnissen zu stellen.

In der Praxis hat man erkannt, wie wichtig es ist, die Logistik-Prozesse als strategische Waffe für längerfristige Wettbewerbsvorteile einzusetzen. **Prozessoptimierung** bedeutet in letzter Konsequenz, die Organisation der Partner mit den Informationsprozessen zu verknüpfen. Hier gilt es, durch den Einsatz von computergestützten Systemen Vorteile zu erreichen wie:

- Einfachste Bestellung

- Elektronische Beantwortung von Kundenanfragen

- Sofortige Preisauskünfte

- Verbindliche Zusage von Lieferterminen

- 100 % Einhaltung der Liefertermine

- Elektronische Erreichbarkeit rund um die Uhr

- Elektronische Informations- und Werbedienste

- Konkrete Auskünfte über den Stand des Projektes/des Vorhabens

Wir leben nun einmal im Zeitalter der Informationstechnologie. Dies bewirkt, dass Informationen über

- Produkte

- Systemlösungen

- Prozess-Optimierungen

entscheidend an Bedeutung gewinnen. Der Kunde betrachtet die Erfüllung der Anforderungen an Produkte und Dienstleistungen als „Muss-Voraussetzungen". Gradmesser für Wettbewerbsvorteile wird die Qualität des Informations- und Logistiksystems sein.

Dies bedeutet, dass gerade solche Fragen auch in die Ermittlung der Kundenzufriedenheit eingebunden werden müssen.

Die Kundenzufriedenheit hängt im Grundsatz von zwei Faktoren ab:

a)   dem unternehmerischen Bereich und

b)   dem persönlichen Bereich.

(siehe Abb.15: Unternehmerischer und Persönlicher Service-Grad)

Die Abbildung „Die Kunden-Zufriedenheit" macht deutlich, dass es heute nicht mehr ausreicht,

- Perfektion im unternehmerischen Service anzustreben und

- Engagement und Freundlichkeit im persönlichen Service zu leben.

(siehe Abb. 14: Kundenzufriedenheit)

Diese beiden Eigenschaften werden gegenwärtig als Standard von nahezu allen Organisationen und ihren Mitgliedern angesehen und auch praktiziert. Dieses Ergebnis löst bei den Kunden nicht mehr als Zufriedenheit aus, eine Wirkung also, die man aus Kundensicht geradezu erwartet.

Was ist notwendig, um echten Mehrwert zu erzeugen, d. h. beim Kunden Begeisterung aufkommen zu lassen?

Die Antwort scheint ganz einfach zu sein:

a) Im **unternehmerischen Bereich** muss die Perfektion durch eine weitergehende Differenzierung unterstützt werden. Diese kann z. B. liegen in

- herausragenden Produkten,
- der Verbesserung des Lieferservice,
- der Beschleunigung des Datentransfers mit Kunden,
- der Verbesserung der Liefertermine,
- der Vermeidung von Fehllieferungen,
- der Verbesserung des After-Sales-Service usw.
- der Verbesserung im Projektmanagement

b) Im **persönlichen Bereich** muss die Freundlichkeit um die persönliche Anteilnahme erweitert werden. Dies setzt bei den Mitarbeitern nicht nur ein Denken in Marktanteilen, sondern ein Spazierengehen in den Gedankenvorgängen der Kunden voraus. Gelebt werden muss aber letztendlich alles mit dem notwendigen Herzanteil. Jeder Mitarbeiter hat davon auszugehen, dass der entscheidende Unterschied zur Konkurrenz er selbst ist.

Überträgt man die Überlegungen des unternehmerischen und persönlichen Angebotes in ein Service-Portfolio, dann ergeben sich interessante Aussagen (siehe Abb. 14: Kundenzufriedenheits-Portfolio).

Ist beispielsweise der unternehmerische Service hoch und der persönliche Service niedrig, dann wird der Kunde sich über den Mitarbeiter ärgern. Im gegenteiligen Fall – hoher persönlicher Service und niedriger unternehmerischer Service – dürfte selbst der größte persönliche Einsatz kaum ausreichen, um den Kunden zufriedenzustellen. Anzustreben wäre ein „aufregender" Service – geprägt durch hohen unternehmerischen und persönlichen Service.

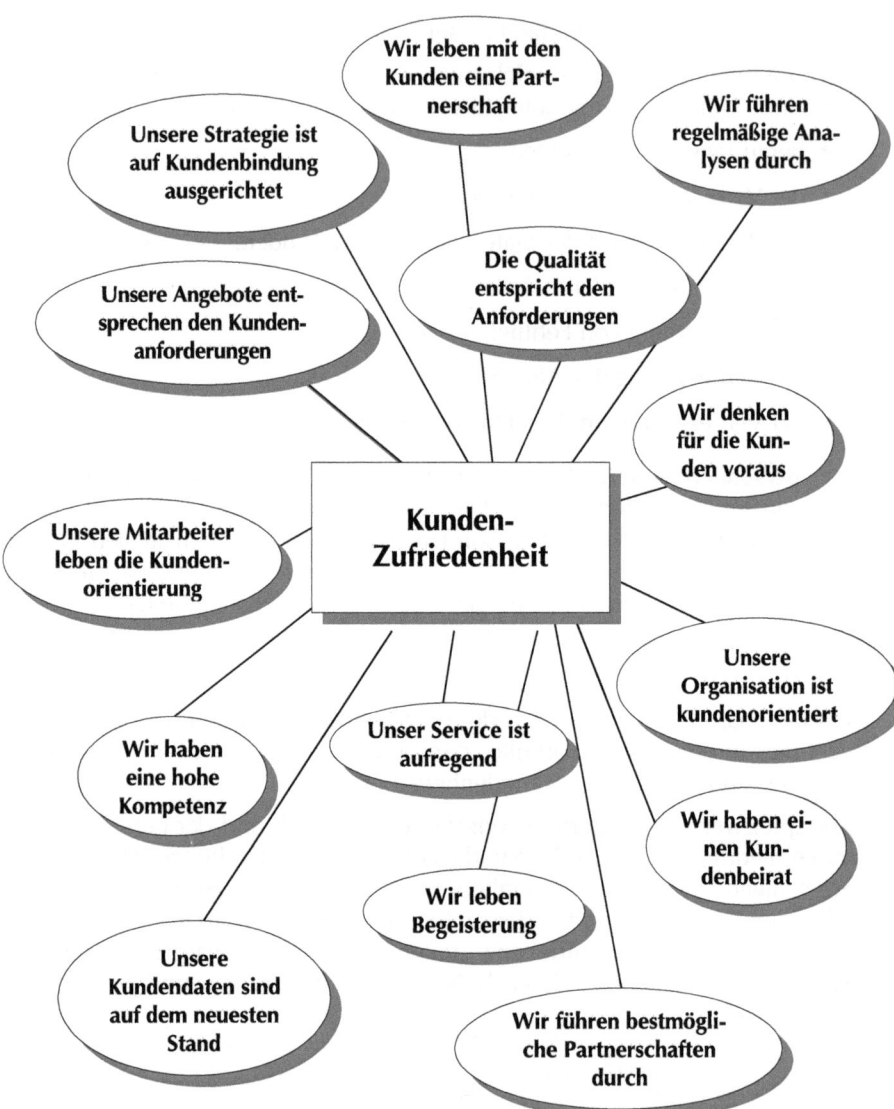

Abbildung 14: Kunden-Zufriedenheit

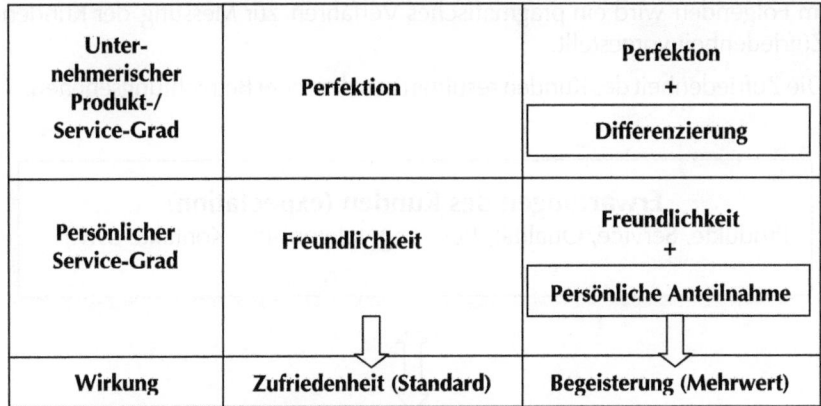

Unter-nehmerischer Produkt-/ Service-Grad	Perfektion	Perfektion + Differenzierung
Persönlicher Service-Grad	Freundlichkeit	Freundlichkeit + Persönliche Anteilnahme
Wirkung	Zufriedenheit (Standard)	Begeisterung (Mehrwert)

Abbildung 15: Unternehmerischer und Persönlicher Service-Grad

Unternehmerischer Service-Grad

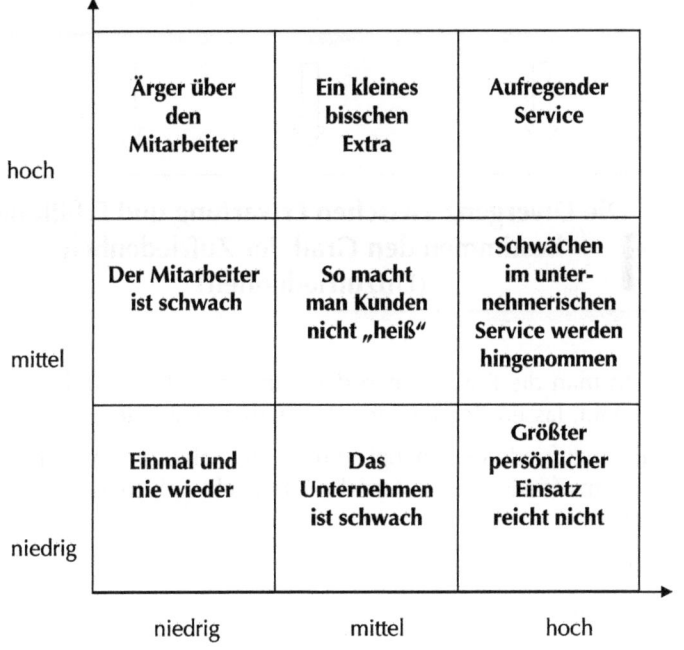

	niedrig	mittel	hoch
hoch	Ärger über den Mitarbeiter	Ein kleines bisschen Extra	Aufregender Service
mittel	Der Mitarbeiter ist schwach	So macht man Kunden nicht „heiß"	Schwächen im unter-nehmerischen Service werden hingenommen
niedrig	Einmal und nie wieder	Das Unternehmen ist schwach	Größter persönlicher Einsatz reicht nicht

Persönlicher Service Grad

Abbildung 16: Kundenzufriedenheits-Portfolio

Im Folgenden wird ein pragmatisches Verfahren zur Messung der Kunden-Zufriedenheit vorgestellt.

Die Zufriedenheit des Kunden resultiert aus den zwei Betrachtungsebenen:

> ### Erwartungen des Kunden (expectation)
> (Produkte, Service, Qualität, Beratung, telefonische Kontakte usw.)

> ### Erfüllung der Erwartungen
> ### (perception)

> ### Die Divergenz zwischen Erwartung und Erfüllung bestimmen den Grad der Zufriedenheit (Unzufriedenheit)

Nur wenn man die Erwartungen des Kunden und die Erfüllung der Erwartungen kennt, lassen sich konkrete Maßnahmen ableiten.

Die Kundenzufriedenheit hängt von vielen Faktoren ab (siehe Abbildung 12 „Kundenzufriedenheit"). Aus der Übersicht geht hervor, dass dies u. a. sein können:

- die Produkte
- der Service
- persönliche Kontakte
- telefonische/elektronische Kontakte
- Kundenbesuche.

Als Entscheidungskriterien zur Messung dieser Faktoren dienen u. a.

- Preis/Leistung

- Qualität der Produkte

- Qualität des Service

- Beratung/Betreuung

- Innovationsfähigkeit

- Zusatznutzen

- Kompetente, motivierte Mitarbeiter

- Infrastruktur.

Die folgende Abbildung „Kontaktpunkte einer Kunden-Analyse" zeigt die Vernetzung der Kriterien auf. Aus ihr wird z. B. deutlich, dass der Faktor Service nicht nur an der Qualität des Service gemessen werden kann, sondern das auch hier Abhängigkeiten zu Preis/Leistung, Qualität der Produkte usw. bestehen.

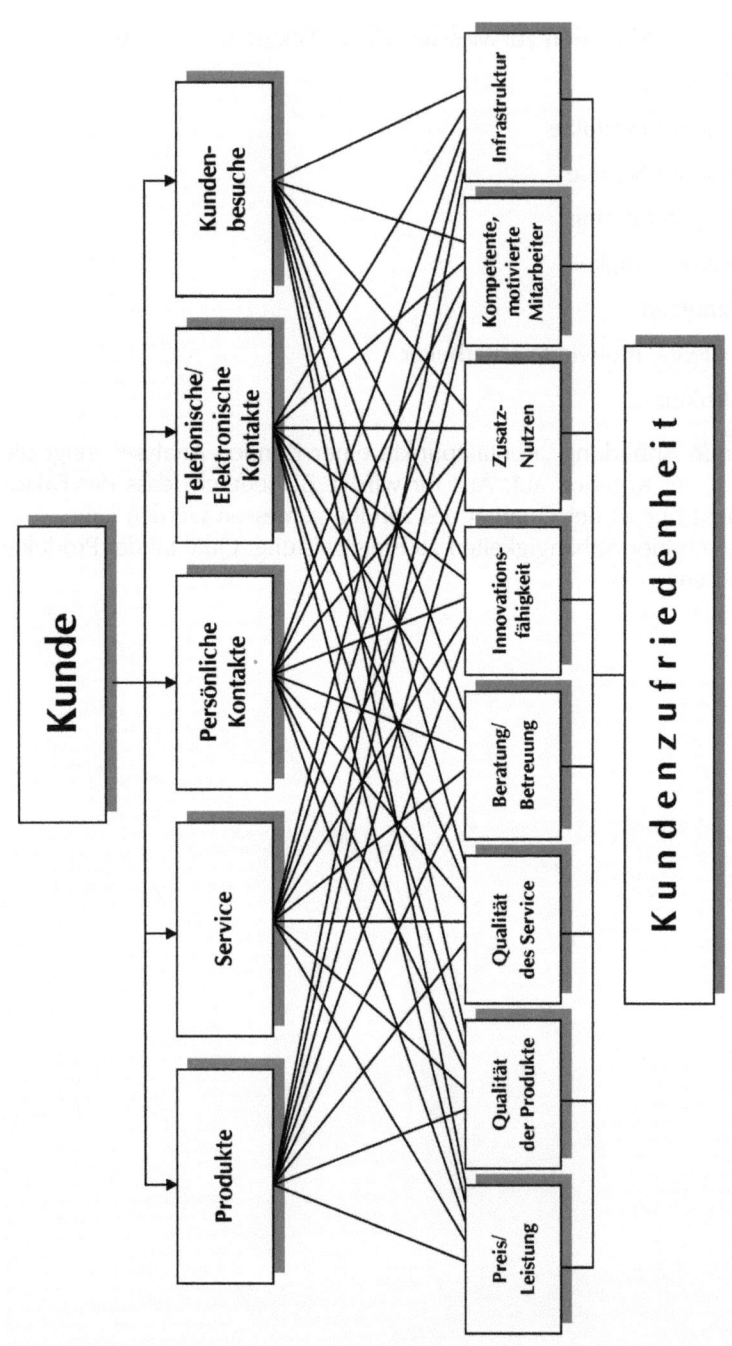

Die Bewertungsmaßstäbe für die Messung der Kundenzufriedenheit

Die folgenden Ausführungen basieren auf Praxisanwendungen, die von Dr. Peter R. Pautsch durchgeführt werden. Er hat auch das vorgestellte System entwickelt und erfolgreich umgesetzt.

Bei der Messung der Kundenzufriedenheit wird von zwei Kriterienbereichen ausgegangen:

1. Wichtigkeit

Wie wichtig ist den Kunden dieses Kriterium?

Die Wichtigkeit wird von 1 Punkt = -- bis 4 Punkte = ++ in eine prozentuale Gewichtung der Kriterien umgerechnet.

2. Zufriedenheit

Wie zufrieden sind die Kunden mit der Realisierung dieses Kriteriums?

Für den Zufriedenheitsgrad gilt folgende Wertung:

400   = sehr gute Erfüllung

300   = gute Erfüllung

200   = nicht zufrieden stellende Erfüllung

100   = mangelhafte Erfüllung

Durch die Multiplikation der Gewichtungen (in %) mit den Bewertungen wird die Gesamtpunktzahl (Zufriedenheitsindex) errechnet.

Durch die Wahl eines Punkterasters zwischen 100 und 400 liegt die maximal erreichbare Punktezahl bei 400 (uneingeschränkte hohe Kundenzufriedenheit).

Die minimale erreichbare Zahl liegt bei 100; hier ist der Kunde in allen Kriterien unzufrieden.

Ein Wert von 250 Punkten entspricht einem Zufriedenheitsgrad von 50 %.

Ein Wert von 325 Punkten ergibt einen Zufriedenheitsgrad von 75 %.

Je nach dem Anspruchsniveau der Geschäftsleitung ist zu definieren, ab wann unverzüglich Maßnahmen zur Verbesserung des Prozesses der Kundenzufriedenheit zu entwickeln und umzusetzen sind.

Einordnung der Kriterien

Jedes Kriterium kann in die nachfolgende Matrix eingetragen werden.

Wichtigkeit

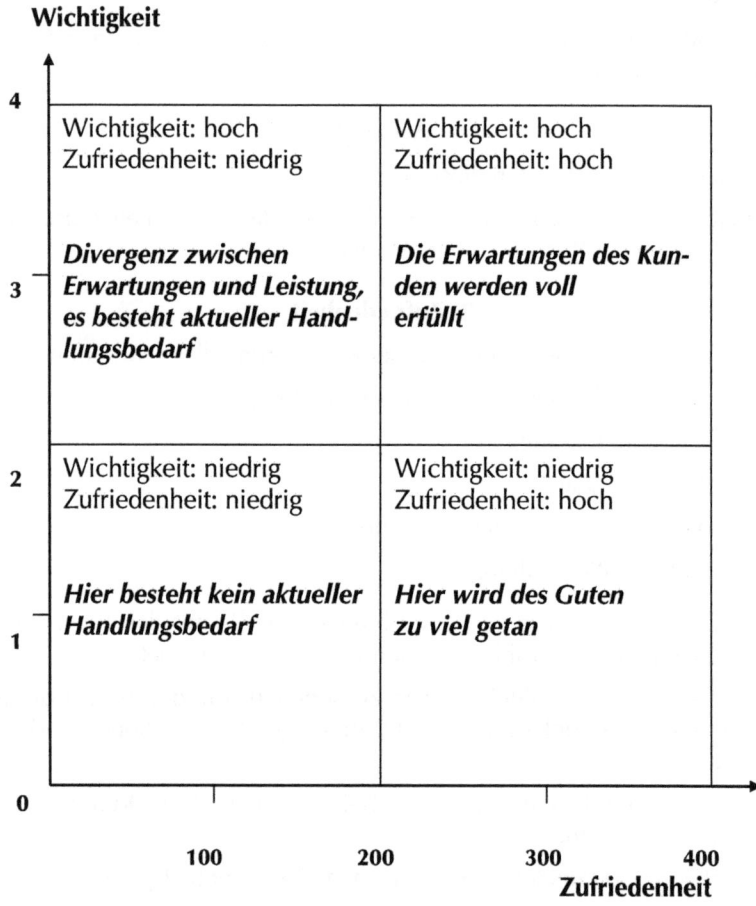

Abbildung 17: Matrix zur Einordnung der Kriterien

Zusammenfassend lässt sich, basierend auf den einführenden Aussagen, die folgende Bewertungsmatrix darstellen:

Zielkriterien	Punktezahl	Prozent-satz
⇒ Maximal erreichbare Punktezahl	400	100 %
⇒ Minimal mögliche Punktezahl	100	0 %
⇒ Kritische Punktezahl-Grenze	≤ 325	≤ 75 %
⇒ Punktezahl für sofortige Maßnahmen	≤ 250	≤ 50 %

Abbildung 18: Zielkriterien

Die wesentlichen Folgerungen für Sie sind:

Legen Sie das Anspruchsniveau

    a) insgesamt und

    b) für einzelne Kriterien fest!

Fragebogen zur Messung der Kundenzufriedenheit

Den nachstehenden Fragebogen betrachten Sie bitte als ein Muster. Sie können diesen entsprechend Ihren betrieblichen Gegebenheiten modifizieren.

Kunde:	Name des Befragten:	Produkt/Dienstleistung:

	Wichtigkeit	Zufriedenheit
Preis/Leistung	-- - + ++	-- - + ++
1. Preisgefüge	☐ ☐ ☐ ☐	☐ ☐ ☐ ☐
2. Komplett-Angebot	☐ ☐ ☐ ☐	☐ ☐ ☐ ☐
Qualität der Produkte	-- - + ++	-- - + ++
3. Produkt frei von Beanstandungen	☐ ☐ ☐ ☐	☐ ☐ ☐ ☐
4. Funktionsfähigkeit	☐ ☐ ☐ ☐	☐ ☐ ☐ ☐
5. Nutzen des Produkts	☐ ☐ ☐ ☐	☐ ☐ ☐ ☐
6. Qualität	☐ ☐ ☐ ☐	☐ ☐ ☐ ☐
Qualität des Service	-- - + ++	-- - + ++
7. Erreichbarkeit der Mitarbeiter	☐ ☐ ☐ ☐	☐ ☐ ☐ ☐
8. Regelmäßige Information über neue Produkte	☐ ☐ ☐ ☐	☐ ☐ ☐ ☐
9. Zufriedenheit mit der Serviceleistung	☐ ☐ ☐ ☐	☐ ☐ ☐ ☐
Beratung/Betreuung	-- - + ++	-- - + ++
10. Fachwissen der Mitarbeiter	☐ ☐ ☐ ☐	☐ ☐ ☐ ☐
11. Aufzeigen der Chancen	☐ ☐ ☐ ☐	☐ ☐ ☐ ☐
12. Bestmögliche Betreuung	☐ ☐ ☐ ☐	☐ ☐ ☐ ☐
Innovationsfähigkeit	-- - + ++	-- - + ++
13. Innovationen beim Produktionsprogramm	☐ ☐ ☐ ☐	☐ ☐ ☐ ☐
14. Innovationen bei Produkten	☐ ☐ ☐ ☐	☐ ☐ ☐ ☐
15. Innovationen bei Serviceleistungen	☐ ☐ ☐ ☐	☐ ☐ ☐ ☐

Zusatznutzen	--	-	+	++	--	-	+	++
16. Wettbewerbsvorteile gegenüber Konkurrenzfabrikaten	☐	☐	☐	☐	☐	☐	☐	☐
17. Bessere Kundenneubindung	☐	☐	☐	☐	☐	☐	☐	☐
18. Unterstützung bei der Verbesserung des Betriebsergebnisses	☐	☐	☐	☐	☐	☐	☐	☐

Kompetente, motivierte Mitarbeiter	--	-	+	++	--	-	+	++
19. Engagement der Mitarbeiter	☐	☐	☐	☐	☐	☐	☐	☐
20. Flexibilität der Mitarbeiter	☐	☐	☐	☐	☐	☐	☐	☐
21. Reaktionszeit bei Kundenanforderungen	☐	☐	☐	☐	☐	☐	☐	☐
22. Verhalten bei Konflikten/ Verbesserungen	☐	☐	☐	☐	☐	☐	☐	☐
23. Zusammenarbeit Kunde/ Mitarbeiter	☐	☐	☐	☐	☐	☐	☐	☐

Infrastruktur des Unternehmens	--	-	+	++	--	-	+	++
24. Insgesamt ein guter Partner	☐	☐	☐	☐	☐	☐	☐	☐
25. Es wird insgesamt eine gute Kundenorientierung	☐	☐	☐	☐	☐	☐	☐	☐

Wurden Ihre Erwartungen erfüllt und welche Anregungen und Empfehlungen zur Verbesserung der Qualität unserer Leistungen haben Sie für unser Unternehmen?

_____

_____

Auswertung der Checkliste:

Wenn Sie den für Ihr Haus spezifisch erarbeiteten Fragebogen auswerten, so können Sie mit einem einfachen Rechenprogramm die Positionierung der einzelnen Kriterien ermitteln.

Dabei steht, wie bereits erwähnt:

Wichtigkeit:

- -   = 1
-    = 2
+   = 3
+ +   = 4

Zufriedenheit:

- -   = 100
-    = 200
+   = 300
+ +   = 400

Angenommen das Kriterium 1 Preisgefüge hat die folgenden Werte:

Wichtigkeit: + = 3

Zufriedenheit: - - = 100

Damit lässt sich der Standort in der im Folgenden wiedergegebenen Abbildung eindeutig bestimmen: das Kriterium ist im oberen linken Feld. Dies heißt: Für den Kunden ist dies ein wichtiges Entscheidungskriterium aber nicht zufrieden stellend gelöst bzgl. seiner Erwartungshaltung.

Wichtigkeit

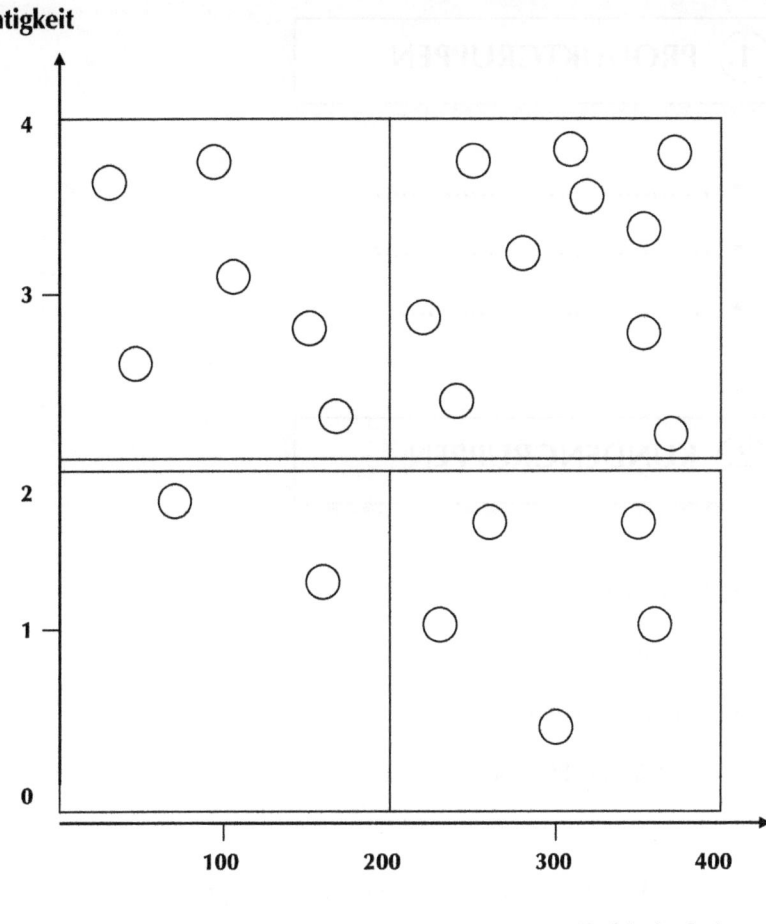

Zufriedenheit

Ziel: Alle 25 Kriterien werden in die Matrix eingeordnet

Der Fragebogen kann auch eine Differenzierung erfahren. In der Praxis wird häufig unterschieden nach Produkt- und Kundengruppen.

Zuordnung der Fragen zu Produkt-Zielgruppen:

1.) PRODUKTGRUPPEN

- ....
- ....
- ....

2.) KUNDENGRUPPEN

- **Stammkunden**

- **Neukunden**

- **Inaktive Kunden**

- **„Abtrünnige!" Kunden**

Die Fragen könnten pro Produkt-/Zielgruppe geringfügig modifiziert werden.

Mit dieser Kunden-Zufriedenheits-Analyse können Sie systematisch den Standort der einzelnen Kundenbewertungs-Kriterien ermitteln. Sie erfahren konkret, was für die Kunden wichtig oder weniger wichtig ist und wie sich der Zufriedenheitsgrad in den einzelnen Bewertungskriterien darstellt.

6.4 Beschwerdemanagement

Im Umgang mit Kunden gilt es, aus Reklamationen REKLAME-AKTIONEN zu machen. Um dies zu erreichen sind u. a. die in der folgenden Abbildung dargestellten Vorschläge zu realisieren.

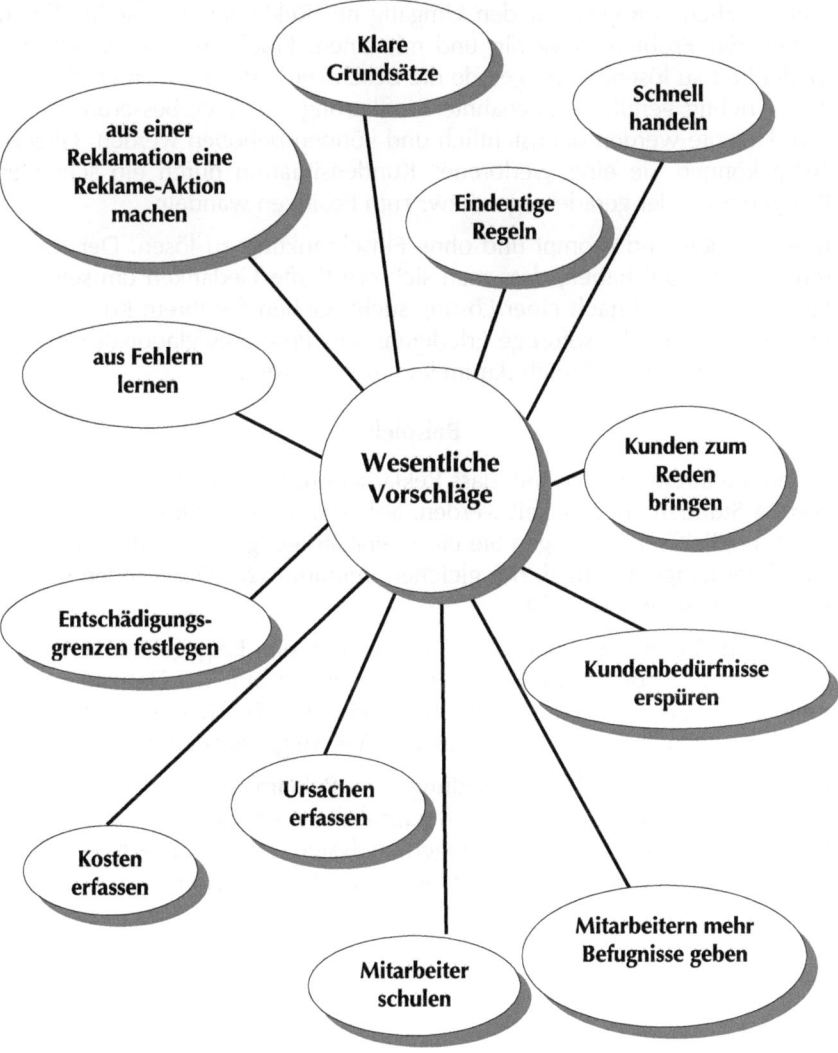

Abbildung 19: Wesentliche Vorschläge zum Beschwerdemanagement

6.4.1 Regeln für den Umgang mit Reklamationen

Ein aktives Beschwerdemanagement setzt vor, nicht nach dem Eintreten des Ärgernisses ein, indem es Probleme vermeidet, statt sie zu beheben. Doch was tun, wenn der Kunde wutschnaubend vor Ihnen steht, ausfallend wird und eine Erklärung für das Versagen verlangt? Die folgenden grundsätzlichen Regeln für den Umgang mit Reklamationen sollen Ihnen helfen, das Problem souverän und mit einem Höchstmaß an Kundenzufriedenheit zu lösen. Denn gerade die Beschwerde des Kunden eröffnet Ihnen – richtig genutzt – ungeahnte Profilierungs- und Verbesserungschancen. Defizite werden offensichtlich und können behoben werden. Gleichzeitig können Sie eine „verlorene" Kundensituation durch ein schnelles Reagieren wieder geradebiegen bzw. zum Positiven wandeln.

Beschwerden sind prompt und ohne Einschränkung zu lösen. Der Kunde muss das Gefühl haben, dass man sich ernsthafte Gedanken um sein Anliegen macht und nach einer Lösung sucht. Geben Sie Ihrem Kunden Garantien, die ihm die sofortige Erledigung des Problems glaubhaft machen und dass sie sich persönlich darum kümmern werden.

Beispiel:

Teilen Sie Ihrem Kunden mit, dass Reklamationen in Ihrem Haus innerhalb von 24 Stunden abgewickelt werden. Sollte dies aus bestimmten Gründen nicht möglich sein, so sagen Sie eine Verständigung des Kunden über den Stand der Dinge innerhalb des gleichen Zeitraums zu. Der Kunden soll also stets wissen, woran er ist.

Bedenken Sie immer, dass die Reklamation ein Entgegenkommen des Kunden ist! Er kommt auf Sie zu, er zeigt Ihnen auf, wo Defizite liegen. Zeigen Sie sich deshalb aufmerksam, dankbar und hilfsbereit – nicht verärgert, unverständig und mit einer passiven Verweigerungshaltung.

Im Folgenden wird die Abwicklung von Reklamationen dargestellt am Wort REKLAMATION. Für jeden Buchstaben ist ein Stichwort angegeben. Dieses Stichwort wird mit drei Fragen analysiert. Damit können Sie erkennen, wie gut Ihr Haus in den einzelnen Bewertungskriterien ist.

	ja	teilw.	nein

Regeln

- Verfügen Sie über Regeln im Beschwerdemanagement?
- Kennen die Mitarbeiter die Regeln?
- Sind die Mitarbeiter ermächtigt, eigenverantwortlich zu handeln?

Eigeninitiative

- Wird unverzüglich reagiert?
- Entscheiden Mitarbeiter selbstständig?
- Belohnen Sie Eigeninitiative?

Kostenkalkulation

- Können Sie die Kosten von Beschwerden feststellen?
- Werden die Reklamationskosten analysiert?
- Gehen die Kosten nicht zu Lasten der Kunden?

Leben

- Ist sichergestellt, dass Lippenbekenntnisse nicht ausreichen? Fühlen sich Mitarbeiter als „Kümmerer"?
- Macht man in Ihrem Hause aus Reklamationen →Reklame-Aktionen?
- Wird das Wissen zur Lösung von Beschwerden von allen gefordert?

Analysieren

- Werden die Reklamationen von einer Person erfasst?
- Können die Ursachen erkannt werden?
- Erfolgen Verbesserungen auf der Basis der Ursachenanalyse?

Mitarbeiterschulung

- Werden Mitarbeiterschulungen für die Behandlung von Reklamationen durchgeführt?
- Sind die Lösungsvorschläge klar dokumentiert?
- Werden auch die Prozesspartner (Lieferanten; Spediteure usw.) geschult?

	ja	teilw.	nein

Antizipieren

- Wird vorausgedacht, nach dem Motto „was passiert wenn ...“?
- Gibt es vorbeugende Absprachen?
- Bereitet man sich auf Probleme vor?

Tagesabwicklung

- Wird die Reklamation am selben Tag erledigt?
- Gibt man einen Zwischenbescheid, falls eine endgültige Klärung nicht sofort möglich ist?
- Wird die schnelle Abwicklung klar dokumentiert?

Information

- Können Kunden sich leicht und schnell beschweren?
- Holen Sie möglichst viele Informationen ein?
- Werden alle technischen Möglichkeiten beim Erfassen von Beschwerden genutzt?

Organisationseffizienz

- Ist eine unbürokratische Abwicklung sichergestellt?
- Gibt es eine Musterbearbeitung?
- Sind Schnelligkeit und Flexibilität sichergestellt?

Nutzen

- Wird das Gewinner-Gewinner-Spiel praktiziert?
- Ist der Nutzen für den Kunden erkennbar?
- Weisen wir auf den Nutzen hin?

Füllen Sie die Checkliste aus und lösen Sie die folgenden Aufgaben:

1. Erstellen Sie die „Fieberkurve", d. h. verbinden Sie die einzelnen Standorte Ihrer Antworten.

2. Analysieren Sie die Ergebnisse.

3. Setzen Sie Maßnahmen auf, insbesondere für die Punkte, in denen Sie schwach sind.

10 Regeln für die Abwicklung von Reklamationen

Regeln:	Das müssten wir tun:
1. Überprüfen Sie Ihre Regeln zur Abwicklung von Reklamationen. Sollten Sie keine formuliert haben, erarbeiten Sie diese gemeinsam.	
2. Teilen Sie diese Regeln allen Ihren Mitarbeitern mit.	
3. Ermächtigen Sie die Mitarbeiter zu eigenverantwortlichem Vorgehen im Rahmen von vordefinierten Spielräumen.	
4. Legen Sie eine Person fest, die die Reklamationen zentral erfasst, analysiert und auswertet.	
5. Führen Sie mit den Verursachern der Reklamationen Gespräche über Vorschläge zur Verbesserung bzw. Beseitigung von Mängeln.	
6. Um die Fehler aus der Vergangenheit nicht zu wiederholen, sollte in einer Dokumentation auf Besonderheiten bei der Reklamations-Prophylaxe hingewiesen werden.	
7. Durch vorbeugende Absprachen/Informationen können die Kunden im Sinne eines Ratgebers zu Beteiligten im Reklamationsprozess gemacht werden.	
8. Tragen Sie dafür Sorge, dass Reklamationen innerhalb eines Tages erledigt werden bzw. ein Zwischenbescheid erfolgt.	
9. Alle Mitarbeiter stehen hinter dem Grundsatz der Tagesabwicklung und setzen diesen auch um.	

10. Die organisatorischen Voraussetzungen zur Gewährleistung der schnellen Bearbeitung von Beschwerden sind in Ihrem Betrieb gegeben.	

Aufgaben:

1. Lesen Sie die Regeln aufmerksam durch.
2. Fragen Sie sich, wo Sie Handlungsbedarf sehen.
3. Lösen Sie die für Sie wesentlichen Probleme

6.4.2　Wie behandelt man einen Kunden, der sich beschwert?

Begrüßen

- Freundlich und höflich begrüßen – sich nicht provozieren lassen!
- Mit Namen ansprechen – das Gespräch wird persönlicher!
- Den Kunden von anderen Kunden trennen – insbesondere bei lauter Beschwerde!

Zuhören

- Den Kunden zunächst nicht unterbrechen! Wer unter Dampf steht, darf Dampf ablassen!
- Sich nicht sofort rechtfertigen! Nicht widersprechen! Keine Schärfe ins Gespräch bringen!

Diskussion

- Sich in die Rolle des Kunden versetzen – seine Wahrnehmung ist wichtig, nicht die Ihre!
- Möglichst objektive Maßstäbe einbringen – warum ist der Kunde wirklich unzufrieden?
- Die Sachebene von der Beziehungsebene im Gespräch trennen

Antworten erfassen

- Den Kunden ausreden lassen – seiner Argumentation folgen!
- Blickkontakt halten – signalisieren: Ich höre aufmerksam zu!
- Notizen machen/kurz telefonisch rückfragen – nichts ist schlimmer als schweigende Passivität!
- Mit eigenen Worten den Ausgangspunkt der Beschwerde formulieren – um Missverständnissen vorzubeugen!
- Sich entschuldigen für die Mühe, die der Kunde hatte – auch wenn die Beschwerde in Ihren Augen nicht ganz gerechtfertigt ist!
- Sich bedanken – der Kunde gibt Ihnen die Chance zur Korrektur!
- Die Beschwerde möglichst schnell behandeln – schnelle Hilfe zählt doppelt!
- Wenn eine sofortige Regelung nicht möglich ist:
  - die nächsten Schritte darlegen!
- Geben Sie dem Kunden die Sicherheit, dass sein Problem gelöst wird!
- Halten Sie diese Schritte ein!
- Setzen Sie nicht Ihre Glaubwürdigkeit aufs Spiel!

Diese Ausarbeitung soll Ihnen ein Ratgeber bei der Lösung von Kundenproblemen sein.

Wenn Sie die hier behandelten Systeme/Instrumente in der Kundenorientierung einsetzen, werden Sie im Kundenengagement

- erfolgreicher,
- innovativer und
- wirtschaftlicher.

Für Ihre Kunden bedeutet dies, dass

- deren Austrittsbarrieren höher werden (d. h. sie werden Ihr Unternehmen nur schweren Herzens verlassen),
- der Nutzen deutlich wird und
- damit die Bindung zu Ihrem Hause gegeben ist.

7. Mit neuen Methoden die Verkaufsleistung einschätzen und messen

Was werden die Leistungstreiber im Vertrieb in den nächsten Jahren sein? Was sind die Herausforderungen und welche langfristigen Megatrends lassen sich erkennen?

In einer Studie von der Universität St. Gallen und Mercuri Intl. zum Thema Excellence in Sales ergeben sich sechs Megatrends:

1. Die *Sales Driven Company*, in der das Image vom Verkauf sehr gut ist, sich das Top Management persönlich im Verkauf engagiert und eine vertriebsbetonte Unternehmenskultur etabliert, in der sich jeder Mitarbeiter als Verkäufer fühlt, weil er im direkten oder indirekten Kundenkontakt steht.

2. *Strategische Partnerschaften* und Mehrwertkonzepte statt Produktverkauf und Kaffeetrinken.

Weil es immer schwieriger wird, sich in der Branche zu behaupten und Produkte schneller vergleichbarer und günstiger werden (auch durch Billiganbieter aus dem Ausland), muss das Geschäftsmodell der Zukunft eine strategische Partnerschaft zwischen Lieferant und Kunde sein.

Der Lieferant wird somit zum Partner, stimmt seine Logistik noch stärker mit der Supply Chain des Kunden ab und passt seine IT-Prozesse an die EDV des Kunden an. Konsequenterweise werden Partner (Anbieter) nicht kurzfristig austauschbar und das Thema Preis steht nicht direkt im Vordergrund. Somit entsteht eine Abhängigkeit zwischen Kunde und Anbieter und eine Geschäftsbeziehung, die beidseitig gepflegt werden muss.

3. *Management von komplexen Entscheidungsstrukturen*.

Einkaufsprozesse und Verhandlungen mit Buying-Centern bei Großkunden werden zur Regel. Neben der notwendigen Kundensegmentierung (nach Region, Kundenbedürfnis, Produkten oder Branchen) und der Selektion von Zielkunden müssen das eigene Angebot und die (Dienst-) Leistung im Vertrieb auf die verschiedenen Bedürfnisse des Kunden passen. Dies führt auch zu differenzierten Angebotselementen. Bei international tätigen Unternehmen sind bereits in mehr als der Hälfte der Fälle drei oder mehr Personen in der Einkaufsentscheidungsfindung beteiligt. Eine gründliche Analyse der Entscheidungsprozesse im Buying-Center, der Organisation (Geschäftsleitung, Abteilungen, Mitarbeiter wie Anwender und Techniker, Key

Stakeholder) und der Rollen der Ansprechpartner mit ihren verschiedenen sachlichen und emotionalen Bedürfnissen ist eine wichtige Basisarbeit im Verkaufsprozess und der Kundenbeziehung. Verkäufer müssen also die jeweiligen Entscheider und Beeinflusser individuell „abholen" und überzeugen. Das Team Selling bietet hier Möglichkeiten, um Verkaufsteams mit Technikern, Consultants, Servicemitarbeitern und Kundenbetreuern zusammenzustellen. Der Key Account Manager wird somit zum Koordinator der entsprechenden Stellen beim Lieferanten zum Kunden und der Schnittstelle zum Kunden (one face to the customer), der die notwendigen Ressourcen und das Wissen entsprechend weitergibt. Der Kundenbetreuer kann nicht mehr alles wissen.

4. *Produktivitätssteigerung im Vertrieb*.

Weil die Vertriebsarbeit heute nicht ausreichend transparent ist, müssen künftig Vertriebskapzitäten analysiert und Vertriebsergebnisse optimiert werden, d. h. die Kernprozesse im Verkauf (Kundenbindungsmaßnahmen, Cross-Selling, Erhöhung des Lieferantenanteils und Gewinnung von Neukunden) werden detailliert beschrieben und mit wenigen Kennzahlen überwacht. Zum Beispiel werden Zeiträume von der Identifikation der Zielkunden über die Durchführung von Verkaufsgesprächen bis zum Abschluss mit Quoten über die Laufzeit verglichen und die einzelnen Schritte optimiert (siehe auch Kapitel 7.4 und 7.5 zu „Schlagzahlmanagement", Kennzahlen und Optimierung des Verkaufstrichters). Weiterbildungsmaßnahmen müssen nachhaltig Lernfortschritte garantieren. Die einmaligen Infotainment Trainings verlieren an Bedeutung, wenn es um messbare Veränderung gehen soll. Sie bleiben als unterhaltsame Vortragsabende mit Wiederholungscharakter und Praxisbeispielen erhalten. Nachhaltige Wissensvermittlung kann nur durch Lernprozesse (Blended Learning Ansatz), anschließendem Coaching und Shadowing Maßnahmen effektiv gestaltet werden. Gezielte Ermittlung der Kompetenzlücken und Development Center, wie man sie für Führungskräfte einsetzt, gehören in die Vertriebsorganisation, selektieren die „Spreu" vom „Weizen" und identifizieren die „Talente".

5. *CRM* (Customer Relationship Management).

Durch effektiven Einsatz von CRM Systemen lassen sich ganz konkret Informationssuchen verkürzen. Zum Beispiel findet man Informationen über Verkaufsaktivitäten von Kollegen (bei der Übernahme von Kunden oder während dessen Abwesenheit) ohne CRM in ca. 60 Sekunden und mit CRM in ca. 30 Sekunden. Somit steigert CRM die Kommunikationsleistung um 50 % und das kollaborative bzw. individuelle Kontaktmanagement

(Auffinden von Ansprechpartnern, Adressen und Kontaktdaten der fremden bzw. eigenen Kunden) um ca. 25 %. Das Risiko liegt u. a. in der Annahme der Mitarbeiter, dass diese Software sich selbst steuert. Ein System kann nur so gut sein, wie es und seine Inhalte gepflegt werden. Nur Transparenz und Abbildung über Prozessdurchführungen oder Input-Output Relationen können Veränderungen im Vertrieb bei den grundsätzlichen Arbeitsweisen verändern – Akzeptanz und Engagement der Benutzer vorausgesetzt. Häufig werden auch nur Bedienungstrainings seitens der Anbieter durchgeführt. Weitaus wichtiger sind nach der Einführung die Verwendungstrainings, um das CRM System nicht zum Computer-Beziehungs-Management System verkommen zu lassen, so dass ein weiterer Datenfriedhof – neben den Forecast und Kennzahlen Tabellen – entstehen könnte.

6. Kundenfokussierung – Die Customer Centricity Organisation.

Die kundenorientierte Verkaufsgeneration ist die Zukunft. Neben der Gewinnung der Kundenloyalität als Ziel gilt es auch, Kunden um (fast) jeden Preis zufrieden zu stellen. Es geht also darum, auf Bedürfnisse wirklich einzugehen und keine Produkte zu verkaufen. Kreative Angebote und hohe Wertschöpfung sind die Herausforderung an die kundenzentrierte Organisation. Die wichtigsten Techniken sind: Bedarfsanalyse, überzeugende individuelle Angebotspräsentation statt Standardmodule, personalisierte Angebotsunterlagen, Verkauf in Teams und Netzwerken, um den Kunden bestmöglich mit Wissen zu versorgen, denn der Kunde benötigt zunehmend Vorschläge, Lösungen und spürbares Engagement seitens der Lieferanten und dessen Verkäufer/Innen, die Experte für die Märkte des Kunden sind.

Der Verkäufer der Zukunft benötigt neben professionellen Unterstützungssystemen ein neues Rollenverständnis: Vom Hard- oder Coffeeseller zum partnerschaftlichen Expertseller.

7.1 Leistungsüberwachung und Kennzahlensysteme

Effektive Vertriebe benötigen effektive Kennzahlensysteme- und zwar Kennzahlen, die das Relevante im Vertrieb messen: Begabung der Verkäufer, Qualifikationen der Vertriebsleiter und allgemeine Methodenkompetenz, die es zu bewerten gilt. Weil Kunden immer besser informiert sind und mit anspruchsvollen Anfragen auf die Vertriebsorganisation zukommen, ist es offensichtlich, dass der Vertrieb schwieriger geworden ist und vor der nächsten Hürde steht. Wie verändert sich der Vertrieb und wie kann er besser werden? Dabei hat das Messen einen hohen Stellenwert.

„Was man nicht messen kann, kann man auch nicht verbessern"

Jack Welsh

Eine aktuelle Studie des Fachmagazins „Selling Power" hat weltweit mehr als 100 Vertriebsdirektoren in über 100 Unternehmen aus 17 Branchen weltweit befragt. Sie wurden gebeten, die Leistung ihrer Vertriebsorganisationen anhand von klassischen Kennzahlen wie Umsatz, Profitabilität, Kundenbindung und der Entwicklung des Kundenstamms zu bewerten.

Weitaus wichtiger war die Bewertung der eigenen Vertriebsorganisation hinsichtlich Managementfähigkeiten, Qualität der Abläufe und Systeme, die Begabung der Mitarbeiter und die Teamkultur. Hierbei wurden selbst die scheinbar besten Vertriebsteams von ihren Managern weniger positiv bewertet. Eine Skala von 1 (nicht effektiv) bis 10 (extrem effektiv) diente als Bewertungsgrundlage und die durchschnittliche Punktzahl lag bei 7, wobei 30 % unter 7 lagen und 10 % die Punktzahl 9 überschritten. Ein Beweis für das fehlende Vertrauen der Vertriebschefs gegenüber ihren Mitarbeitern und die fehlende Sorgfältigkeit der genauen Beobachtung im Tagesgeschäft, denn nur zu oft ist die eigene Tageszeit mit Telekonferenzen verplant, so dass man sich als Vertriebschef viel zu wenig Zeit für die eigentliche Aufgabe im Vertriebsmanagement nimmt:

Das Coaching und die Motivation der Mitarbeiter, um Spitzenleistungen zu erzielen. Wie negativ teilweise Vertriebsmanager (aus fehlender Nähe zur eigenen Vertriebsmannschaft), die Leistung ihrer Vertriebsmannschaft bezeichneten, ergab auch eine Studie von Accenture aus dem Jahre 2004, in der 178 Manager die Vertriebsleistung des eigenen Teams zu 56 % als durchschnittlich, schlecht oder katastrophal bewerteten.

Im Klartext und letzter Konsequenz heißt es natürlich, dass genau diese Manager die Verantwortung für das Ergebnis dieser Einschätzung übernehmen müssen, denn „der Fisch beginnt am Kopf zu stinken". Neben dieser Verantwortung bietet ein Benchmarkingergebnis über Merkmale von Spitzenverkäufern und Spitzenteams interessante Einsichten:

1. Spitzenteams im Vertrieb leisten über das Spektrum der Managementkompetenzen, Abläufe und Fähigkeiten einzelner Vertriebsmitarbeiter eine herausragende Qualität.

2. Optimierung von Vertriebsorganisation erfordert ein ganzheitliches Funktionieren des Systems und nicht nur das Beseitigen einer Schwachstelle, während andere weiter bestehen können. Wer zum Beispiel Mitarbeiter exzellent motiviert, jedoch die notwendige Kompetenz der strategischen Orientierung und Strategieerarbeitung nicht entwickelt hat, wird langfristig keine Spitzenleistungen abrufen können.

Ein Diagnoseinstrument soll helfen, Schwachstellen zu identifizieren, Leistung anhand wichtiger Kompetenzen und Merkmale kontinuierlich zu überwachen und Verbesserungen gezielt zu bewirken, denn Wirksamkeit ist die beste Auszeichnung für Führungskräfte.

Diagnostische Instrumente im Management werden mehr und mehr eingesetzt, um den richtigen Mann bzw. Frau an die richtige Stelle einzusetzen. Assessment (AC) und Development Center (DC) bieten Möglichkeiten der optimalen Zuordnung der Person an die Position durch genau definierte Anforderungsprofile, Testkonstruktionen und Entscheidungen über die Einstellung der Person (AC), Potenzialanalyse, Ursachenanalyse bei individuellen Leistungsschwankungen oder die weitere Entwicklung (DC). Verschiedene Assessmentinstrumente, von analytisch-konzeptionellen Übungen, über Präsentationen und Gesprächssituationen, bieten hier gezielte Hilfe anhand genau definierter aufgabenbezogener Kriterien und Merkmale der Kernaufgaben.

Kennzahlen im eignungsdiagnostischen Prozess werden in Beobachtungssituationen und anhand von Beobachterbögen mit entsprechend spezifizierten und messbaren Verhaltensindikatoren zur Beurteilung der individuellen Vertriebsleistung und der Potenzialanalyse systematisch registriert. Jeder Teilnehmer erhält eine differenzierte Rückmeldung durch qualitative und quantitative Einschätzung. Dieses Feedback ist absolut wichtig für die weiteren Schritte im Optimierungsprozess der gesamten Vertriebsleistung. Erst diese Maßnahmen ermöglichen ein ganzheitliches System zum Vertriebsmanagement.

Der nachfolgende Beurteilungsbogen soll Ihnen dabei behilflich sein, Ihre eigene Einschätzung der Vertriebsleistung zu reflektieren und durch eine Skala zu bewerten. Die endgültige Kennzahl lässt sich dann mit dem

Durchschnittswert eines Hochleistungsvertriebs und für einen schwachen Vertrieb ins Verhältnis setzen. Sie erhalten somit Hinweise über wesentliche Leistungslücken und Prioritäten, die es zu setzen gilt.

1. Addieren Sie nun Ihre Werte für die 16 Punkte der Umfrage und
2. Vergleichen Sie dann Ihre Vertriebsmannschaft mit den 96 Vertriebsorganisationen aus der im Folgenden dargestellten „Forum-Sales-Effectiveness Studie" (Quelle: Harvard Business Manager 10/2006). Befragt wurden weltweit 111 hochrangige Vertriebsmanager in 96 großen Unternehmen aus 17 Branchen. All diese Firmen haben eine sehr starke Vertriebsorganisation. 42 der Unternehmen wurden von „Fortune" mit dem Etikett „most admired" ausgezeichnet. Fünf der Namen finden sich in der Liste der Top-15-Vertriebsmannschaften, die vom Fachmagazin „Selling Power" erstellt wird.

	nicht extrem effektiv	Skala mit Punkten						effektiv	
Kompetenzen der Verkäufer									
1. **Kunden finden** (Verkaufschancen identifizieren und ausbauen)	1	2	3	4	5	6	7	8	9
2. **Kunden gewinnen** (Planen von Akquisestrategien, Einstellung, Erkennen und Erfüllen von Kundenwünschen, geschicktes Verhandeln, Kommunikationskompetenz, Soziale Kompetenz, Abschlusssicherheit)	1	2	3	4	5	6	7	8	9
3. **Kunden halten** (Versprechen einlösen, langfristiges Beziehungsmanagement, Mehrwert bieten, Führen von Teams, Nutzenergebnis für den Kunden)	1	2	3	4	5	6	7	8	9
Kompetenzen der Vertriebsleiter									
1. **Strategien entwickeln** (Pläne für das Geschäftswachstum)	1	2	3	4	5	6	7	8	9
2. **Coaching** (Begleitung der Mitarbeiter, Feedback geben, Erwartungen und klare Ziele vereinbaren und nachverfolgen, Konflikte lösen, Teamarbeit fördern)	1	2	3	4	5	6	7	8	9
3. **Motivieren** (Anerkennung, Belohnung, Entwicklung)	1	2	3	4	5	6	7	8	9

	Skala mit Punkten								
	nicht extrem effektiv								effektiv
Methodenkompetenz									
1. **Rekrutierung fähiger Mitarbeiter** (Selektionskriterien, Anforderungsprofile, Einsatz Assessment Center Instrumente, Anwerben, Attraktivität für Bewerber)	1	2	3	4	5	6	7	8	9
2. **Leistungsmanagement** (quantitative und qualitative Ziele für Mitarbeiter und Team, Vertriebsinformationssystem, Forecast-Systeme, Leistungskontrolle)	1	2	3	4	5	6	7	8	9
3. **Chancenmanagement** (Dokumentation von Verkaufschancen vom Ernstkontakt zum Abschluss, Lead Nachverfolgungssystem von Messeinteressenten, Internetanfragen und sonstigen Kontakten)	1	2	3	4	5	6	7	8	9
4. **Strategisches Kundenmanagement** (CRM-System, Kundensegmentierung, Partnerschaften mit Schlüsselkunden wie z. B. gemeinsame Entwicklung, computergestützte Planung)	1	2	3	4	5	6	7	8	9
5. **IT Systeme** (CRM –Systeme, Umsatzplanungsprogramm)	1	2	3	4	5	6	7	8	9
6. **Ausbildungs- und Fortbildungsangebot** (innerbetrieblich oder mit externen Anbietern, Kongressbesuche und Vorträge, Branchentreff, Bereichsveranstaltung, Teamworkshops, Teamentwicklungsmaßnahmen)	1	2	3	4	5	6	7	8	9
Teamkultur/Arbeitsklima									
1. **Klarheit** (Mitarbeiter verstehen, was von Ihnen erwartet wird, kennen die Unternehmensstrategie und die abgeleiteten operativen Teamziele, Mitarbeiter verstehen, welche Verhaltensänderungen aus den definierten Zielen für Ihre tägliche Arbeit erforderlich sind, setzen sich für das Team ein, stellen das Team und nicht sich selbst als Einzelkämpfer in den Vordergrund)	1	2	3	4	5	6	7	8	9
2. **Engagement** (Mitarbeiter als Mitunternehmer, Commitment bzw. Selbstverpflichtung der Mitarbeiter, die anspruchsvollen Ziele zu erreichen und einen Beitrag zur Teamzielerreichung zu leisten, überdurchschnittliches Engagement und Begeisterung für das Ziel und die Tätigkeit, intrinsisches Motivationsniveau, Optimismus, Gewinnstreben, Identifikation der Teammitglieder ist sichtbar und spürbar)	1	2	3	4	5	6	7	8	9

| | Skala mit Punkten | | | | | | | | |
	nicht extrem effektiv							effektiv	
3. **Verantwortung** (Vertrauen in die Fähigkeit der Mitarbeiter, Mitarbeiter ergreifen die Initiative und benötigen wenig Anleitung und Kontrolle, Mitarbeiter sind zuverlässig, Mitarbeiter übernehmen Verantwortung für Ihre Zielerreichung – auch bei Stretchgoals)	1	2	3	4	5	6	7	8	9
4. **Anerkennung** (Mitarbeiter wissen und erfahren, dass gute Arbeit anerkannt wird und materiell wie auch immateriell honoriert wird)	1	2	3	4	5	6	7	8	9
Gesamtwert									
Durchschnittswert eines Hochleistungsvertriebs (Wert: 123) Durchschnittswert eines schwachen Vertriebs (Wert: 109)									

7.2 Vertriebscontrolling

Vertriebscontrolling soll bewirken, die Unternehmens- bzw. Bereichsleitung bei der Lösung des Koordinations- und Anpassungsproblems zu unterstützen. Neben der Koordinationsfunktion steht auch die Aufgabe, zukünftige Schwachstellen und Chancen rechtzeitig zu erkennen, die auch mit dem obigen Bewertungsbogen analysiert werden können. Controlling nimmt somit eine Frühwarn- und Erkennungsfunktion innerhalb der Vertriebsabteilung ein. Um eine effiziente Steuerung der Vertriebsaktivitäten gewährleisten zu können, ist es erforderlich, im Rahmen einer Zielsetzungs- und Planungsphase strategische und operative Ziele für den Vertrieb zu formulieren. Im Anschluss prüft das Vertriebscontrolling laufend den Fortschritt und die Einflussgrößen (Input) der Zielerreichung. Dazu werden die im Folgenden genannten Ist-Größen mit den Plan-Größen (Soll) gegenübergestellt und Abweichungen im Kennzahlensystem analysiert.

Man unterscheidet zwischen strategischem Vertriebscontrolling mit einem Planungszeitraum von 4–5 oder sogar 10 Jahren und dem operativem Vertriebscontrolling mit einem Fokus auf ein Jahr oder weniger. Der Fokus im operativen Vertriebscontrolling liegt in der Effizienzbetrachtung und der Gewinnerzielung. Ein Berichtssystem sollte Führungskräfte auf wöchentlicher und monatlicher Basis mit Informationen über den Geschäftsverlauf versorgen. Weil diese Informationen (Kennzahlen) als Entscheidungsgrundlage für zu treffende Vertriebsmaßnahmen verwendet werden sollen, ist es wichtig, dass sie möglichst zeitnah zur Verfügung stehen. Daher ist Schnelligkeit wichtiger als absolute Genauigkeit.

Während im strategischen Vertriebscontrolling Aufgaben wie Marktpotenzialanalysen, Durchführbarkeits-Studien für Großprojekte, Cash Flow Analysen für die strategische Planung, langfristige Strukturoptimierung und Analyse von möglichen Firmenübernahmen stehen, sind im operativen Vertriebscontrolling Aufgaben wie Projekterfolgsrechnung, monatliche Umsatzentwicklung oder Deckungsbeitragsentwicklung, Händlercontrolling, Kundenerfolgsrechnung und Effizienzanalysen von verkaufsfördernden Maßnahmen und auch bezüglich der Lieferzeiten und Prozesse zu finden.

Die Ergebnisse der Planung werden im Budget zusammengefasst. Die Bestandteile sind Absatz-, Umsatz-, Kosten- und Gewinnplanung sowie Produktions-, Finanz- und Personalplanung als sekundäres Betrachtungsfeld. Neben der quantitativen Planung (insbesondere Absatzzahlen) sind auch qualitative Größen zu planen und als kurzfristige Ziele zu vereinbaren.

In der folgenden Tabelle werden die wichtigsten Kennzahlen unterschieden.

Qualitative Zielgrößen	Quantitative Zielgrößen
Liquiditätssicherung	Auftragseingänge, Auftragsbestände
Teamklima/Soziales Arbeitsklima	Absatzmengen
Innovationskraft	Einkaufs- und Verkaufspreise
Kompetenz, Mitarbeiterqualifikation	Umsatzerlöse
Image, Attraktivität, Markenwert	Marktanteile (auch Zielgruppenmarktanteil)
Markteinfluss, Macht, Position	Neukundenzuwachs
Mitarbeiterzufriedenheit	Rückgewonnene und verlorene Kunden
Kundentreue	Reklamationsquote, Ersatzteilliefergeschwindigkeit
Kundenbindung, Kundennähe	Kundenzufriedenheits-Index (Umfrageergebnisse)
	Lagerbestände, Lieferschnelligkeit
	Kosten
	Ergebnisse, Deckungsbeiträge
	Renditen (ROI, ROS)
	Innovationsquote

Qualitative Zielgrößen	Quantitative Zielgrößen
	Cross-Selling Quote
	Bearbeitungszeit von Beschwerden (in Stunden oder Tagen)
	Kundenzahl
	Besuchsfrequenzen, Zahl der Besuche pro Mitarbeiter/pro Jahr
	Umsatz/Besuchsquote (in Euro)
	Umsatzwachstum gegenüber der Vorperiode
	ABC Analyse (Großkunden, Kleinkunden-anteil)
	Neukunden-Altkunden Verhältnis
	Angebotserfolgsquote
	Pro-Kopf Umsatz Außendienstmitarbeiter
	Außenstände (in Euro und nach 30/60/90/180/360 Tagen)

Vergleichsrechnungen dienen hierbei zur Kontrolle der erreichten Werte, um Abweichungen zu ermitteln. Abhängig von Ziel und verfügbaren Daten gibt es drei Arten:

1. Soll-Ist Vergleich

stellt die Plandaten (Soll) den erreichten Werten (Ist) gegenüber. Es ergibt sich die Abweichung von der Planung und es können Gegenmaßnahmen getroffen werden.

2. Zeitvergleich

Beim Zeitvergleich werden aktuelle Kennzahlen wie Umsatz, Deckungs-beiträge, Kundenwachstum, Auftragseingang aus vergangenen Zeiträumen gegenübergestellt. Allerdings nur im Vergleich mit eigenen Leistungen im eigenen Unternehmen.

3. Branchenvergleich

Benchmarking erlaubt einen Vergleichsmaßstab mit Durchschnittswerten aus der eigenen Branche. Beim Best-practice-Ansatz werden die besten Werte der Branche oder Industrie hinzugezogen, um das bestmögliche Ergebnis anderer Unternehmen ins Verhältnis zu setzen.

Ein Beispiel eines Business-to-Consumer (B2C) Direktvertriebs zeigte dabei, dass die immensen Investitionen in die Neukundenakquisition nicht die nachhaltige Wertschöpfung erbrachte, die man sich für die ersten drei Jahre erhofft hatte. Trotz modernster CRM Systeme war die Wertschöpfung pro Kunde bereits nach drei Jahren schon wieder abnehmend. Die Kosten der Neukundengewinnung, um die Bestandskunden abzuschöpfen, deckten nur leicht die Kosten für die Neukundenakquise über klassische Vertriebswege (wie Telemarketing und Email-Kampagnen, die eine hohe Investition in qualifizierte Adressen erforderte). In manchen Jahren hatten 30 % der im Vorjahr akquirierten Kunden nicht mehr gekauft (Abschmelzungsquote). An diesem Beispiel erkennt man bereits, wie man sich von Anfang an Gedanken über die richtigen und wichtigen Kennzahlen machen sollte, bevor die Ergebnisse das Marketing und den Vertrieb überraschen.

Kennzahlensysteme sollen dabei so aufgebaut sein, dass die erforderlichen Informationen regelmäßig und automatisch kommen. Es ist zunächst zu prüfen, welche Informationen und Kennzahlen mit welchem Aufwand und in welcher Regelmäßigkeit zu beschaffen sind. Eine schnelle Übersichtlichkeit ist ebenso wichtig, da man sonst im Zahlendschungel die wesentlichen Kennzahlen übersieht. Hier nun eine Checkliste, um die Anforderung von Kennzahlen zu bewerten:

Anforderung an Kennzahlen	Trifft zu	Trifft nicht zu	Maß-nahmen
Kennzahl mit einem operativen und strategischen Ziel oder Vorgabe verbunden			
Kann anhand der Kennzahl das Erreichen des gewünschten Ziels auf Unternehmens-/Bereichs-/Team- und Mitarbeiterebene abgelesen werden?			
Sind Kennzahlen vergleichbar? (z. B. Ermittlung durch die gleiche Methode und einheitliche Bezeichnung und Einheit)			
Sind Kennzahlen übersichtlich aufbereitet? (1 Seite auf dem Monitor oder Papier, Management Cockpit View und One-Sheet-Controlling)			
Können Kennzahlen effektiv ausgewertet werden?			

Anforderung an Kennzahlen	Trifft zu	Trifft nicht zu	Maß- nahmen
Sind die Kennzahlen aus verschiedenen Abteilungen vergleichbar und werden sie aus den übergeordneten allgemeineren Kennzahlen abgeleitet?			
Messen die 5 Schlüsselkennzahlen die entscheidende Leistung in der Strategieumsetzung?			
Haben Sie max. 2 Kennzahlen pro strategischem Ziel? (z. B. Neukundenwachstum, Umsatzabweichung, Kundenrendite, Außenstände, Marktanteil, Kundenzufriedenheit)			
Treiben die Kennzahlen die zukünftige Entwicklung des Bereichs voran und lassen sich Beteiligte, vom Mitarbeiter zum Vertriebsdirektor, daran messen, belohnen und bestrafen? (konsequente Leistungskontrolle)			
Wird mit den Kennzahlen das gewünschte Verhalten bzw. der erforderliche Verhaltenswechsel gelenkt?			

7.3 Methoden für Prognoseverfahren (Sales Forecasting)

Zur Erstellung von Budgets sind Planungen über die zukünftige Entwicklung von Umsätzen, Auftragseingängen, Einzahlungen, Auszahlungen etc. wichtig. Im Sales Forecasting kennt man zwei Methoden: Qualitative und Quantitative Verfahren.

Während qualitative Verfahren subjektive Einschätzungen von Experten oder Expertengruppen zur Prognoseerstellung nutzen, basieren quantitative Prognosen auf mathematisch-statistischen Verfahren. Qualitative Prognoseverfahren eignen sich daher eher für langfristige strategische Prognosen und quantitative Verfahren für kurzfristige Planungen. Eine Balance zwischen beiden Methoden gewährt einen möglichst realistischen Blick.

Qualitative Verfahren sind:

1. Delphi-Technik: In verschiedenen Stufen wird von Expertengruppen eine möglichst einheitliche Prognose zu einem Sachverhalt entwickelt.

2. Szenariomethode: Hier wird erarbeitet, welche Einflussfaktoren unter welchen Annahmen eine zukünftige Situation beeinflussen. Für unterschiedliche Rahmenbedingungen oder Zukunftszustände werden jeweils Szenarien für die zukünftigen Entwicklungen skizziert.

3. Expertenbefragungen: Sie geben ihre Einschätzung bezüglich künftiger Entwicklungen ab. Experten setzen sich aus Verkaufspersonal, Verbandsexperten, Händlerrepräsentanten oder Wissenschaftlern zusammen.

Quantitative Verfahren sind:

1. Gleitende Durchschnitte
   (z. B. Durchschnittsumsatz der letzten drei Monate)

2. Exponentielle Glättung

3. Wachstumsfunktionen

4. Regressionsanalyse

Diese Verfahren sollen für eine erfolgreiche und möglichst genaue Planung der Vertriebsgrößen sorgen und haben mit ihrer Genauigkeit der Vorhersehbarkeit einen wesentlichen Einfluss auf Cash Flow Management und die Supply Chain (von der Produktion zur Lagerlogistik).

Ein Beispiel, wie einfach und stringent Kennzahlen und Vorschauverfahren täglich elektronisch benutzt werden können, zeigt die Vertriebsorganisation von Cisco Systems (Marktführer Netzwerklösungen). Täglich werden die neuen Aufträge, die bei Cisco von Großkunden, Distributoren oder Internet Service Providern eingehen, erfasst und allen Beteiligten in einem CRM-System mit einem Vorschau (Forecast) Modul zur Verfügung gestellt. Zusätzlich werden die fakturierten Umsätze transparent gemacht. Die Vorschau (Forecast) zeigt dabei auf die laufende Woche, den Monat, das nächste Quartal, Halbjahr und Jahr (die nächsten 12 Monate). Insbesondere die laufenden Projekte mit Kunden, Fachhändlern und Distributoren werden von Account Managern zweimal wöchentlich gepflegt, um die „Auftragspipeline" der nächsten 12 Monate abzuschätzen, die wertvolle Informationen für die Produktion, Lagermanagement sowie Supply Chain Management enthält. Vertriebsleiter konsolidieren somit wöchentlich den Forecast, Direktoren und Vice Presidents ebenso, sodass der CEO täglich eine sehr aktuelle und realistische Vorschau erhält, die es Cisco Systems über mehr als 20 Quartale seit Einführung ermöglicht hat, fast auf den Cent genaue Prognosen für die Gewinnerwartung an die Analysten zu geben. Die Forecastgenauigkeit liegt hier bei +/- 5 % auf Bereichsebene über den nächsten Monat und Vertriebsleiter werden entsprechend nach der Prognoseexaktheit vergütet.

Neben der Prüfung der Relevanz der Kennzahlen ist die Bildung von Kennzahlen schlussendlich ausschlaggebend.

Eine Checkliste zur Prüfung der Relevanz soll hier für die eigene Einschätzung hilfreich sein.

Kennzahl		Wichtig für uns	Eher unwichtig für uns
A.	**Effizienz der Verkaufsleistung**		
A1	Verhältnis Aufträge zu Angebote (Trefferquote)		
A2	Anzahl Besuche/Aufträge		
B.	**Wirtschaftlichkeit des Vertriebs**		
B1	Entwicklung des Deckungsbeitrags (DB) pro Produkt, Kunde, Verkäufer, Auftrag		
B2	Umsatz/Anzahl Besuche		
B3	Reisekosten/Umsatz		
B4	Marketingkosten/Umsatz pro Produktlinie, Zielgruppe		
B5	Lagerumschlag		
C.	**Zielerreichung**		
C1	Soll-Ist Vergleich in Einheit oder Prozent		
C2	Soll-Ist Vergleich im Zeitraum (Woche, Monat, Quartal, Jahr). Das Jahr enthält saisonale Schwankungen! Unterschiedlich in B2B/B2C Märkten.		
C3	Akquisitionsdefizit (Jahresziel/Umsatz zum jetzigen Zeitpunkt) plus hochwahrscheinliche Angebote (>80 %)		
D.	**Grad des Potenzials**		

Kennzahl		Wichtig für uns	Eher unwichtig für uns
D1	Kunden/Anzahl relevanter Kunden im Gebiet		
D2	Umsatzsteigerung/Marktwachstum		
D3	Umsatzentwicklung Produktmix, Produkte		
D4	ABC Kundenanalyse		
D5	Entwicklung Kundenbesuche (Neukunden, Bestandskunden bzw. Techniker, Einkäufer, Abteilungsleiter, Geschäftsleiter)		
D6	Analyse Vertriebswege (Umsatz, Profit von Messevertrieb, Veranstaltungen, Mailings, Telefon, Internet)		

Kennzahlen dienen somit zur verbesserten Entscheidungsvorbereitung, die relevante Informationen für die Vertriebsleistung konzentriert und in quantifizierbarer Form darstellen, um die Überwachung zu vereinfachen und anschließende Verbesserung vorzubereiten. Vertriebsinformationssysteme wie SAP, Siebel, Salesforce und andere bieten hier Lösungen, die sich genau auf Ihren Bedarf anpassen lassen.

Vorteile von Kennzahlensystemen sind daher:

- Als Frühwarnsystem Auffälligkeiten und Veränderungen zu erkennen.
- Kritische Kennzahlenwerte (KPIs = Key Performance Indikators genannt) werden als Zielgrößen für unternehmerische Teilbereiche ermittelt.
- Ermöglichen schnellen Soll-Ist Überblick wie zum Beispiel Umsatzabweichung.
- Unterstützen die konkrete Formulierung von speziellen Zielen für das bevorstehende Geschäftsjahr.
- Dienen den Mitarbeitern und Managern als Vorgabe zur Eigenkontrolle (z. B. Anzahl Kundenbesuche, um den beabsichtigten Umsatz auf Basis von Erfahrungswerten zu akquirieren).

Messbare Erreichung der strategischen Ziele durch den Balanced Scorecard (BSC) Ansatz:

Das Prinzip der BSC gibt Antworten auf die Messbarkeit durch geeignete Messkriterien in Bezug auf Ziele und abzuleitende Maßnahmen. Mit der

„gewichteten Punkte-Karte" werden Unternehmensziele in Form von Kennzahlen in einer modernen Form eines Kennzahlensystems abgebildet. Die Idee ist die „1-Blatt Übersicht" mit den präzisen Zielwerten hinsichtlich der Kundenzufriedenheit, Shareholder Value, Marktanteil und Ergebnis, die in einer bestimmten Periode erreicht werden sollen. Die rein finanzorientierten Kennzahlen reichen für ein optimales Vertriebscontrolling nicht mehr. Um das Gleichgewicht zwischen langfristigen Strategien und kurzfristigen Veränderungen zu steuern und zu balancieren, müssen sämtliche Einflussfaktoren des Systems berücksichtigt werden. Aus diesem Grunde betrachtet die BSC vier Bereiche: Finanzen, Kunden, Prozesse und Potenziale. Die Strategien und Ziele für diese Bereiche werden durch Indikatoren, Größen und Kennzahlen bewertet und dokumentiert und nach Bedeutung gewichtet. Neben den harten Faktoren wie Finanzen werden auch weiche Faktoren wie die Kunden- oder Mitarbeiterzufriedenheit messbar gemacht. Hieraus ergibt sich die Struktur der BSC.

Beispiel einer BSC: Bereich **„Kunde"**:

Gewichtung: 20 %

Strategie/Ziele: Kundenbindungsprogramm durch Cross-Selling, Neukundenwachstum gegenüber Vorjahr, Steigerung der Kundenzufriedenheit zum Vorjahr

Messkriterien: Akquiriertes Neugeschäft, Cross Selling Quote, Zeit zur Bearbeitung von Beschwerden, Kundenbefragungen

Zielvorgabe: Neugeschäftsquote: +15 % gegenüber Vorjahr
Cross Selling Quote: +10 %
Bearbeitungszeit von Beschwerden: max. 48 Stunden

Maßnahmen: Telemarketing, Angebotspakete, Call-Center mit 24-Stunden Verfügbarkeit

Verantwortlich: Fr. Huber

Zusammenfassend haben wir verschiedene Kennzahlen und Bewertungssysteme für das strategische und operative Vertriebscontrolling kennengelernt. Ohne kontinuierliche Verbesserung der eigenen Leistung fällt man schnell im Wettbewerbsstrom zurück. Messen und Maßnahmen aufsetzen heißt die Maxime zum Handeln und erfolgreichen Vertriebsmanagement.

7.4   Steuerung und Kontrolle des Akquisitionsprozess mit Hilfe von Sales Funnel Management

Verkaufsmitarbeiter zu führen ist eine teilweise schwierige Aufgabe. Die Qualitäten, für die diese eingestellt werden, wie z. B. Kontaktstärke, Empathie, Kreativität, Präsentationskompetenz, aktive Verkaufszeit beim Kunden usw., ermutigen die Mitarbeiter/innen in der Regel nicht, administrative Berichte wie Besuchsberichte und vorausschauende Planungen (Forecasting) zu erstellen.

Um eine Trefferquote, wie sie noch genauer besprochen wird, zu messen, sollten die Aktivitäten in einem **Verkaufstrichteransatz (Sales Funnel)** oder in einem Verkaufsprozess beschrieben und ausgewertet werden. Aufgrund der Analyse über längere Zeiträume lassen sich Erfahrungswerte sammeln, die als Vorgaberichtlinie dienen können. Ein Verkaufstrichter und die Bewertung der Abschlusswahrscheinlichkeiten im Vertrieb sind Instrumente, die der Verkaufsmannschaft und der Vertriebssteuerung helfen können, die notwendigen Daten für die Geschäftsleitung zu sammeln und zu aggregieren.

Abbildung 20: Verkaufstrichter mit Phasen

Der in mehrere Phasen zerlegbare **Akquisitionsprozess** kann mit Hilfe des „Sales Funnel Management" – Steuerung durch den Verkaufstrichter – optimiert werden (siehe Abbildung 18 „Verkaufstrichter mit Phasen"). Ziel ist es, die potenziell erfolgreichen Projekte auszuwählen. Mathematisch kann dies durch Markov-Ketten unterstützt werden. Für die Praxis zeigen wir hier einfachere Möglichkeiten. Die Aussagen über die Auftragsgewinnung für einzelne Projekte können in der Regel nur in Form von Wahrscheinlichkeiten angegeben werden. Dafür benötigt der Vertrieb und insbesondere der Verkaufsmitarbeiter ein Werkzeug, mit dem der Akquisitionsprozess zu jeder Zeit überblickt werden kann, um aussagefähig über den geplanten Umsatz zu sein. Die Bewertung kann durch vorgegebene Wahrscheinlichkeiten definiert und standardisiert sein. In der Praxis eignen sich Wahrscheinlichkeiten von 20 %, 50 %, 70 %, 80 %, 90 % und 100 %, die mit klaren Kriterien hinterlegt werden. Der Trichter, der auch im Bereich Produktentwicklung zu finden ist, beschreibt den Prozess der Neukundenakquisition, indem identifizierte Projekte evaluiert werden. Hierbei sollte die Anzahl der Projekte, die in der Stufe nach oben rutschen, über die Zeit abnehmen. Ist ein Projekt fakturiert, wird es nicht mehr im Funnel Management/Forecastprozess geführt. Am Ende des Akquisitionsprozesses ist also eine bestimmte Anzahl an Projekten abgeschlossen und in der Abwicklungsphase. Um dies zu erreichen, wird aus den Erfolgswahrscheinlichkeiten abgeleitet, wie viele Projekte in den einzelnen Stufen verbleiben sollten. Gleichzeitig füllen neue Projekte die sog. Pipeline (engl. Röhre) auf der untersten Stufe (z. B. 20 %) auf. Über die Zeit und die verbesserte Vertriebsarbeit soll die Zahl der neuen Projekte zunehmen und von Jahr zu Jahr sollte sich die Qualität der Vorhersagbarkeit aufgrund der Wahrscheinlichkeiten verbessern – also exakter werden. Aktuelle Entscheidungen und Neuigkeiten über den Status des Projekts werden wöchentlich im Vertriebsmeeting oder in einer Telefonkonferenz besprochen.

Projektbewertung		
Kriterium	**Wahrscheinlichkeit (p)**	**erledigt**
IST Situation bekannt		ja
Wettbewerb bekannt		ja
Kundenbudget vorhanden/verhandelt		ja
Live-Demo zu angebotenen Produkten		ja
Angebotene Lösung passt zum Finanzbudget des Kunden		ja
Entscheider identifiziert	50 %	
Angebotene entspricht dem technischen Bedarf des Kunden	50 %	muss alles erfüllt sein
Leasing gibt OK (ausgenommen Kauf)	50 %	
Angebotsbeiblatt (Kalkulation) von der Vertriebsleitung genehmigt/unterschrieben	50 %	
Kunde hat Angebot erhalten	50 %	
Angebot wurde mit dem Entscheider besprochen (Vorteile/Nutzen)	75 %	
Entscheiderzusage mündlich	90 %	
Unterschriebener Vertrag/schriftliche Bestellung/Auftragsbestätigung	100 %	

Abbildung 21: Beispiel-Kriterien für die Pipeline-Projektbewertung
(Fachhändler Drucksysteme)

Kennt das Unternehmen die zeitliche Länge der Phasen und die Wahrscheinlichkeiten des Abschlusses (sog. Hit Rate oder Trefferquote) mit denen Projekte in die nächste Phase des Akquisitionsprozesses erreichen, kann der zu erwartende Umsatz zu jedem zukünftigen Zeitpunkt abgeschätzt und durch entsprechende Maßnahmen unterstützt werden. In der Weiterbildungsbranche sind zum Beispiel Verkaufszyklen von 3-9 Monaten üblich. Ein international tätiges Unternehmen konnte mit dem Sales Funnel Management (hier: Analyse) die Genauigkeit auf 55 Tage errechnen. Das bedeutet, dass Angebote, die nach 60 Tagen nicht entschieden wurden, nur noch 20 % Abschlusswahrscheinlichkeit haben. Im Umkehrschluss können also Angebote zu 80 % nach 2 Monaten eingefahren werden. Die Trefferquote kann dabei 4 Angebote zu 1 Abschluss betragen, was wiederum eine Hit Rate (Erfolgsquote) von 25 % ergibt. Die Auftragsgewinnungswahrscheinlichkeit wird also aus Erfahrungswerten und Vergangenheitsdaten gebildet und soll durch subjektive Einschätzung des Kundenbetreuers angepasst werden. Es empfiehlt sich, die Erfolgswahrscheinlichkeiten nicht einfach bei einer Änderung zu überschreiben, sondern diese über einen Zeitraum (1 Jahr) sorgfältig zu dokumentieren und am Jahresende zu analysieren (z. B. im Mitarbeitergespräch).

Bei der Planung ist daher die erste und zentrale Herausforderung an das Vertriebsmanagement, eine dem jeweiligen Unternehmen und der Situation angemessene Pipeline zu konstruieren. Um der „Pipeline-Problematik" zu entweichen, kann der Vertrieb die Pipeline aktiv gestalten und managen, sodass die Akquisition effektiv und effizient erfolgt. Das ist die Aufgabe und das Ergebnis von Schlagzahlmanagement. Zu entscheiden, welche Projekte weiter fortgeführt und finanziert werden (Bsp. Teileentwicklung in der Automobilzuliefererindustrie), ist Teil der Pipeline-Problematik.

Das Verkaufsmanagement definiert bei der strategischen Planung ein Ziel, wie viele Projekte, in welcher Größenordnung final realisiert werden sollen und berücksichtigen dann entsprechend die benötigten personellen und *finanziellen* verkaufsunterstützenden Ressourcen. Diese Informationen sollten auch genutzt werden, um über die Erfolgswahrscheinlichkeiten eine numerische Sollvorgabe für die Anzahl der Projekte je Stufe im Trichter berechnen zu können. Hierzu wird die Realisierungsvorgabe durch die jeweiligen Auftragsgewinnungswahrscheinlichkeiten dividiert.

Werden hierbei die in der Pipeline befindlichen Projekte/Angebote je Stufe als IST-Wert angegeben, so kann ein Zielerreichungsgrad je Phase des Akquisitionsprozesses als Quotient aus Ist und Sollwert angegeben werden. Der „äußere" Rand des Verkaufstrichters beschreibt dabei die Sollvorgaben.

Konkrete Verbesserungsmöglichkeiten sind hier einerseits die Kapazitäten des Außendienstes bei der Informationssammlung oder eine verbesserte Auswahl, welche Projekte z. B. in die dritte Phase gehen. Weil sich Akquisitionen über mehrere Phasen erstrecken und sich die Informationsqualität über die Zeit verbessert, wird es für den Vertriebsmitarbeiter einfacher, welche Projekte er in Zukunft weiterverfolgen wird. Auf der Basis von Daten zu Akquisitionsprojekten eines branchengleichen Unternehmens kann der **optimale Akquisitionsaufwand** ermittelt werden.

Akquisitionsprozesse im Lösungsgeschäft sind in der Regel komplex und daher benötigt das Management für das Vertriebscontrolling geeignete Tools. Das Konzept des Sales Funnel Management wird durch Softwareanbieter wie Salesforce.com, Siebel CRM(Oracle) oder Microsoft Dynamics CRM in der Praxis unterstützt – am Arbeitsplatz wie auch unterwegs. Das Sales Funnel Management ist somit Bestandteil des Vetriebscontrolling und ein Instrument zur Strukturierung sowie zur Entscheidungsunterstützung. Außerdem können mit dem Funnel-Management Schwächen im Akquisitionsprozess aufgedeckt und das Einschätzen von Abschlusswahrscheinlichkeiten im Sinne von Genauigkeit verbessert werden. Verkaufsmitarbeiter erhalten zusätzlich Rückmeldung über Ihre Effektivität in der Akquisephase.

Der Nutzen der „Trichterthematik"

Dies beinhaltet auch die Verantwortung des Mitarbeiters und des Vertriebsleiters, die Vorausschau und die Bewertung von Umsatzwahrscheinlichkeiten möglichst genau und regelmäßig zu pflegen. Daraus resultieren auch klare Regeln für die tägliche Arbeit und je nach „Forecastgenauigkeit" auch die zeitliche Achsen, die in der Praxis zwischen einer Woche und 12 Monaten variieren.

Der Trend in Europa geht klar in Richtung Wochen-Forecast, und das bedeutet möglicherweise einen sehr hohen Aufwand für den Verkäufer, seine Abschlusswahrscheinlichkeiten im Projekt und Lösungsgeschäft jeweils montags und freitags nach bestem Wissen und Gewissen an sein Management zu rapportieren. Hier sind gemeinsam Kriterien zur Bewertung zu definieren und Kategorien wie „Identifiziert", „Qualifiziert", „Angebot", „Gebucht" und „Fakturiert" festzulegen. Dabei wird die Wahrscheinlichkeit in Prozent (%) für jede Verkaufschance oder jedes Angebot festgelegt, um einem Bericht für das Management zu generieren.

7.4.1 Die 5 Stufen des Verkaufstrichters

Die 5 Stufen des Verkaufstrichters und die entsprechenden Aktivitäten pro Prozessschritt werden wie folgt beschrieben.

1. Potenzieller Kunde

- Definition der Geschäftsbedürfnisse des Kunden

- Identifikation der Möglichkeit und Abschätzung des Budgets

2. Qualifizierung

- Rückbestätigung, ob alle Bedürfnisse und Anforderungen erfasst wurden

- Entwicklung der Lösung (evtl. mit einem indirektem Wiederverkäufer oder Systemintegrator)

- Einbeziehung der relevanten Entscheidungsträger des Kunden

- Verstehen des Selektions- und Entscheidungsprozess des Kunden

3. Angebot

- Lösungsentwicklung mit messbaren ROI (Mehrwert)
- Konfiguration, Preisbestimmung, Präsentation der Lösung
- Einfordern vom Kundenfeedback, ob die Lösung den Bedarf deckt

4. Vereinbarung

- Kunde nimmt Stellung zum präferierten Anbieter und genehmigt das finale Lösungsangebot
- Kostenrahmen für die Lösung wird genehmigt
- Einkaufsprozess für die Einkaufsabwicklung ist bekannt

5. Abschluss (Vertrag)

- Von der schriftlichen Angebotszusage zum Kaufvertrag und Ausstellung des Auftrags an den Anbieter (purchase order)
- Bestellung der Ware (intern) und benötigter technischer Ressourcen
- Ausarbeitung des Implementierungsablaufs mit dem Kunden anhand von vorgegebenen Abgabe-, Liefer- oder Installationsterminen inkl. vereinbarter Abnahme durch den Kunden (Übergabe).

7.4.2 Die 5 Schritte für ein erfolgreiches Verkaufstrichter-Management

1. Planung

2. Rückblick 30 Tage

3. Rückblick und Auswertung Quantität

4. Rückblick und Auswertung Qualität

5. Vorausschau

Die folgende Abbildung zeigt 4 Schritte. Der „30 Tage Rückblick" ist in der „Rückblick Quantität" enthalten.

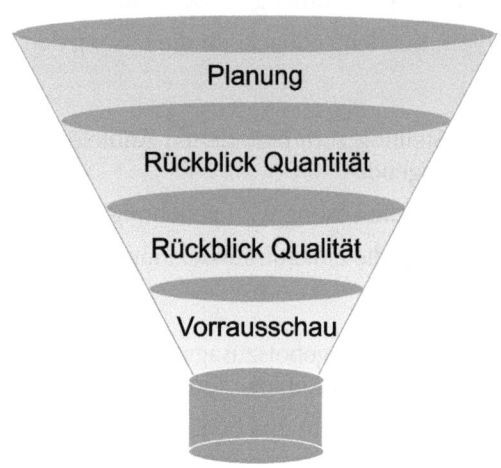

1. Planung

In der Planungsphase soll der Portfolio-Mix der Produkte definiert werden (Laufende Produkte und Produktneuheiten). Ebenso wird hier die Volumengröße des Verkaufstrichters (Geldeinheit) festgelegt. Zeitdauer für die einzelnen Stufen des Verkaufstrichters und die Konvertierungsraten sind zu betrachten und für die nächste Periode zu berechnen.

Die Abschlussfrage:

Was benötigen wir im Trichter (Projekte, Produkte, Umsatzgrößen), um die kurz- und langfristigen Ziele zu erreichen?
(Kurzfristig = ca. 30 Tagen; langfristig: ca. 30-180 Tage)

2. Rückblick 30 Tage (oder länger)

Folgende Fragestellungen sind bei dem Rückblick hilfreich (3 Bereiche):

a. Welche Ergebnisse haben wir heute im Vergleich zum Plan?

    a1. Was waren die bedeutenden geschäftlichen Ergebnisse, die wir erreicht haben?

    a2. Wie sind die Resultate im Vergleich zu dem, was erwartet wurde?

    a3. Wurde die Prognose (engl. Forecast) erreicht?

a4. Welche Verkaufsmöglichkeiten (Projekte) wurden gewonnen und waren diese in der Prognose enthalten?

a5. Welche Verkaufsmöglichkeiten (Projekte) wurden verloren und waren diese in der Prognose enthalten?

a6. Welche Veränderungen, Verschiebungen oder Bewegungen gab es im Verkaufstrichter?

b. Welche Verkaufsaktivitäten wurden unternommen im Vergleich zum Plan?

b1. Welche neuen Projekte kamen hinzu, um die Pipeline aufzufüllen?

b2. Welche Projekte sind aus dem Trichter herausgefallen (z. B. Projekte für August 2009 in Mai 2010 und damit aus dem 180 Tage Zeitraum)?

c. Was können wir daraus lernen und was sollten wir in Zukunft anders machen?

c1. Welche Überraschungen gab es?

c2. Was hat gut funktioniert (z. B. realistische Einschätzung der Verkäufer)?

c3. Was hätte anders gemacht werden müssen und welche Konsequenzen hat das für die nächste Trichterbetrachtung?

3. Rückblick und Auswertung Quantität

In diesem Schritt wird der aktuelle Trichter mit dem optimalen Trichter verglichen.

Insbesondere sind zwei Dimensionen auszuwerten:

a. Dimension Größe:

Eingang und durchschnittliches Umsatzvolumen von Neugeschäft.

Hilfreiche Fragestellungen zur erfolgreichen Bearbeitung:

- Gibt es ausreichend Verkaufsmöglichkeiten (Neugeschäft) im Trichter?

- Gibt es ausreichend Projekte in jeder der 5 Stufen des Trichters (Potenzieller Kunde, Qualifizierung, Angebot, Vereinbarung, Abschluss)?

- Unterstützen die Opportunitäten in den letzteren Stufen den Kurzzeit-Forecast?

- Unterstützen die Opportunitäten in den ersten Stufen die Kriterien für den Geschäftsausblick?
- Wie verhält sich die durchschnittliche Angebotsgröße der Projekte (z. B. 17.600 Euro aktuell) in jeder Stufe zu der beabsichtigten durchschnittlichen Projektgröße (z. B. 20.000 Euro)?
- Ist der Zugang an neuen Projekten ausreichend (Schlagzahl)?

Ihre Checkliste zur Trichterquantität: Beantworten Sie die Fragen nach einer Skala: 1 = Das Thema haben wir nicht im Griff bis 10 = Wir sind perfekt und haben kein Handlungsbedarf oder ggfs. mit Ja/Nein

Trichtermanagement (Größe)	Bewertung (1...10) oder Ja/Nein
Gibt es ausreichend Verkaufsmöglichkeiten (Neugeschäft) im Trichter?	
Unterstützen die Opportunitäten in den letzteren Stufen den Kurzzeit-Forecast?	
Unterstützen die Opportunitäten in den ersten Stufen die Kriterien für den Geschäftsausblick?	
Ist der Zugang an neuen Projekten ausreichend (Schlagzahl)?	

b. Dimension Form des Trichters:

Bei der Diagnose der Form eines Trichters können verschiedene Formen definiert werden, die entsprechenden Handlungsbedarf signalisieren.

Form A – Die Rutschrinne

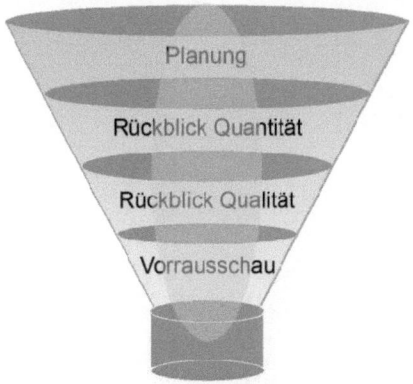

Wurden hier alle möglichen Verkaufschancen aufgedeckt? Es gilt bei dieser Form darauf zu achten, dass alle Verkaufschancen aufgegriffen und verfolgt werden. Es ist zu prüfen, ob ausreichend Geschäfts- und Leadgenerierung stattfindet, insbesondere in Zusammenarbeit mit dem Pull-Marketing. Ist die Erkundung von Verkaufsmöglichkeiten und die Akquisetätigkeit im Sinne von notwendiger Schlagzahl pro Verkaufs-mitarbeiter ausreichend, und welche Beziehungstiefe besteht zu den Schlüsselkunden, um dort ein neues Geschäft zu akquirieren? Die zentrale Frage ist auch je nach Geschäftsmodell (B2C, B2B), ob der Fokus bei der Neugenerierung auf Stammkundenakquise oder Neukundenakquise liegt. Es sei bemerkt, dass der Aufwand für Neukundenakquise ca. 5-mal höher ist, als einem bestehenden Kunden etwas Neues aus dem eigenen Hause zu verkaufen. Durch up-selling oder cross-selling Aktivitäten kann der Verkaufstrichter gerade im B2B Bereich meistens ausreichend gefüllt werden. Im B2C Bereich ist die Neukundenakquise ebenso unverzichtbar und sollte mind. 20 % der Akquisetätigkeit ausmachen. Der Kontakt auf der Top-Managementebene (C-Level Selling) kann hier bei entsprechender Forcierung große Volumen generieren, die sich jedoch nur langsam ergeben werden- also keine Quick-Wins. In der Regel ist es typisch bei dieser Form des Trichters, dass der Vertrieb die Prioritäten des Kunden und die Bedürfnisse des Kunden nicht richtig und/oder ausreichend erfasst hat. Mit dem Ansatz des beratungsorientierten Verkaufsstils lässt sich hier auf Dauer ein ausreichend großes Volumen für die ersten Stufen im Trichter generieren.

Form B – Das Sandglas

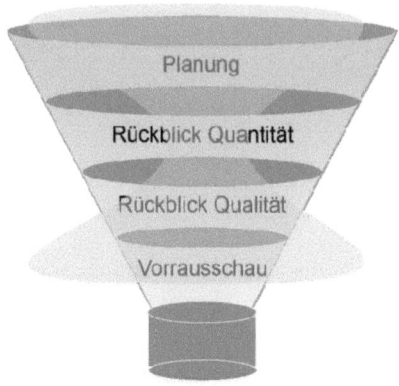

Typisch für diese Form sind ausreichend Neugeschäfte in den ersten Stufen und zu viele Projekte, die in den letzten Stufen nicht zur Vertragsunterzeichnung gelangen. Hier gibt es 5 Punkte zu klären:

1. Wird ausreichend Zeit für die Bedarfsanalyse der Kunden verwendet, um anschließend stark individualisierte Lösungen zu entwickeln?

2. Sind die formalen und informellen Entscheidungsprozesse bekannt?

3. Wurden die Nutzen für den Kunden im Angebot effektiv kommuniziert und sind diese mit den jeweiligen genannten Bedürfnissen erkennbar?

4. Wird zu viel Zeit auf erfolglose Opportunitäten verwendet, die evtl. längst verloren sind, aber für den Vertriebsmitarbeiter noch eine Hoffnung beinhalten? Hier sollte nach klaren Kriterien regelmäßig nach entsprechendem Kundenanruf bzw. vor-Ort-Kontakt „ausgemistet" werden. Bei 25 gleichzeitigen Verkaufszyklen sollten max. 20 % als höchstwahrscheinlich eingestuft werden.

5. Wie genau ist die Qualifizierung der Abschlusswahrscheinlichkeiten in der Abschlussphase (Grad der subjektiven Beurteilungsqualität)?

Tipp: Beantworten Sie die Fragen nach einer Skala: 1 = Das Thema haben wir nicht im Griff bis 10 = Wir sind perfekt und haben kein Handlungsbedarf oder ggfs. mit Ja/Nein

Kompetenz bei Sandglas-Form	Bewertung (1..10) oder Ja/Nein
Sind die formalen und informellen Entscheidungsprozesse bekannt?	Ja O Nein O
Wird ausreichend Zeit für die Bedarfsanalyse der Kunden verwendet, um anschließend stark individualisierte Lösungen zu entwickeln?	Ja O Nein O
Wie genau ist die Qualifizierung der Abschlusswahrscheinlichkeiten in der Abschlussphase (Grad der subjektiven Beurteilungsqualität)?	
Wird zu viel Zeit auf erfolglose Opportunitäten verwendet, die evtl. längst verloren sind, aber für den Vertriebsmitarbeiter noch eine Hoffnung beinhalten?	Ja O Nein O
Wie gut haben wir das im Griff?	

Form C – Ball

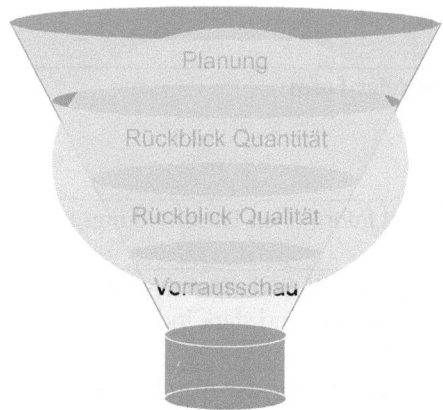

Dies ist eine „gefährliche" Form. Es werden nicht ausreichend neue Projekte generiert und es zeigt sich ein Defizit in den Abschlussstufen. Es sind zwar ausreichend Angebote erstellt worden, aber die Frage ist, ob sich die Verkäufer ausreichend im Entscheidungsprozess des Kunden engagieren.

Folgende Fragestellungen können hilfreich sein und Verbesserungen schaffen:

- Haben wir ausreichend Klarheit über die Zukunftspläne und Erfolgsfaktoren des Kunden in seinem Geschäft?

- Wie gut kennen wir das Profil der Geschäftseinheiten und die finanziellen Gegebenheiten (Liquidität, Bonität)?

- Gibt es eine Veränderung im politischen Bereich des Unternehmens, die die Entscheidung beeinflusst?

- Wie gut ist unsere Kundenbeziehung im Vergleich mit dem Wettbewerb?

- Wie gut ist unser Mehrwert für den Kunden sichtbar und messbar?

- Beeinflusst unsere Kundenhistorie dieses Projekt positiv oder gibt es Störfaktoren?

Tipp:

Beantworten Sie die Fragen nach einer Skala: 1 = Das Thema haben wir nicht im Griff bis 10 = Wir sind perfekt und haben keinen Handlungsbedarf oder gegebenenfalls mit Ja/Nein

Kompetenz bei der Ball-Form	Bewertung (1...10) oder Ja/Nein
Wir hoch ist unser Verständnis über die Zukunftspläne und Erfolgsfaktoren des/der Kunden in seinem Geschäft?	
Wie gut kennen wir das Profil der Geschäftseinheiten und die finanziellen Gegebenheiten (Liquidität, Bonität)?	
Wie gut ist unsere Kundenbeziehung im Vergleich mit dem Wettbewerb?	
Wie gut ist unser Mehrwert für den/die Kunden sichtbar und messbar?	
Beeinflusst unsere Kundenhistorie dieses Projekt positiv oder gibt es Störfaktoren?	Ja O Nein O

Form D – Dreieck:

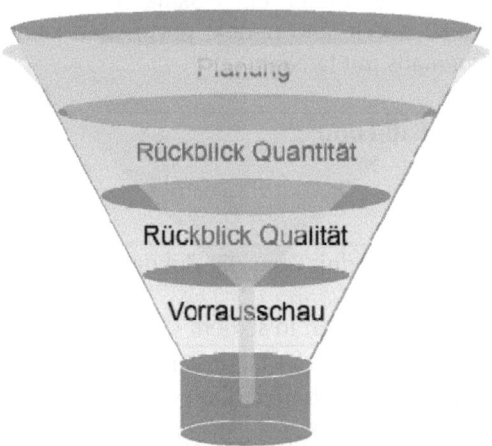

Diese Form zeigt, dass ausreichend Neugeschäft generiert wird, jedoch nicht hinreichend Projekte in die Abschlussstufen kommen. Es gilt hier, den Fokus auf die Selektion der „richtigen" Verkaufschancen zu legen. Durch gezielte Analyse in den ersten 3 Stufen lassen sich hier schnell Verbesserungen schaffen.

Folgende Fragestellungen können hilfreich sein und Verbesserungen schaffen:

- Was sind die Konsequenzen für die Realisierung von Umsatz, wenn Sie diese Möglichkeiten, Anfragen und Angebote zeitlich verschieben?

- Wie stark werden diese Projekte das Geschäft der Kunden wirklich beeinflussen?

- Wie hoch ist der „Kittelbrennfaktor"/die Dringlichkeit für diesen Bedarf?

- Handelt es sich hier um einige große Ausschreibungen, die das realisierbare Volumen verzerren?

- Wie gut passen unsere Angebote auf den Kundenbedarf (Konvertierung der Angebote in eine Zusage)?

- Konnte eine Ausschreibung im Vorhinein beeinflusst werden?

- Wie gut haben wir Kaufsignale identifiziert und Einwände präventiv behandelt?

- Haben diese Kunden uns für ein weiteres Angebot um Abgabe gebeten und kaufen in der Regel nur beim Wettbewerb (bestehender Partner)?

Tipp: Beantworten Sie die Fragen nach einer Skala: 1 = Das Thema haben wir nicht im Griff bis 10 = Wir sind perfekt und haben keinen Handlungsbedarf

Kompetenz bei Dreieck	Bewertung (1...10) oder Ja/Nein
Wie gut passen unsere Angebote auf den Kundenbedarf (Konvertierung der Angebote in eine Zusage)?	
Wir gut beeinflussen wir eine Ausschreibung im Vorhinein?	
Wie gut sind wir bei der Identifizierung von Kaufsignalen?	
Werden Einwände präventiv behandelt?	Ja O Nein O

4. Rückblick und Auswertung Qualität

In dieser Phase des Funnel Management geht es um die qualitative Analyse, indem einerseits der Verkauf mit dem Einkauf verglichen wird und welchen Einfluss die Kennzahlen Konvertierungsquote, Projektgröße und Eingabegröße haben.

Im folgenden Synchronisationsmodell wird der Kaufprozess mit dem Verkaufsprozess pro Ebene abgeglichen:

Trichter:

Einkauf		**Verkauf**
1. Problemanalyse	⇔	Potenzieller Kunde
2. Informationsrecherche	⇔	Qualifizierung
3. Bewertung der Alternativen	⇔	Qualifizierung
4. Lieferantenpräferenz	⇔	Angebot
5. Einkaufszusage	⇔	Vereinbarung

In der Synchronisation zwischen Verkauf und Einkauf geht es darum,

– ob die Verkaufsmöglichkeiten (Projekte) der richtigen Stufe im Einkaufsprozess gegenüberstehen

- ob es evtl. noch unentdeckte Sperren oder Blockaden aus den vorherigen Stufen des Verkaufsprozesses gibt und wie diese behoben werden können

Beeinflussende qualitative Messkriterien sollen kontinuierlich optimiert werden, um die Ergebnisse der einzelnen Stufen zu steigern.

Folgende Fragestellungen können hier hilfreich sein:

b1. Was kann getan werden, um die Anzahl der neuen Projekte zu erhöhen (Funnel Input rate)?

b2. Was kann getan werden, damit die Verkaufsmöglichkeiten (Projekte) schneller durch die Stufen des Verkaufstrichters gehen (z. B. Erhöhung der Konvertierungsraten durch frühzeitige Beeinflussung der Ausschreibungskriterien, technischen Spezifikationen etc.)?

b3. Was kann getan werden, um die durchschnittliche Größe der Projekte zu steigern (cross-selling, up-selling Potential, Bedarfsentwicklungstechnik mit entsprechenden Fragetypen)?

Folgende **Fragetypen** zielen auf die Vergrößerung des Kundenbedarfs ab, indem die Konsequenzen erfragt werden, falls der Kunde sich nicht für die beste Lösung entscheidet.

1. Zu Beginn:
   Orientierungsfrage: Was beschäftigt den Kunden?

2. Anschließend:
   Problemfragen: Wo drückt ihn der Schuh?

3. Danach:
   Auswirkungsfragen: Was passiert, wenn nichts passiert?

4. Zum Ende:
   Lösungsfragen: Welchen Nutzen bringt es dem Kunden aus seiner Sicht?

Hier soll der Kunden den Nutzen an sich selbst verkaufen.

Folgende Aktivitäten helfen in den 5 Phasen:

Phase/Fokus	Erhöhung der Trichter-Konvertierung	Erhöhung der Trichter Projektgröße
Potenzieller Kunde	Identifizieren, kontaktieren und Entwicklung der Geschäftsbeziehung mit allen Entscheidungsträgern und Beeinflussern	Verschieben des Fokus auf eine richtige Lösung bis der Geschäftsnutzen komplett verstanden wurde.
	Bestimmung der kritischen Kundeninitiativen in der Zukunft und wie das Budget zustande kommt.	
	Teilnahme in der Kundenstrategie & Planungs-Workshops wo zutreffend	
Qualifizierung	Mitteilen über Erfolgsgeschichten, in denen das eigene Unternehmen in vergleichbaren Situation erfolgreich geholfen hat	Testen, ob der Kunde den ganzen Projektrahmen ähnlich sieht
	Sicherstellen, dass der Kaufprozess mit den Zeitpunkten und den Budgets komplett verstanden ist	Antesten von anderen Geschäftsbereichen, in denen Sie Mehrwert mit dem Projektumfang generieren können
	Aufspüren der anderen Alternativen, die der Kunde erwägt	Bestimmen, ob es innerhalb der Kundenorganisation andere Bereiche gibt die von einem ähnlichem Investment profitieren könnten (z. B. Telefoneinkauf und Netzwerkeinkauf bei einer IP-basierten Telefonlösung)
	Verstehen der Erfolgsfaktoren des Kunden und der persönlichen Motive der Entscheider	
Angebot	Testen des Verkaufsansatzes mit den formalen und informalen Entscheidungskriterien des Kunden	Sicherstellen, dass der Kunde Ihr Unternehmen ausgesucht hat, um alle Aspekte des Projekt-Rahmens (Lösung) zu erhalten
	Bestätigung des Kunden, dass der präsentierte Ansatz echten mess-baren Mehrwert für den Kunden darstellt	Sicherstellen, dass die angebotene Lösung alle Elemente enthält, die aus Ihrem Produktportfolio ein Mehrwert zum Kundenerfolg beitragen kann

Phase/Fokus	Erhöhung der Trichter-Konvertierung	Erhöhung der Trichter Projektgröße
	Prüfen, ob die Bereichs-/Unternehmensleitung das Vorhaben unterstützt (Sponsoring) und entsprechend ausgerichtet ist	
	Klare Einschätzung, wie die eigene Lösung gegenüber Wettbewerbsangeboten positioniert ist	
	Positionieren der Lösung als die „Beste" für den Kunden. Kommunikation des Nutzen auf den Kundenbedarf	
	Gestalten der Verkaufsstrategie mit den Zielen der Beteiligten beim Kunden (stakeholder management)	
	Bei Ausschreibungen: Sicherstellen, dass die Minimallösung angeboten wird, die den Spezifikationen entspricht (kein upselling)	
Zusage	Projekt mit der Finanzierung und den politischen Prioritäten des Kunden abgleichen	In der Verhandlung vorbereitet sein, um den Wert der (Teil)-Lösung im Hinblick auf das Endergebnis zu verteidigen (z. B. Ausfallsicherheit beziffern, Skalierbarkeit bewerten)
	Illustrieren wir die eigene Lösung, die zwingende Anforderungen bestens löst.	
Abschluss	Testen auf mögliche Einwände und ggfs. Neupositionierung auf die Stärken im eigenen Angebot	Erarbeiten einer Arbeitsstrategie mit dem Entscheidungsträger, um den Einkaufsprozess optimal zu beeinflussen
	Hypothetische Fragen wie die Zusammenarbeit bei Abschluss aussehen sollte und wie die Erwartungen hinsichtlich Zahlungsziele, Installation und Roll-Out, Verfügbarkeit zeitlich sind	Den wirtschaftlichen Entscheidungsträger als Sponsor gewinnen
		Positionierung des Wertes der Lösung gegenüber des Investments (Return on Investment)

5. Vorausschau

In dieser Stufe geht es um die notwendigen Aktivitäten, damit die geplanten Resultate erzielt werden können.

3 Fragen stehen hier im Vordergrund:

1. Welche Resultate sollen erzielt werden (Umsatzwachstum, Profitsteigerung, Marktanteil, neue Produkte etc.)?

2. Was muss anders gemacht werden bzw. auf welche Aktivitäten muss fokussiert werden, um z. B. neue Produkte oder Lösungen bei den Kunden zu platzieren?

3. Welche begleitenden Maßnahmen (Training, Coaching usw.) müssen aufgesetzt werden, um eine nachhaltige Veränderung zu entwickeln? Hierbei sollen auch die Verkaufsmitarbeiter unterstützt werden, ihre eigenen Verkaufsaktivitäten zu planen, die an die Verkaufsstrategie angelehnt sind.

Was sind hier die drei Top-Prioritäten?

Welche Unterstützung wird von den Mitarbeitern benötigt?

Beispiele eines CRM Systems (salesforce.com) mit Funktionen zum Trichtermanagement

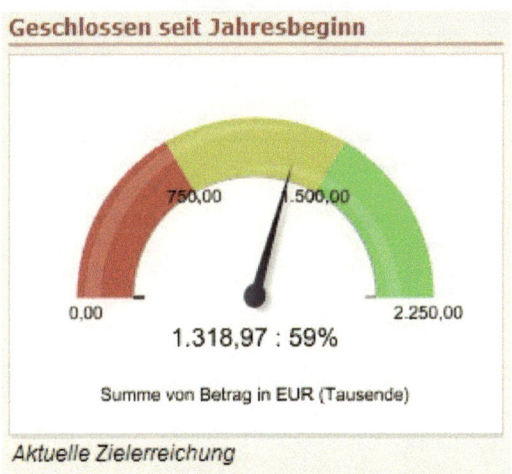

Abbildung 22: Managementüberblick (Dashboard, by Salesforce.com 2009)

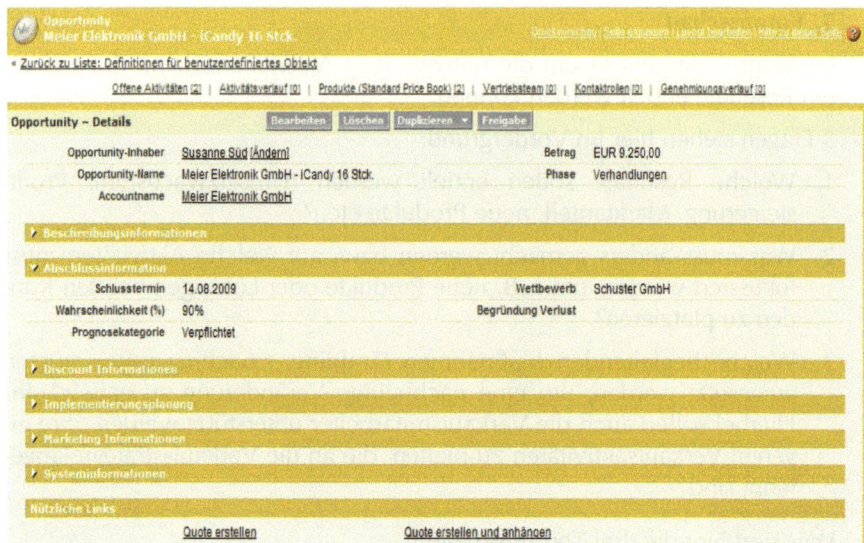

Abbildung 23: Projektforecast (Prognose einer Verkaufsmöglichkeit, Opportunity-Details by Salesforce.com 2009)

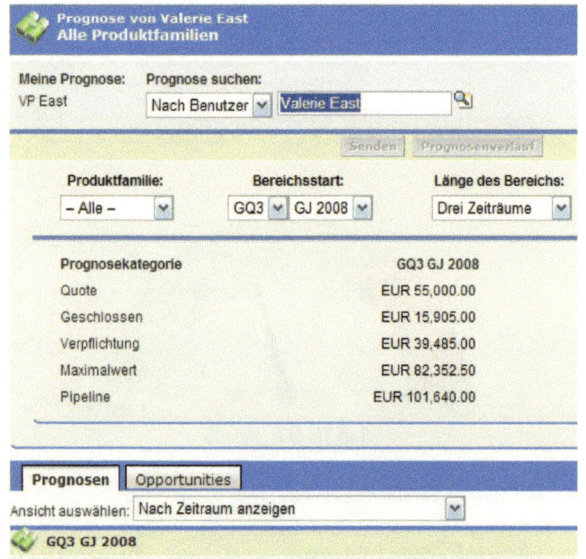

Abbildung 24: Forecast eines Mitarbeiters (Zeitraum: Quartal über aktuellen Status, Outlook by Salesforce.com 2009)

Abbildung 25: Vergleich von Mitarbeitern (Forecast: bookings vs. Commitment,
Mit freundlicher Genehmigung von salesforce.com 2009)

7.5 Schlagzahlmanagement

Qualität und Quantität = Aktivität

Die sogenannte „Schlagzahl" misst, wie viel im Vertrieb oder im Unternehmen gearbeitet wird und zeigt die Aktivität einer Vertriebsorganisation. Das Warten auf Aktivität ist der größte Umsatz- und auch Energiefresser im Verkauf. Die sog. „Schlagkraft" misst die Resultate der Aktivität und gibt Auskunft über die Effektivität.

Zweifellos sind dies die einfachsten und erfolgskritischsten Kennzahlen, die in der Vertriebsleitung benötigt und erhöht werden müssen. Aus diesen beiden Kennzahlen lässt sich das Vertriebscontrolling und die Verkaufssteuerung schnell verbessern und der Unterschied zwischen der Verkäuferleistung und der vorgegeben (Schein-)Leistung schnell transparent machen. Diese Transparenz erzeugt bereits einen hohen Nutzen, um gezielt zu handeln.

Eine Erhöhung der Schlagzahl führt in der Regel zu neuen Chancen. Hierdurch werden mehr Kunden angesprochen und bestehende intensiver betreut. Aus dieser intensiven Kundenbetreuung und Aktivität in der Neukundenakquise bieten sich Möglichkeiten, um mehr zu verkaufen und rein statistisch erhöht sich zwangsläufig die Erfolgschance und die Schlagkraft. Weil die Verkäufer bezahlt sind, gilt es einerseits die aktive Verkaufszeit oder die Zeit am Telefon zu erhöhen, damit die Erhöhung der Schlagzahl kostenneutral bleibt. Wenn ein Verkäufer pro Tag 80 statt 50 Anwählversuche macht oder einen Schlüsselkunden mehr anruft, dann wird diese Aktivität positive Resultate zeigen. Hierbei ist insbesondere in der Vertriebssteuerung darauf zu achten, dass die Vorgaben aufgrund von Erfahrungswerte realistisch sind, aber eine Erhöhung des Aktivitätsniveaus ergeben. Die Einzelleistung des Mitarbeiters und die gesamte Unternehmensleistung können durch Vorgaben gesteigert werden, denn klare Zielsetzungen und realistische vorgelegte Schlagzahlen sind leistungsfördernd und motivierend, wenn sie nicht zur dauerhaften Überforderung führen. Viele Mitarbeiter jammern u. a. weil ihnen langweilig ist und weil sie unterfordert sind. Das wirkt sich negativ auf die Leistungsbilanz aus. Wenn keine oder nur eine geringe Vertriebssteuerung vorhanden ist (Aufgabe der Vertriebsleitung), dann fällt das Aktivitätsniveau, und die Geschwindigkeit verlangsamt sich. Normale Schlagzahlen fallen kontinuierlich ab und das schneller als sie wieder aufgebaut bzw. kompensiert werden können.

Qualität kann Fleiß und Disziplin nicht ersetzen. Die Qualität zeigt nur gute Ergebnisse, wenn ausreichend Aktivität vorhanden ist, sodass auch Lerneffekte entstehen. Selbst sogenannte Verkaufstalente können fehlende Aktivitäten bei den Kunden nicht ersetzen und den Begriff „Talent" werden wir im weiteren Kapitel kritisch behandeln. Man kann 3 Arten von Aktivität finden, die gute Ergebnisse verhindern:

a. **Reaktive Aktivität**, wenn der Kunde aktiv wird und den Verkäufer auf ein Angebot anspricht (Kaufimpuls). Die Aktivität steht im Gegensatz zur proaktiven Initiative (Handlung) des Verkäufers und beinhaltet das Risiko, dass der Wettbewerber, wenn er zur richtigen Zeit im „Kauffenster" präsent ist, zum Zug kommen kann, weil der Kunde nicht vor ihm geschützt wurde.

b. **Obligatorische Aktivität** sind Aktivitäten mit geringem Erfolg, die aber notwendigerweise durchgeführt werden müssen, um zum Beispiel ein Projekt abzuwickeln oder administrative Aktivitäten wie die Angebotsversendung nach der Anbahnungsphase zu erledigen. Zeitaufzeichnungen, Projektpläne, Forecast, Datenbankpflege und Besuchsberichte sind weitere Aktivitäten, die notwendig sind, um die Vertriebsorganisation aktiv zu halten. Reports und Statistiken werden vom Management gefordert, um jeden Tag aussagefähig zu sein.

c. **Scheinaktivität** sind Handlungen, die nur mittelfristig oder gar nicht zum Umsatz führen. Beispielsweise die intensive Recherche über einen neuen Kunden im Internet oder das „surfen" auf Stellenmarktplätzen oder der Email-Massenversand an Kunden.

Die Konzentration auf Schlüsselschlagzahlen und die Vorgabe von Zielaktivitäten sind Maßnahmen, um die oben beschriebenen Aktivitäten, die kaum zielfördernd sind, aus dem Vertrieb fernzuhalten.

Zweitens ist die so wichtige Umsetzung einer Leistungskultur im Vertrieb mit klaren Zielen, Vorgaben und hoher Transparenz (z. B. Renner & Penner Listen) fördernd und vermindert Schein-, reaktive und obligatorische Aktivität.

Somit gibt es **2 Arten von Vertriebsqualität:**

1. Qualität, die den Aufwand beschreibt (Trefferquote oder Hit-Rate)

2. Qualität, die den Umfang des erreichten Resultats beschreibt (Schlagkraft), und je geringer der Aufwand, desto höher die Qualität der Vertriebsarbeit.

Trefferquoten (Hit-Rate)
Die Trefferquote misst die Qualität des Verkäufers und gibt die Übergangswahrscheinlichkeit im Verkaufsprozess an. Zum Beispiel die Konvertierungsquote von der Anzahl der Besuche in Angeboten. Jeder vierte Arbeitnehmer in Deutschland ist im Vertrieb tätig. Diese ca. 5 Millionen Menschen sind daher von Trefferquoten betroffen oder sollten davon betroffen und beteiligt sein. Eine gute und hohe Trefferquote sollte sich auch auf die variable Vergütung eines Verkäufers auswirken.

Hohe Trefferquoten (100 %) bedeuten, dass jede Aktivität ein Erfolg war. Eine Trefferquote von 50 % oder 10 % bedeutet, dass nur jede zweite oder zehnte Aktivität ein Erfolg war. Wenn man das auf die Woche, den Monat und das Jahr hochrechnet und mit der Verkäuferanzahl im Unternehmen multipliziert, erhält man eine Vorstellung über den möglichen Hebeleffekt, wenn man die Trefferquote um z. B. 20 % steigern kann. Heutzutage bringen 95 % aller Aktivitäten im Vertrieb kein direktes zuordenbares Ergebnis. 96 % aller schriftlichen Werbesendungen werden ungesehen weggeworfen. Im Direktmarketing sind also Antwortquoten von 3-4 % bereits gut?

Ein professionelles Schlagzahlmanagement, wie es im Folgenden beschrieben wird, kann sich dramatisch positiv auf die Resultate der Vertriebsarbeit in der Zukunft auswirken. Es erscheint logisch, dass eine vermehrte und qualitativ bessere Kundenansprache durch das Verkaufsteam positive Konsequenzen mit sich zieht. Die wechselseitige Beeinflussung von Aktivität und Erfolg ist im persönlichen Verkauf und in der Vertriebsaktivität am stärksten erkennbar und messbar. Ein strukturiertes Schlagzahlmanagement hat das Ziel, eine Leistungskultur aufzubauen. Ist die Vertriebsstrategie noch so ausgefeilt, die Kultur im Team oder im Unternehmen nimmt die Strategie „zum Frühstück" und entscheidet über eine schnelle erfolgreiche Umsetzung. Allein die Klarheit und Transparenz über den aktuellen Leistungsstand im Team und des Einzelnen wird einen Leistungsanstieg bewirken und als Vertriebsmanager werden Sie die Verkäufer erkennen, die

Wettbewerb als Motiv haben und der/die Beste sein wollen. Gute Verkäufer haben u. a. eine hohe Frustrationstoleranz, Eigenverantwortung und eine optimale Selbstmotivation. Ihre Lust auf Leistung steigt, wenn Sie nach dem Mini-Max Prinzip – geringster Einsatz und maximales Ergebnis – eine hohe Wirkung und Erfolg erzielen. Eigenverantwortung bedeutet hier, die Verantwortung für seine eigene Schlagzahl und Trefferquote zu übernehmen. Die Kenntnis über die eigene Leistung durch transparente Kennzahlen (Feedback der Tätigkeit) ist die zweitwichtigste Voraussetzung nach der Ausbildung (Aufbau der Kompetenz) und Begleitung durch einen Mentor zum Erreichen der Ziele. Man muss also die richtigen Dinge, richtig und vor allem oft genug tun. Je mehr sich die Verkäufer/innen auf die Faktoren konzentrieren, die funktionieren und Erfolg bringen, desto leichter werden die Ziele erreicht. Man kann also tatsächlich mit gleichem Aufwand der Schlagkraft und Schlagzahl das Ergebnis steigern (Maximal-Prinzip).

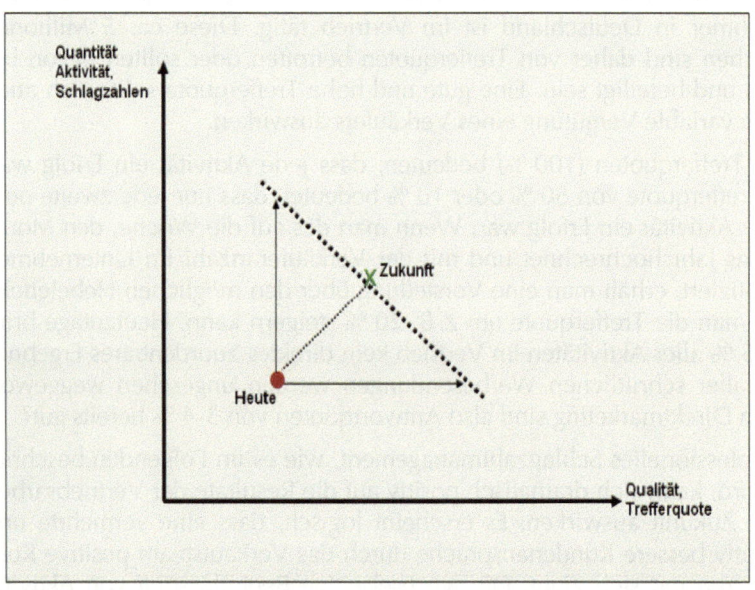

Abbildung 26: Schlagzahlmanagement: Ist- & Soll-Ergebnis (nach Karl Pinczolits, Schlagzahlmanagement, 2008, Facultas Verlag)

Schlagzahlmanagement ist somit auch eine Möglichkeit, die Leistungsfähigkeit der Mitarbeiter zu erkennen und das individuelle Verhalten in der täglichen Arbeit Schlag-für-Schlag zu optimieren. Große Ziele sollten in klare und überschaubare Einheiten herunter gebrochen werden und auf Tagesbasis selbstständig kontrolliert werden.

Die Ergebnisse sind natürlich auch finanziell spürbar und bieten im Provisionsmodell höhere Provisionen. Besserer Trefferquoten und effizienter Arbeitseinsatz haben eine klare Auswirkung auf die variable Leistungsvergütung. Durch die Planung erhält der Verkäufer und der Verkaufsmanager die Voraussetzung, um die nachweisbar erfolgreichen Aktivitäten zu verstärken und die weniger versprechenden Aktionen zu vermindern. Das perfekte Verhältnis zwischen Neukundenakquise und Stammkundenausbau in der täglichen Planung bringt Klarheit über das eigene Verkaufsverhalten. Langfristig werden Ziele also mit weniger Druck erreicht, wenn man noch zusätzlich einen regelmäßigen Erfahrungsaustausch zwischen den Mitarbeitern forciert. Er hilft, funktionierende Verhaltensweisen und Techniken auszutauschen, das Wissen untereinander zu teilen und voneinander zu lernen. Somit werden erfolgreiche Strategien analysiert, sichtbar und nachahmbar. Als Vertriebsleiter sollten Sie genau wissen, welche Leistung von wem mit welcher Zuverlässigkeit abgerufen werden kann und was noch möglich ist. Damit wird Schlagzahlmanagement zu einem wichtigen Steuerungsinstrument im Vertrieb, um den Markt- und Wettbewerbsdruck zu messen und zu steuern, den Ihre Mannschaft durch Aktivität erzeugt.

Die 4 Schritte für ein effektives Schlagzahlmanagement im Verkaufsprozess

1. Durchschnittswerte ermitteln (Schlagzahl, Schlagkraft, Trefferquote)
2. Defizite in der Produktivität ermitteln
3. Maßnahmen festlegen und im Tagesgeschäft kraftvoll umsetzen
4. Kontinuierliche Kontrolle und Verbesserung

Aktivität	Kennzahl	Ergebnis	Benchmark (im Team)	Best Practice (Branche)
Anzahl Anwählversuche B2B	80 (Vorgabe)	70	88	90
Anzahl Anwählversuche B2C CallCenter	300 (mit Autodial)	240	310	340
Anzahl Telefonate mit Gesprächspartner (z. B. pro Tag)	Telefonate/ Zeitraum	25	35	40+
Anzahl Kundentermine (z. B. pro Woche)	Telefonate/ Termine	12	15	18
Anzahl Angebote (z. B. pro Woche)	Termine/ Angebote	4	6	8+
Anzahl Neukunden (durch Besuche)	Termine/ Neukunden	2	3	5
Anzahl Abschlüsse	Termine/ Abschluss	2	3	5+
Anzahl Empfehlungen und Referenzen	Empfehlungen/ Kunden oder Abschluss	6	8	10+

Abbildung 25: Leistungsüberwachung Mitarbeiter (nach Karl Pinczolits, Schlagzahlmanagement, 2008, Facultas Verlag, geändert) für B2B-Vertrieb mit einem Fokus auf Gebietsbetreuung (Fläche)

Die 3 Kennzahlen im professionellen Schlagzahlmanagement

1. Schlagzahl = Aktivität des Verkäufers

(z. B. Anzahl der Anwahlversuche, Telefonate mit Entscheidern, Besuche, neue Projekte, Abschlüsse)

2. Schlagkraft = Produktivität des Verkäufers (z. B. Anzahl Angebote/ Anzahl Abschlüsse oder Umsatz/Anzahl Abschlüsse)

3. Trefferquote = Qualität der Verkaufstätigkeit (z. B. Konvertierungsquoten: Angebote, um einen Abschluss zu bekommen, Abschlussgeschwindigkeit bzw. Trichterverweilzeit)

Schlagzahl

Die Schlagzahl beschreibt das Ergebnis (Output) und gibt Auskunft über die Produktivität wie den Umsatz, die Absatzmenge oder den Deckungsbeitrag.

Welche Methoden können diese Quoten verbessern und die nutzlosen Tätigkeiten herausfiltern und verringern? Es geht um die tägliche Suche nach einem schnelleren, direkten und kürzeren Weg zum Erfolg. Die Japaner nutzen die Kaizen-Methode. Die kontinuierliche Verbesserung in den kleinen Dingen im Prozess. Das Management von Trefferquote ist also die Suche nach dem kürzesten Weg zum Verkaufserfolg. Trefferquoten gehen auch mit Streuverlusten einher. Je höher die Streuverluste z. B. bei Directmail Kampagnen sind, desto wichtiger ist die Suche nach dem direkten und schnelleren (effizienteren) Weg und dies kann durch Auswertung von Vertriebsaktivitäten, die dokumentiert wurden, geschehen. Die Trefferquote ist also die optimale Steuerkennzahl für den Verkäufer, denn sie hilft ihm, den Weg zu einem schnelleren Erfolg auf einem kürzeren Weg.

Im *direkten Vertrieb* oder im Projektgeschäft (Vertrieb von komplexen Lösungen) ist die Trefferquote die sog. Entwicklungstreffer- oder Projektquote.

Im *indirekten Vertrieb* (Handel wie Fach- und Einzelhandel) heißt sie Betreuungstrefferquote. In der Betreuung von Fachhändlern gibt es verschiedene Ziele wie z. B. mehr Umsatz mit bestehenden Produkten, Neuumsatz durch neue Produkte und evtl. Ausbildung von Technikern für das Produktportfolio. Es geht also um die Trefferquoten der 3 Ziele im Bezug auf die Fachhandelspartnerbetreuung. Für den Bereich Service können auch Servicetechniker oder Call-Center Agents in der After-Sales-Phase an der Anzahl der Kundenbesuche, schnelle Bearbeitung pro Servicefall oder Dauer des Telefongesprächs bei der Annahme des Falls gemessen werden, um die Betreuungsziele zu messen.

Zu betreuende Kunden	Vorstellungsgespräche (Neukunden, Neue Ansprechpartner)	Betreuungsgespräche	Angebotspräsentation und Abschlussgespräche
1-10 (Key Accounts)	<1	3	1-2
10-50 (Regionale Kunden)	4	5	3
50-150 Kunden (Fläche)	6	4	3
150+	6	5	2

Abbildung 26: Kontaktmanagement, Betreuungsaufwand für entsprechende Betreuungskonzepte mit Mindest-Schlagzahlen (B2B). Zielschlagzahl sind mind. 12 Termine. Im Key Account mind. 5 Termine pro Woche

Potentiale kennen und Leistungsreserven durch eine Leistungskultur ausschöpfen

1. Für einen technischen Außendienstverkäufer wurden folgende Schlagzahlen bei den Kundenbesuchen pro Tag ermittelt. Der Zeitraum betrug 180 Tage.

Mittelwert: 6 Kundenbesuche pro verkaufsaktivem Tag

75 % Perzentil   8 Besuche pro Tag

25 % Perzentil   2,4 Besuche pro Tag

2. Für einen Innendienst Verkaufsberater aus der Finanz-/Versicherungsbranche wurden folgende Schlagzahlen bei den Beratungsgesprächen pro Tag ermittelt. Der Zeitraum betrug 200 Tage.

Mittelwert: 0,4 Beratungsgespräche pro verkaufsaktivem Tag

75 % Perzentil   1 Gespräch pro Tag

25 % Perzentil   0,1 Gespräche pro Tag

Von allen Opportunitäten, die einem Vertrieb zur Verfügung stehen, um den Markt zu beeinflussen und Marktanteile aktiv zu gewinnen, können durch

– neue Technologien 10 %

– durch neue Prozesse 20 %

- durch neue Leistungskulturen im Vertrieb 70 % an Veränderung herbeigeführt werden.

Um Leistungslücken zu schließen, werden vor allem in der Controllingphase wichtige Informationen für die entsprechenden Berichtsebenen benötigt, wie sie im Folgenden beschrieben werden.

Vorstand und Inhaber:

Soll-Ist Vergleiche (Umsatz), Wachstum (in % gegenüber Vorjahresperiode), Absatz, Stück, Deckungsbeiträge, Forecasts, Strategische Lücken und Marktpotenziale im Verkauf sowie zentrale Kennziffern aus dem Finanzcontrolling

Länderverantwortliche, Bereichsdirektoren und Verkaufsdirektoren (Region, Geschäftsbereich):

Relevante KPIs aus der Unternehmens-Balanced Scorecard, Vergleichskennzahl der Produktivität auf regionaler und Bereichsebene pro Mitarbeiter/Teams, Umsatzkennzahlen, Profit, Forecasts, Forecastgenauigkeit, Produktivität der Verkaufsleiter und sonstige Kennziffern aus dem Finanzcontrolling für den eigenen Bereich

Verkaufsleiter:

Verkäuferproduktivität, Deckungsbeitrag pro Verkäufer, Aktivität, Umsatz pro Kunden und (neue) Produkte, Trefferquoten, Strategieumsetzung, Verhaltensweise (objektiv beobachtbares Verhalten beim Kunden und im Team), Umsatz, Absatz, Stück, Forecasts, Forecastgenauigkeit, strategische Lücken (Neukundengeschäft und Stammkundenausbau)

Verkaufsmitarbeiter:

Eigene Produktivität, Produktmix, Trefferquoten, Forecastgenauigkeit, Vergleich der Produktivität mit Kollegen (Teamvergleich durch Renner und Penner Listen), Umsatz, Absatz, Stück, Forecast, Datenpflege im CRM, strategische Lücken durch neue Produktlösungen

Selektion bei der Mitarbeiteraktivität bedeutet in Verkaufsmannschaften die Leistungsstarken von den Mitarbeitern mit zu niedriger Produktivität zu trennen. Der Trichter stellt eine wunderbare Möglichkeit zur Mitarbeiterbeurteilung dar.

Nach den oben beschriebenen Kennzahlen (Schlagzahl, Schlagkraft und Trefferquote) führen Sie eine Evaluierung Ihrer Verkaufsmannschaft durch.

Damit können Sie Ihre Verkäufer in vier Leistungsgruppen zu je 25 % aufteilen.

Maßnahmen für die Top 25 % (Stars)

- Zielbestimmungsgespräche
- Einzelcoachingmaßnahmen in Abstimmung mit dem Mitarbeiter
- Best Practice-Ansätze
- Mitarbeiter pflegen

Maßnahmen für die Zweitbesten 25 % (Hoffnungsträger)

- Übertragung der Best Practice-Erkenntnisse an diese Gruppe
- Intensive Nutzung der Verkaufsprozesse
- Schulungen
- Gruppen- und Einzelcoachings

Maßnahmen für die Drittbesten 25 % (Low Performer)

- keine intensive Betreuung
- Evaluierung nach Maßnahmen für die Produktivitätskiller
- keine intensive Einzelbetreuungsmaßnahmen

Maßnahmen für die letzten 25 % (Underperformer)

- Berufsanfänger (der ersten 6-12 Monate, je nach Branche) selektieren und diese entwickeln, so die Gesamtbeurteilung noch stimmig ist
- für den Rest der Mitarbeiter eine No-Go-Entscheidung treffen

7.6 Verkaufserfolg und Talent

Verkaufen heißt im Wesentlichen Disziplin, Konzentration auf die wichtigen Aktionen und Kontinuität, d. h. die richtigen Dinge oft genug wiederholen. Im Schlagzahlmanagement soll dies identifiziert und durch individuelle Maßnahmen in der Leistungsvergütung und der Ausbildung des Mitarbeiters in seinen Fähigkeiten bzw. seiner Einstellung verbessert werden. Hierbei trifft man häufig auf die „Begabungstheorie". Natürlich ist Talent hilfreich, denn es vereinfacht und beschleunigt den Erfolg. Viel ausschlaggebender ist jedoch die richtige Einstellung sowie Disziplin, und dies ist, wie Testversuche belegen, erlernbar. Fleiß und eine hohe Frustrationstoleranz, die einen durchschnittlichen von einem Spitzenverkäufer unterscheiden, haben nichts mit Talent zu tun, und daher ist „hartes" Training und individuelles Coaching sinnvoll. Veranlagung spielt natürlich eine Rolle, aber entscheidend sind Motivation, Übung und Disziplin.

Die ersten Erkenntnisse der Gehirnforschung zeigten, dass jede unserer Handlungen in Wirklichkeit das Ergebnis der Kommunikation von Nervenzellen im Gehirn ist. Also ist unser Gehirn ein Knäuel von 100 Milliarden Wollfäden namens Neuronen, die über Synapsen kommunizieren. Je mehr wir den zu einer bestimmten Fähigkeit gehörenden Schaltkreis entwickeln, umso weniger sind wir uns bewusst, diesen zu verwenden. Unsere wachsenden Fähigkeiten werden damit automatisch ein Teil unseres Unbewussten und erfolgen evolutionsbedingt. Je mehr Informationen unser Unbewusstes verarbeiten kann, desto größer ist die Chance, dem Mammut zu entkommen.

Neueste Erkenntnisse aus den Neurowissenschaften beweisen, dass wir sehr wohl Einfluss auf unsere Talente durch **aktives Lernen** nehmen können. Dass zielgerichtetes Arbeiten die Lerngeschwindigkeit verzehn-fachen soll, erinnert an ein Märchen, aber die mikroskopische Substanz namens Myelin lässt selbst nüchterne Neurologen glänzende Augen verschaffen. Es ist eine sogenannte phospholipide Biomembran und besteht aus einem dicken Fett, dass sich wie ein Isolierband um die Nervenzelle herumlegt und verhindert, dass Impulse aus den Zellen treten. Es wurden einige Untersuchungen durchgeführt und als man z. B. die Gehirne von Konzertpianisten untersuchte, fand man einen direkten Zusammenhang zwischen der Dauer der Spielpraxis und der weißen Masse Myelin. So belegten Wissenschaftler wie Frederik Ullen, Torkel Klingberg und andere auch, dass zwischen Lesekompetenz und der Zunahme der weißen Gehirnmasse ein Zusammenhang besteht, auch zwischen Vokabular und Myelinmenge. Es fehlt noch der Zusammenhang zwischen Fragetechnik im Verkauf und der Zunahme der Masse, doch die folgenden neuesten Erkenntnisse sind einleuchtend für unsere Annahme, dass Verkauf wenig Talent benötigt, sondern Übung und Lernen sowie Lernfortschritte durch Fehlerkorrektur – das aktive Lernen.

Bisher ist man davon ausgegangen, dass der Schlüssel zum Lernen und Handeln die Neuronen seien. Also ein pulsierendes Netz, das die Nervenzellen und die Synapsen, über die kommuniziert wird, miteinander verbindet. Neurologen wie Douglas Fields, Bartozokis und andere belegen, dass die Neuronen zwar extrem wichtig seien, dass diese neuronenzentrische Sicht jedoch zunehmend erschüttert wird. Neue Erkenntnisse zeigen nämlich, dass das unscheinbare Isoliermaterial Myelin eine entscheidende Rolle für das Funktionieren unseres Gehirns spielt, vor allem beim Erwerb neuer Fähigkeiten.

3 Tatsachen sprechen dafür:

1. Jede Bewegung, jeder Gedanke und jedes unserer Gefühle ist ein exakt getimtes elektrisches Signal, das durch eine Reihe von Neuronen, also einem Schaltkreis von Nervenzellen transportiert wird.

2. Myelin ist das Isoliermaterial, das diese Nervenzellen umhüllt und die Intensität, Geschwindigkeit und Präzision dieses Werkzeug erhöht.

3. Je intensiver die Nutzung der Schaltkreise, desto mehr legt sich das Myelin um die betreffenden Nervenzellen herum und umso schneller, stärker und präziser werden unsere Bewegungen und Gedanken.

Das bloße Ein- und Ausschalten der Synapsen hat noch nichts mit dem Lernen zu tun. Um z. B. gut Fußball, Schach oder Klavier zu spielen, sind viel Zeit und Arbeit nötig – und damit Myelin.

Sportler senden beim Profi-Training präzise Impulse durch die Nervenbahnen, die wiederum das Signal geben, die betreffenden Nervenzellen zu myelinisieren. Durch die vielen Stunden im Training haben sie eine Hochgeschwindigkeitsverbindung entwickelt (sog. Mind Ways) und diese Breitbandverbindung unterscheidet sie von anderen durchschnittlichen Sportlern, oder auf unserem Fall bezogen: Verkäufern. „Echte" Talente und „Talentschmieden", die Personen wie Tiger Woods oder andere hervorbringen, haben nachweislich viel Myelin an die richtige Stelle gebracht. Myelin ist also das Bindeglied zwischen den Talentschmieden, die brasilianische Fußballprofis durch intensives Training hervorbringen und uns als Mensch. Fußballer wie Ronaldinho oder Ronaldo, die im Training die brasilianische abgewandelte Art von Fußball („Futsal") spielten, aktivierten und optimierten ihre Schaltkreise öfter und präziser als beim Rasenfußball, weil beim Futsal viel weniger Spielfläche zur Verfügung steht und die Spieler viel öfter und schneller auf dem kleinen Feld abgeben müssen. Lance

Armstrong hat eine extreme Vorbereitung für die Tour de France, und seine mentale Vorbereitung beinhaltet auch einen besessenen Kampf gegen Fehler, den Versuch, jedes Teil im Rennen zu optimieren und gnadenlose Bereitschaft, an die Grenzen seiner Leistungsfähigkeit zu gehen. Das ist kein Talent, sondern die Schule des aktiven Lernens.

Zielgerichtetes und fehlerorientiertes Lernen ist deshalb so effektiv, weil man einen Schaltkreis am besten entwickelt, indem man ihn betätigt, Fehler beseitigt, ihn wieder betätigt und so weiter. Die Auseinandersetzung ist keine Option, sondern eine biologische Notwendigkeit, durch Fehler zu Lernen. Test-Operate-Test-Exist heißt der kontinuierliche Verbesserungsprozess für Spitzenverkäufer. Leidenschaft und Ausdauer sind entscheidende Voraussetzungen des Talents, denn es benötigt viel Zeit, bis sich Myelin um einen Schaltkreis legt. Wenn uns eine Sache keinen Spaß macht, tun wir nicht genug dafür, um wirklich gut zu werden.

Somit gilt: Geht nicht, gibt's nicht – Talent ist lernbar

Im Übrigen gilt: 1 Gramm Auswahl wiegt mehr als ein Kilogramm Weiterbildung!

8. Umsetzung neuer Konzepte und Methoden für den Einzelhandel

(Ein Beitrag von Andrea Klein)

Das Kaufhaus mit dem altbewährten „Alles unter einem Dach" – Prinzip steckt in Zeiten von weltweiter Vernetzung und Online-Handel in der Krise. Zusätzlich macht es die heutige Möglichkeit, sekundenschnell Angebote, Preise, Qualität und Service vergleichen zu können, dem Kaufhaus schwer mitzuhalten. Die Vergleichbarkeit des Warenangebotes innerhalb der Handelswelt wird zunehmend zum Problem.

Gleichzeitig wird der Verbraucher zu einem gut informierten und sensiblen Kunden. Qualitäts- und Preisbewusstsein sowie der Wunsch nach Individualität steigen. Individuell auf ihn abgestimmte Produkte sucht der Konsument der Zukunft mehr als das Massenprodukt zum Discounterpreis.

Dieses wachsende Werte- und Qualitätsbewusstsein führt ihn zu Anbietern mit fairer Produktionsweise, innovativen Produkten, deren Nachhaltigkeit und Philosophie Vertrauen und Authentizität schafft. Hersteller mit einem verantwortungsvollen Konzept der unternehmerischen Gesellschaftsverantwortung wie CSR (Corporate Social Responsibility) treffen den Nerv der Zeit, da auch Umwelt- und Mitarbeiterfreundlichkeit im Fokus des zukünftigen Endverbrauchers stehen. Der „Geiz-ist-geil"- Kunde geht heute wieder verstärkt zu Tante Emma. Diese Entwicklung bestätigt auch eine repräsentative Untersuchung mit mehr als 9000 Verbrauchern aus Deutschland, Frankreich, Großbritannien, Italien, Polen und der Schweiz.

In der Rangfolge der Gründe für die Kaufentscheidungen rangiert der Preis auf dem dritten Platz. Der Anteil derer, die vor allem günstige Produkte schätzen, fiel von 48 auf 40 Prozent. Dagegen stieg der Anteil der Verbraucher, die auf Qualität setzen, von 24 auf 29 Prozent.

8.1 Optimierte Verkaufsflächenpräsentation

Eine der großen Schwierigkeiten liegt in der Darstellung der Warenthemen auf der Verkaufsfläche. Die immer größer werdende Dichte der gleichen Themen und Produkte im Einzelhandel benötigen zur Abgrenzung eine konkrete Aussage, sonst fällt es dem Kunden schwer, die Angebote und Anbieter differenzieren zu können. Schlüsselwerte auf dem heutigen Endverbrauchermarkt sind ein klares Warenbild, eine gute Vermarktung, Design, Zuverlässigkeit, Qualität, Orientierung, ein gutes Preis-Leistungsverhältnis und eine elegante Verpackung.

Emotion und Dekoration sind nicht alleine die Herausforderung, sondern die Schaffung neuer Sortimentsstrukturen und deren Vermarktung in der Fläche. Beschränken Sie ihr Warensortiment auf ausgewählte „Best-of"-Produkte aus den verschiedenen Sortimentsbereichen.

Zukünftig ist nicht das breite Sortiment entscheidend, sondern das Richtige. Beispiele wie das Unternehmen „The Body Shop" zeigen, dass die bestimmte Auswahl von Produkten einer Warengruppe ausreichend ist.

Verkaufen im Emotionszeitalter des Einzelhandels heißt auch, Ihren Kunden zügig zu verstehen, erlebnisreiche Einkaufsumgebungen zu inszenieren und dem Konsumenten zu geben, was seine Lebensqualität verbessern könnte. Wir unterscheiden natürlich zwischen Artikeln des täglichen Bedarfs und Zusatzprodukten sowie Dienstleistungen, um gute Gefühle zu erhalten und sich das Leben einfacher und angenehmer zu gestalten.

Vereinfachen Sie durch eine klare Orientierung im Sortiment. Machen Sie konkrete Vorschläge und selektieren Sie vor. Beispielsweise wählen Sie im Wohnsortiment maximal 3-4 Tellerformen aus, anstatt jeden möglichen Kundenwunsch mit mehr als 15 Formen im Angebotssortiment zu erfüllen. Das wird Sie konsequenterweise zum erfolgreichen Abverkauf führen, weil der Zeitraum von Auswahl- und Kaufentscheidung kurz ist.

Empfehlungen:

– Eine konkrete Darstellung am Point of Sale muss das Ziel sein. Treffen Sie eine Vorselektion von „Basic"-Artikeln und planen diese in Ihre Fläche ein.

– Konzentrieren Sie sich auf eine überschaubare Anzahl von Produkten und passen Sie die Artikelmenge an Verkaufsfläche und Warenträger an (siehe auch Abbildung 27 Aufbau von Produkten im Basis-sortiment).

– Zusätzliche inszenierte Warenthemen in einem klar definierten Basissortiment ermöglichen dem Kunden eine einfache Orientierung.

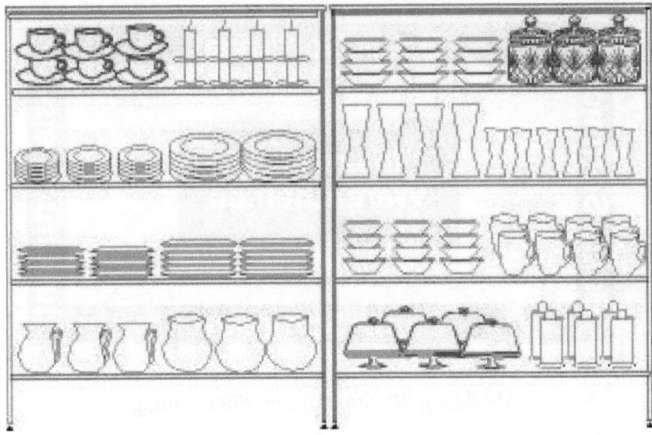

Abbildung 29: Klassischer Aufbau von Produkten im Basissortiments

Warenthemen mit gutem Sortimentsmix, das heißt individuelle und innovative Produkte, eröffnen Ihnen Cross-Selling-Effekte und ziehen die „Basics" mit.

In einem Einzelhandelsformat mit schnell drehenden Warenthemen darf die Rückführung von „Restanten" in das Basissortiment nur für Basisprodukte gültig sein. Alle anderen müssen abgeschleust oder zwecks schnellen Abverkaufs zeitnah reduziert werden, um ein klares Warenbild auf der Verkaufsfläche beizubehalten und Platz für neue Themen zu schaffen. Abgeschleust bedeutet, Altware aus den Filialen in ein anderes Outlet zu verschieben, in dem alle anderen stark preisreduzierten Restwaren zum Ausverkauf (z. B. Lagerverkauf und Outletcity) zusammengezogen werden.

Viele Produkte eines oft zu umfangreichen Sortiments belegen den Platz im Regal länger als geplant und werden bei nicht abfließender Ware zum Dauerproblem.

In der folgenden Abbildung (28) erkennen Sie das platzierte Basissortiment am Rand, welches um die inszenierten Warenthemen herum angeordnet ist.

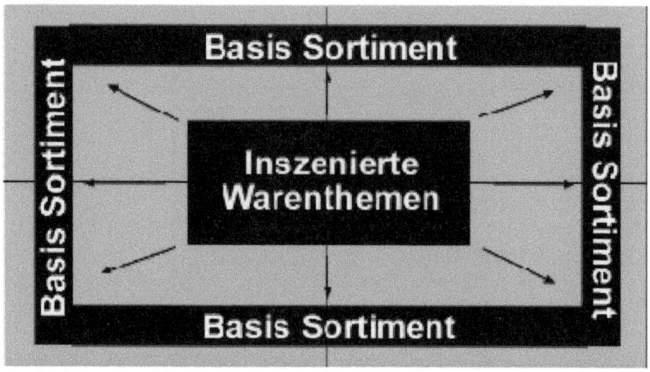

Abbildung 30: Struktur und Rückführung

8.2 Die Fläche in der Filiale: Beginnen Sie von vorn!

Mit folgender methodischen Herangehensweise entwickeln Sie ausgehend von Ihrer Verkaufsfläche das Sortiment.

Schritt 1:
Analyse der Bestandsfläche und Strukturierung nach Sortiment und Kennzahlen. Alleine das Ziel einer hohen Flächenproduktivität erfordert die Strukturierung der Verkaufsfläche nach Sortiment und deren unterschiedlichen Leistungskriterien. Dies bedeutet hier eine Raumzuteilung auf genau die Artikel, die den höchsten Beitrag zu einer höheren Raumproduktivität leisten.

Daraus ergibt sich auch eine Aufteilung der Gesamtfläche bis zur Lagerumschlaggröße eines jeden Warenträgers.

Folgende Leistungskriterien helfen Ihnen im Planungsprozess:
Artikelzahl, Jahresumsatz, Anteil am Gesamtumsatz, Volumen der Warenträger, Umschlagsgeschwindigkeit, Handelsspanne, Umsatzrendite

$$\text{Flächenleistung} = \frac{\text{Umsatz}}{\text{m}^2 \text{ Geschäfts- oder Verkaufsfläche}}$$

$$\text{Flächenproduktivität} = \frac{\text{Rohertrag}}{\text{m}^2 \text{ Geschäfts- oder Verkaufsfläche}}$$

$$\text{Lagerumschlag (LUG)} = \frac{\text{Umsatz}}{\emptyset \text{ Lagerbestand (VK)}} \quad \text{oder} \quad \frac{\text{Wareneinsatz}}{\emptyset \text{ Lagerbestand (EK)}}$$

Bedingt durch die langjährige Entwicklung, dass die verfügbare Einzelhandelsfläche in Deutschland stärker wächst als der Umsatz des Einzelhandels, wird ein Absinken der Flächenleistung von heute 3.300 Euro auf 2.900 Euro im Jahr 2010 erwartet.

Schritt 2: Planung aufgrund von Zielgrößen
Erst nach Analyse dieser Kriterien können Sie betriebswirtschaftliche Entscheidungen fällen und Ihr Sortiment danach planen.

Beispielsweise ist das Ziel, eine vorgegebene Flächenproduktivität zu erreichen, indem das beabsichtigte Basis- und Spotsortiment in die neu strukturierte Fläche eingeplant werden muss. Heutzutage wird maximal das Verhältnis der Basis und Spotware geplant. Selten wird z. B. das Sortiment nach der zu erreichenden Flächenproduktivität eingeplant. Kennzahlen müssen verstärkt berücksichtigt und regelmäßig überwacht werden.

8.3   Der Kreativprozess

Wenn das Fundament für ein Basissortiment steht und zusätzlich Fläche für Inszenierung, Innovation und Emotion Freiraum bietet, muss auch dieses On-Top-Sortiment in einem strukturierten Prozess entwickeltwerden.

Entscheidend sind hier eher die Qualität des Kreativprozesses eines Unternehmens, auf welche Entwicklung und Prozesse es setzt, und wie es diese umsetzt – weniger die Größe des Innovationsbudgets.

Studien zeigen, dass „sich ständig wiederholende" Warenangebote den Kunden kaum noch erreichen. Diese Add-On Warenthemen mit speziellen Produkten erfüllen die Aufgabe eines immer neuen Warenbildes und funktionieren als „Reinzieher". Sie werden vorrangig beworben, entscheiden über den USP und bieten Ihnen die Möglichkeit, sich vom Markt zu differenzieren. Mit Konzentration auf den Kreativprozess zur Entwicklung von Warenthemen für das On-Top-Sortiment mit großem Potenzial können Sie Innovationen schaffen. Entwickeln Sie eine produktorientierte Unternehmenskultur. Kleine und intime Arbeitsgruppen sind der Schlüssel zu Kreativität und Produktivität. Trendsearch-Teams, Design-Abteilungen und Konzeption sind früh im Entstehungs- und Entwicklungsprozess einzubeziehen. Entscheidend hierbei ist das Festhalten an einer einfach gut formulierten Idee, das Unternehmen strategisch und konsequent zum Erfolg führen zu können, d. h. alle Komponenten von der Produktentwicklung bis hin zur Ausstattung der Läden werden entwickelt und zusammengeführt.

Oft haben Unternehmen großartige Manager, kreative Designer, professionelle Einkäufer und viele weitere Ideengeber, doch am Ende muss es eine klare Richtung geben, die alles zusammenhält und das Ziel konsequent verfolgt. Diese Orientierung wird zunehmend durch die Idee und das entwickelte Konzept eines Warenthemas bestimmt. Der Kreativprozess startet sinnvollerweise mit dem Trendsearch, dem Design und der darauf folgenden Arbeit der Konzeptionsabteilung, die bis zur Darstellung und Vermarktung am POS das Warenthema entwickelt.

Für innovative Warenthemen benötigen Sie konzeptorientierte Einkäufer bzw. Produktmanager. Auch für das Beschaffungswesen des Basissortiments (1-2 Jahre im Regal) benötigen Sie einen separaten flächen- und zahlenorientierten Einkaufsmitarbeiter. Für kreative Warenthemen muss der Einkäufer primär das Thema verstehen, um anschließend die Ware auszuwählen und zu bestmöglichen Konditionen zu beschaffen.

Zunehmend ist wie in Abbildung 29 erkennbar, dass Trendsearch, Design und Konzeption noch vor dem Einkaufsprozess maßgeblich sind. Konzeption bzw. Merchandising ist das Marketing im Handel und führt Ware und Fläche zu einem frühen Zeitpunkt zusammen. Marketing muss im Einzelhandel weniger kreativ als eher strategisch ausgerichtet sein.

Die strukturierte Verkaufsfläche dient als Fundament zur betriebswirtschaftlichen Positionierung Ihrer verschiedensten Sortimentsbausteine und stellt feste Rahmenbedingungen an die Sortimentsplanung.

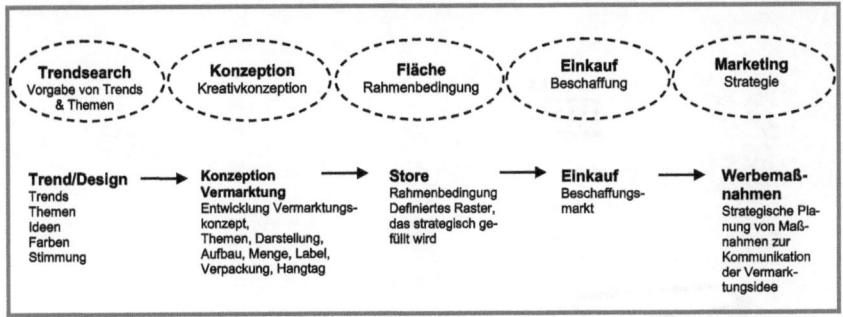

Abbildung 29: Kreativ- und Planungsprozess

8.4 Produkt – Das Warenbild

Auf einer strukturierten Verkaufsfläche ist eine thematisch klare Aussage der Warenthemen das Wichtigste.

Zukünftig muss die Konzeption das Thema oder Produkt in einem frühen Entwicklungsstadium ausreichend definieren und klar artikulieren, was die Aussage des Warenthemas oder die primäre Funktion eines Produktes sein soll. Erst wenn das Thema feststeht, darf Ware themenorientiert mit Berücksichtigung von Preis und Qualität beschafft werden. Ansonsten entsteht ein verwirrendes Chaos statt eines inszenierten, aber klaren Warenthemas.

Bauen Sie Ihr Modell wie folgt:

1. Prototyp entwickeln

2. Testphase implementieren und Reaktionen messen

3. Verbesserung und Auswertung des optimierten Ergebnis

Entwickeln Sie das Warenthema solange, bis es in Darstellung, Aufbau, Produkte, Preisgefüge, Verpackung und Ausstattung für den Kunden eine themenorientierte Gesamtaussage hat. Zwei bis drei Verbesserungsläufe zur optimalen Präsentation und nachfrageorientiere Produktauswahl im jeweiligen Thema (siehe Abb. 30 „SPA & Wellness") sind in der Praxis sinnvoll. Der Ansatz ist die kontinuierliche Verbesserung!

*Abbildung 32: Aufbau eines inszenierten Warenthemas wie z. B. SPA & Wellness.
Die Verkaufsfläche als Erlebniswelt*

Ihre Verkaufsfläche muss weit mehr als nur eine Räumlichkeit für den Verkauf bieten. Weil die erwähnten tatsächlichen Unterschiede von konkurrierenden Produkten immer weniger wahrnehmbar sind, muss die Retail-Umgebung eine Klammer für das Unternehmen bilden und eine Atmosphäre schaffen, die den Kunden fesselt, inspiriert und die individuellen Bedürfnisse verschiedener Käuferschichten stärker berücksichtigt.

Der Store als Aushängeschild muss dem Kunden die einzigartige Geschichte und Werte nahebringen, für welche die Marke und ihre Produkte stehen. Er muss Erlebniswelten schaffen und eine authentische Geschichte erzählen.

Gleichzeitig sollte die Verkaufsfläche Lifestyle-Aspekte der Zielgruppe widerspiegeln, um ein Bewusstsein für die Marke und deren Image zu generieren und gleichzeitig die persönliche Beziehung des Kunden zur Marke herzustellen. Der Mix von Marke, Lifestyle und Produkt sollte unverwechselbar sein und die Stimmung für ein unterhaltsames Shopping-Erlebnis schaffen.

Wichtig ist, dass der Kunde gerne seine Freizeit im Store verbringt und sich beim shoppen wohlfühlt. Somit ist die Aufenthaltsqualität ein wichtiger Aspekt. Zur Unterhaltung und Entspannung tragen Themenwelten, Service und Convenience-Komponenten wie Ruhezonen und angenehme Beleuchtung bei.

Ein Beispiel aus der Kosmetik- und Parfümbranche ist die Parfümerie Douglas, die an einzelnen Standorten in zusätzlichen Verkaufsflächen ein Day Spa mit Beauty Lounge integriert hat und somit ein zusätzliches Lifestyle-Segment bedient, oder die Buchhandelskette „Hugendubel", die ebenso eine attraktive Cafeteria anbietet.

Als Antwort auf unseren immer schneller werdenden Lebensstil und die ständige Suche nach einzigartigen Erfahrungen, werden Abwechslung, Inszenierung und neue Produktpaletten für den erfolgreichen Verkauf im Emotionszeitalter an Bedeutung zunehmen. Die Ladenfläche muss wieder zum Marktplatz der Sinne mit entsprechender Atmosphäre werden, sonst wird der Online-Einkauf nicht nur Karstadt, Quelle und Co. aus dem Markt verdrängen.

Eine klar strukturierte Fläche erleichtert dem Kunden die Orientierung, das Wiederfinden beim nächsten Besuch und schafft somit Sicherheit für den Kunden. Insbesondere wenn zukünftig vermehrt „Best Ager" (> 50 Jahre) sich im Kaufhausdschungel zurechtfinden müssen. Die konkrete Warenthemen-Planung in festgelegte Flächen erleichtert dem Verkaufspersonal im Tagesgeschäft außerdem die Handhabung mit der Warenpräsentation am POS.

Für den Einkauf sind die Flächenkennzahlen bzw. Rahmenbedingungen (z. B. definierte Flächenstruktur) zur Sortimentsstruktur, Sortimentsbreite- und tiefe, Warenvolumen, Anzahl der Themen und Gewichtung von Basis- und Themensortiment, die Erfolgsfaktoren, die für den Einkaufsprozess entscheidend sind.

Die Energie muss in den Konzeptionsprozess von neuen Themen mit innovativen Produkten, einzigartiger Verpackung, spezieller Darstellung und kreativer Vermarktung fließen. Emotions- und themenlos im Regal stehende Produkte, die keine Gesamtaussage haben und im Baumarkt um die Ecke für 1 € weniger erhältlich sind, werden den Kunden zukünftig kaum noch erreichen.

9. Beziehungsmanagement oder wie Sie durch Beziehungen Wettbewerbsvorteile erzielen und sichern können.

(Ein Betrag von Michael Fassbender, ehem. Vice President Europe, Toshiba Europe GmbH)

Mittlerweile spricht die Welt von Beziehungsmanagement oder auf Neudeutsch Customer Relationship Management. Was verbirgt sich im Einzelnen hinter diesem Begriff? Wie baut man ein klassisches Beziehungsmanagement auf und vor allen Dingen wie lebt man es? Das wird der Fokus in diesem Kapitel sein.

„Ohne Beziehungen keine Geschäfte!" Eine uralte, praktische Weisheit, die leider in vielen betriebswirtschaftlichen Texten und Publikationen zur Unternehmensführung völlig vergessen wird. Die Folge davon ist nicht zuletzt, dass sich auch in der Praxis der Unternehmensführung kaum eine Führungskraft in ausreichendem Maße systematisch über das bewusste und erfolgsorientierte Gestalten von Beziehungen in und zwischen Unternehmen bzw. zu Kunden und Geschäftspartnern Gedanken macht.

Dieses „Vergessen von Beziehungen" hat einen historischen Hintergrund: Ist nicht der Markt der Ort, auf dem das anonyme Angebot auf die anonyme Nachfrage stößt? Haben wir es denn nicht so in der Ausbildung oder im Studium gelernt?

Die Nicht-Existenz von Beziehungen in Märkten ist eine der so genannten „Prämissen der klassischen Volkswirtschaftswissenschaften". Das Festhalten an dieser Annahme hat sicher einige Vorteile:

Es lassen sich „optimale Marktzustände" errechnen, und „grundlegende Marktmechanismen" können erfasst und verstanden werden. Doch diese Denkweise ist überholt.

Beziehungen spielen aus Sicht der Unternehmensführung heute eine zentrale Rolle, und es wird höchste Zeit, dass wir uns zumindest dann, wenn wir über das Management von Unternehmen nachdenken, von der Vorstellung der Nicht-Existenz von Beziehungen verabschieden. Man sollte akzeptieren, dass Märkte immer in soziale Beziehungen eingebettet sind und dass somit nur derjenige Marktmechanismus richtig durchdringen kann, der auch die dazugehörigen Beziehungen versteht. Letztendlich heißt das auch, dass nur derjenige sein Unternehmen gut führen kann, der die internen und externen Beziehungen des Unternehmens zu den Mitarbeitern,

Kunden und Lieferanten kennt und weiß, wie er diese bewusst und systematisch verändern und gestalten kann. Zu häufig ist das Top-Management zu weit entfernt von der Basis. Es werden Vertriebs- und Serviceprogramme aufgesetzt, um die Mitarbeiter, die im direkten Kundenkontakt stehen auszubilden, aber im Punkt Servicequalität und Kundenorientierung muss diese Marschrichtung auf allen Ebenen inhaliert und vorgelebt werden. Das Engagement der Geschäftsleitung ist gefragt und verdeutlicht die Ernsthaftigkeit. Die Anpassung der Vergütungssysteme unterstützt die Umsetzung.

Beziehungsmanagement wird damit zu einem wesentlichen Bestandteil einer erfolgreichen Unternehmensführung. Beziehungen erlangen somit eine strategische Bedeutung -insbesondere die Kundenbeziehung.

Folgende Fragestellungen gilt es zu beantworten:

1. Wieso ist für das Erreichen und die Sicherung von Wettbewerbsvorteilen Beziehungsmanagement heute mehr denn je erforderlich, und welches Managementverständnis verbirgt sich hinter dem Begriff Beziehungsmanagement?

2. Was verbirgt sich überhaupt hinter dem Phänomen „Beziehungen", wenn man sich einmal damit auseinandersetzt? Wie entwickeln sich Beziehungen, und inwieweit kann das Beziehungsmanagement aktiv zur Entwicklung beitragen?

3. Worin liegen die wesentlichen Zielsetzungen des Beziehungsmanagements?

4. Wie und mit Hilfe welcher Methoden können Beziehungen analysiert werden, und welche sind hierbei die zentralen Erfolgsfaktoren?

5. Wie werden durch Beziehungsmanagement aus unzufriedenen begeisterte Kunden, und welche konkreten Lösungsansätze zur Umsetzung bestehen hierfür in der Praxis?

6. Welche handlungsleitenden Ratschläge können für professionelles Beziehungsmanagement gegeben werden?

Unternehmen können nur existieren und überleben, indem sie mit anderen Unternehmen, Organisationen und Menschen Beziehungen aufbauen.

Im Wesentlichen lässt sich diese fast schon triviale Feststellung auf fünf eng miteinander zusammenhängende Kernmotive zurückführen, die erklären, warum Unternehmen zwingend notwendige Beziehungen brauchen.

✓ **Ressourcen:**
Damit Unternehmen ihre Wertschöpfung erzeugen können, sind sie auf Input-Faktoren angewiesen, die nur über die Kontaktaufnahme mit anderen Unternehmen zu erschließen sind. Gleichzeitig sind die von Unternehmen hergestellten Produkte und Dienstleistungen – also ihr Output – von großem Nutzen für andere Menschen bzw. Unternehmen /Organisationen. Dieser Output ist für andere wiederum ein Input-Faktor bzw. eine Ressource.
Auch hier setzt der Austausch der Ressourcen Kontakte voraus, die in diesem Fall zu nachgelagerten Wertschöpfungspartnern vorhanden sein müssen.

✓ **Effizienz:**
Findet dieser Ressourcenaustausch regelmäßig statt, dann kommt es zu häufigen Kontakten. Aus Gründen der Effizienz ist es erforderlich, diesen Transaktionsprozess nach bestimmten, oftmals vertraglich abgesicherten Regeln zu institutionalisieren. Es macht folglich keinen Sinn, eine dauernde Kunden-/Lieferantenbeziehung bei jedem Kontakt wieder aufs Neue zu organisieren.

✓ **Sicherheit:**
Nicht nur aus Gründen der Effizienz, sondern auch aus Gründen der Sicherheit ist es notwendig, längerfristige Beziehungen aufzubauen. Durch solche Beziehungen lassen sich für die Beteiligten Ungewissheiten und Risiken reduzieren, und sie verleihen dem Geschäft der Unternehmen Stabilität. Jeder, der langjährige, vertrauensvolle Geschäftsbeziehungen hat, weiß, wie viel Sicherheit und Glaubwürdigkeit es gibt, wenn man sich auf die Verhaltensweisen des Partners verlassen kann, wenn das Verhalten berechenbar ist.

✓ **Identität:**
Beziehungen verknüpfen Unternehmungen mit ihrem Umfeld. Damit stehen Unternehmen nicht einer unbeeinflussbaren, gesichtslosen Umwelt gegenüber, sondern sind eingebettet in ein individuelles Beziehungsnetzwerk. Ohne dieses Beziehungsnetzwerk verliert ein Unternehmen seinen Handlungsrahmen und damit seine Identität.

✓ **Regeln:**
Als fünftes Motiv können schließlich Regeln und Vorschriften genannt werden, die Unternehmen verpflichten, Beziehungen zu anderen Organisationen (z.B. zu Behörden, Wirtschaftsprüfungsgesellschaften, TÜV etc.) einzugehen oder Regel der Kommunikation für den internen

Umgang miteinander und der Zusammenarbeit mit dem Kunden. So verpflichtet in Deutschland z. B. § 316 des Handelsgesetzbuches Kapitalgesellschaften, die bestimmte Größenkriterien erfüllen, dazu, ihren Jahresabschluss durch einen Abschlussprüfer, d. h. ein Wirtschaftsprüfungsunternehmen, prüfen zu lassen. Auf Grund dieser Vorschriften werden sich Beziehungen entwickeln. Werte und Führungsprinzipien bestimmen die Unternehmenskultur und regeln wie wir die Dinge hier erledigen.

Wenn Beziehungen auch schon immer für Unternehmen wichtig waren, so deuten einige aktuelle Trends darauf hin, dass die unternehmerische Relevanz von Beziehungen weiter zunimmt. Bis Mitte der 80ger Jahre war das Bestreben aller Anbieter im Markt – insbesondere in der IT Industrie – diesen auch zu „erobern". Der Mensch, der heute im Mittelpunkt unseres Handelns stehen sollte, spielte nur eine untergeordnete Rolle. Heute stellt sich die Frage, wie belastbar Geschäftsbeziehungen sind und wie im gesamten Unternehmen Empathie eingesetzt wird. Emotionen spielen die entscheidende Rolle, wie man im Facial Coding Verfahren gemessen und nachgewiesen hat. In der Wirtschaft werden zukünft die gewinnen, die die besten emotionalen Beziehungen aufbauen können.

Der Kunde bzw. Interessent war damals reines Angriffsobjekt, heute sprechen wir wie selbstverständlich von Partnerschaften und Win-Win Situationen.

Es muss also gelingen, die Loyalität des Kunden zu gewinnen. Der Kunde muss die Beziehung zum Unternehmen als einzigartig wahrnehmen. Beziehungsmanagement heute ist also neues Managementverständnis.

FRÜHER	HEUTE
←	→
Traditionelles Management Verständnis	Verständnis des Beziehungsmanagement
Marktanonymität	Marktindividualität
Orientierung an sich selbst (Rendite)	Orientierung an anderen (Kundenzufriedenheit)
Angriffsobjekte	Partner
Ursache-Wirkung-Kausalität	Vernetzung
Aktion	Interaktion
Isolierter Instrumenteneinsatz	Integrierter Instrumenteneinsatz
Den Markt erobern!	**Menschen für sich gewinnen!**

Abbildung 33: Fundamentale Unterschiede zwischen dem traditionellem Managementverständnis und Beziehungsmanagement

Trends erhöhen die Notwendigkeit für Beziehungsmanagement. Diese Zunahme der Notwendigkeit für Beziehungsmanagement ist dadurch begründet, dass wir heute von „mündigen" Partnern sprechen. Die Internationalisierung der Geschäftsbeziehungen schreitet ständig voran, die elektronischen Vernetzungen werden tagtäglich ausgebaut. Kooperationen bzw. Strategische Allianzen werden in unseren globalen Märkten stark zunehmen.

„Produktgetriebenes" Management

Wie der Name sagt, standen beim produktgetriebenen Management, das bisweilen in die 80er Jahre hinein vorherrschte, das Produkt bzw. die Produkte eines Unternehmens im Mittelpunkt des Managementinteresses. Es galt, das passende Produkt im richtigen Marktsegment zu positionieren.

Das Produkt wurde als das Herzstück des Unternehmens angesehen, das von Produktmanagern betreut und gepflegt worden ist. Abbildung 33 zeigt die Entwicklung des Managements.

„Marketing- und Qualitätsgetriebenes" Management

Infolge der zunehmenden Übersättigung der Märkte kamen auf das Management Ende der 80er Jahre neue Herausforderungen zu. Es genügte nicht mehr, ein Produkt anzubieten und zu positionieren, sondern die auf Grund der großen Angebotspalette in allen Marktsegmenten zu erwerbende Produktvielfalt führte dazu, dass die Qualitätsansprüche der Verbraucher an die Produkte gestiegen sind. Da jedoch die Qualität allein den Erfolg nicht ausmacht, ging mit der Qualitätsorientierung eine starke Marketingorientierung einher. Letztendlich ist Qualität aber nur das, was der Verbraucher als solche wahrnimmt: Zielgruppengerechte Marketingpolitik ermöglichte in vielen Branchen den Aufbau von Markenimage und Markenwerten.

„Beziehungsgetriebenes" Management

So wie zunächst das „Produkt" und danach „Qualität und Marketing" im Mittelpunkt des Managements gestanden haben, so sind es heute bzw. in unmittelbarer Zukunft die Beziehungen eines Unternehmens. Auch jüngste Publikationen in der Führungslehre zeigen, dass die Entwicklung in der Managementforschung in Richtung Beziehungsmanagement geht. Die Zeit ist also reif für das beziehungsgetriebene Management wie es in der nächsten Abbildung dargestellt ist.

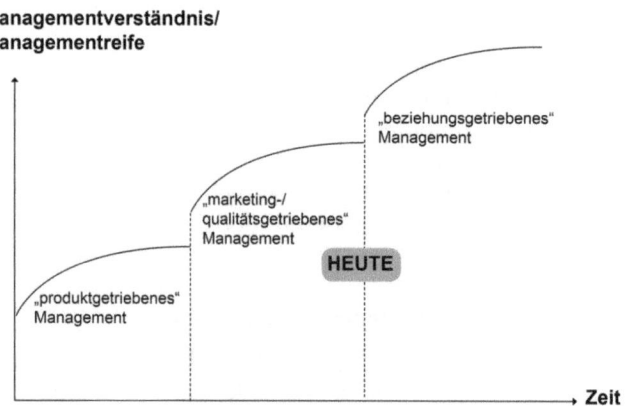

Abbildung 34: Entwicklungsdaten des Managements

Durch Beziehungsmanagement schaffen wir zufriedene Kunden, begeisterte Mitarbeiter, effiziente Unternehmenseinheiten und

fruchtbare Zusammenarbeitsformen mit Kooperationspartnern. Beziehungsmanagement schafft somit die Grundlage für den Unternehmenserfolg.

Typische Symptome für schlechte Beziehungen

Wie erkennen wir nun, ob die Beziehungen zu den Kunden, Mitarbeitern, internen Unternehmenseinheiten und Kooperationspartnern Verbesserungspotentiale aufweisen?

Rückt man Beziehungen in den Mittelpunkt, dann wird es allerdings quasi unmöglich, eine Grenze zwischen Unternehmen und Umwelt festzulegen.

Ganzheitlicher Ansatz des Beziehungsmanagements

Um Beziehungsmanagement als ganzheitlichen Ansatz darstellen zu können, müssen folgende zentralen Fragen beantwortet werden:

✓ Welche **Ziele** sollen mit dem Beziehungsmanagement erreicht werden?

✓ Worin liegen die grundsätzlichen **Aufgaben** des Beziehungsmanagements?

✓ Welche **Gestaltungshebel** können betätigt werden, um den Zielen näher zu kommen, und inwiefern unterscheiden sich diese?

✓ Welche elementaren **Strategien** können beim Beziehungsmanagement eingesetzt und dann umgesetzt werden?

Die nachfolgende Darstellung zeigt diesen ganzheitlichen Ansatz.

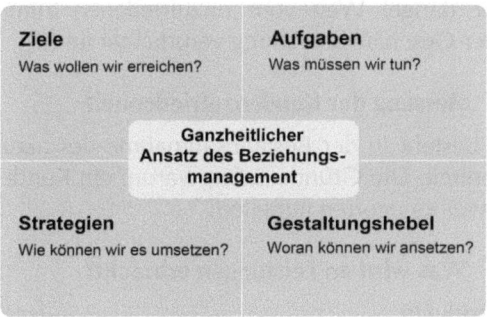

Abbildung 35: Ganzheitliches Beziehungsmanagement

Lassen Sie mich in diesem Zusammenhang darauf aufmerksam machen, dass das Beziehungsmanagement Strukturaufgaben und Prozessaufgaben unterscheidet. Dieser Ansatz ist von elementarer Wichtigkeit, weil wir gerade im IT-Markt und Handel einem unheimlich schellen Wandel erleben. Natürlich stehen die Gestaltungshebel des Beziehungsmanagements in einem engen Zusammenhang.

Vereinfacht kann man sagen, dass ohne Information und Kommunikation kein Vertrauen entstehen kann. Insofern ist die Informations- und Kommunikationsbeziehung der Vertrauensbeziehung vorgelagert. Quasi parallel zur Informations- bzw. Kommunikationsbeziehung sowie zur Vertrauensbeziehung liegt die immer vorhandene Machtebene einer

Beziehung, d. h. Machtaspekte und wechselseitige Abhängigkeiten sind Bestandteil einer jeden Beziehung.

Der Weg zum Beziehungsmanagement in der Praxis der Unternehmensführung

Aus zahlreichen Studien ist bekannt, dass kundenorientierte Unternehmen erfolgreicher sind als nicht kundenorientierte Unternehmen:

Je höher die Anzahl der in einem bestimmten Betrachtungszeitraum umgesetzten Maßnahmen zur Steigerung der Kundenzufriedenheit ist, desto höher fällt das Unternehmenswachstum aus. Die Verbesserung der Kundenbeziehung und die Steigerung der Kundenzufriedenheit sind ein wichtiger Wachstumsmotor für Unternehmen. Ich möchte sogar noch einen Schritt weiter gehen. Während meiner Zeit als Vice President Europe sprachen wir nicht mehr von Kundenzufriedenheit oder neudeutsch „Customer Satisfaction" (diesen Begriff habe ich generell verboten) sondern von „Customer Commitment". Der (lange) Weg vom unzufriedenen zum begeisterten Kunden, der sich der Geschäftsbeziehung verpflichtet fühlt.

Messung der Kundenzufriedenheit

Die erste Aufgabe besteht in der Bestandsaufnahme des aktuellen Grades an Kundenzufriedenheit. Die Gründe dafür, warum ein Kunde unzufrieden ist, lassen sich in zwei Kategorien aufteilen:

Was wird an Leistungen erbracht?

- Qualität der Produkte
- Qualität einzelner Produktbestandteile
- Preisniveau
- Garantieleistungen
- Finanzierungsalternativen etc.

Wie wird die Leistung erbracht?

- Freundlichkeit des Personals
- Hilfsbereitschaft
- Beratungsqualität
- Lieferzeit, Wartezeit
- Bürokratismus
- Flexibilität etc.

Die Erfahrung zeigt, dass Leistungsdefizite vor allem in den „Wie-Faktoren" bestehen.

Dies ist vor dem Hintergrund problematisch, dass der Kunde es heute als selbstverständlich ansieht, dass die „Was-Faktoren" erfüllt sind. Sie sind insofern zwingend notwendige „Muss-Faktoren" bzw. so genannte „Hygiene-Faktoren". Dagegen können Kunden nur dann auch wirklich begeistert werden, wenn auch die „Wie-Faktoren", die die eigentlichen Motivatoren darstellen, entsprechend den Kundenerwartungen geleistet werden.

Unternehmensinterne Ursachen für die Unzufriedenheit von Kunden

✓ Falsches Geschäftsverständnis:

Das Produkt oder die Dienstleistung steht im Mittelpunkt und nicht der Kunde, der mit dem Produkt oder der Dienstleistung ein Problem gelöst haben möchte.

✓ Hohe Distanz zum Kunden:
Vor allem in Unternehmen mit hoher Arbeitsteilung haben viele Mitarbeiter keinen Kontakt mit dem Kunden. Der Kunde rückt somit aus dem Blickfeld.

✓ Dienen fällt schwer:
Vielen Mitarbeitern fällt es schwer, die eigenen Interessen sowie die gewohnten Verhaltensweisen und innerbetrieblichen Abläufe auszublenden und stattdessen das Handeln auf das Wohl des Kunden auszurichten.

✓ Mangelnde Vorbildfunktion des Managements:
Die Vorbildfunktion des Managements im Hinblick auf die Kundenorientierung wird häufig unterschätzt. Das Management darf sich nicht verstecken, muss Kundenorientierung vorleben und der Pflege von Kundenbeziehungen entsprechende Priorität einräumen.

✓ Ignoranz der Bedeutung von Kundenzufriedenheit:
   In vielen Unternehmen ist die Bedeutung einer hohen Kundenzufriedenheit für die Erzielung von Wettbewerbsvorteilen und für den langfristigen Unternehmenserfolg nicht bekannt. Kundenbeziehung als
   Wachstumsmotor ist ein Buch mit sieben Siegeln.

Der Wille zum Beziehungsmanagement als Kernprinzip und Herzstück einer modernen Unternehmensführung ist also unabdingbar.

Sechs Schritte auf dem Weg zum kundenorientiertem Unternehmen

1. **Machen Sie Kundenorientierung messbar!**
   Analysieren Sie die Gründe für verlorene Aufträge, das Abspringen
   von Kunden sowie für das Nichterhalten von Neukunden professionell. Setzen Sie hierzu verschiedene Verfahren zur Kundenzufrieden-
   heitsmessung ein, um Gefahren und Gelegenheiten zu erkennen und
   Chancen und Risiken abzuwägen (Swotanalyse).

2. **Machen Sie Kundenorientierung umsetzbar!**
   Nehmen Sie Ihren Kunden die Anonymität, indem auch kundenferne
   Abteilungen Kontakte zum Kunden bekommen. Das beinhaltet die
   Schaffung entsprechender organisatorischer Prozesse und Leistungs-
   pakete anstelle funktionsorientierter Abteilungen.

3. **Machen Sie Kundenorientierung sichtbar!**
   Vereinbaren Sie mit Ihren Mitarbeitern klare Ziele in Bezug auf die
   Kundenorientierung und gehen Sie selbst mit gutem Beispiel voran.
   Demonstrieren und erläutern Sie nach innen und außen den Nutzen
   einer engen Kundenbindung.

4. **Machen Sie Kundenorientierung trainierbar!**
   Sorgen Sie dafür, dass Personalentwicklung nicht am grünen Tisch
   verharrt, sondern aus den konkreten Anforderungen des Kunden entsteht. Die Fähigkeiten und Fertigkeiten der Mitarbeiter müssen auf
   den Kunden hin trainiert und ausgerichtet werden.

5. **Machen Sie Kundenorientierung reflektierbar!**
   Hinterfragen Sie Vorhandenes ständig neu vor dem Hintergrund sich
   ändernder Kundenerfordernisse und Bedürfnisse. Arbeiten Sie hierbei
   mit Frühwarnsystemen, beispielsweise für bestimmte Kundengruppen,
   Vertriebskanäle etc., und legen Sie hierfür konkrete Verantwortlichkeiten und Termine fest.

6. Machen Sie Kundenorientierung spürbar!
Werden Sie sich Ihrer Überzeugungen und der Überzeugungen Ihrer Mitarbeiter bewusst, und formulieren Sie diese gemeinsam: Nur wer selbst überzeugt und begeistert ist, überzeugt auch seine Kunden.

Sechs Empfehlungen für ein professionelles Beziehungsmanagement

Hinter dem Begriff Beziehungsmanagement verbirgt sich eine Denkweise, die – konsequent verfolgt - eine Neuausrichtung der Unternehmensführung bedeutet und in sehr vielen unterschiedlichen und sehr konkreten Facetten zum Ausdruck kommt. Diese Neuausrichtung basiert auf einem veränderten Managementverständnis, bei dem von Anfang an dem Umstand Rechnung getragen wird, dass Unternehmen immer in soziale Beziehungen eingebettet sind, deren Aufbau, Entwicklung und Pflege zur Erzielung und Sicherung von Wettbewerbsvorteilen größte Aufmerksamkeit geschenkt werden muss. Die folgenden abschließenden Empfehlungen können als Leitlinien verstanden werden, die als Orientierungshilfen dienen, wenn die Unternehmensführung konsequent auf das Beziehungsmanagement ausgerichtet werden soll.

1. **Denken Sie in Beziehungen!**
Nur wer bereit ist, Beziehungen als Ressourcen zu sehen, über die Wettbewerbsvorteile erzielt werden können und daher auch sein strategisches Denken an Beziehungen ausrichtet, kann Beziehungsmanagement erfolgreich umsetzen.

2. **Analysieren und interpretieren Sie das Beziehungsnetzwerk!**
Ein wichtiger Schritt ist, die Analyse von Beziehungen. Hierzu muss Fremd- und Eigenbild objektiv und neutral mit Hilfe methodischer Unterstützung gegenübergestellt und abgewogen werden.

3. **Setzen Sie zielgerichtete Impulse!**
Auf Basis dieser Analysen müssen aktiv Impulse gesetzt werden, um die Beziehungen aufzubauen, zu pflegen und/oder zu entwickeln. Aktivität heißt quasi „bewusst am Leben der Beziehung teilnehmen", eine treibende Kraft zu sein. Dabei ist es wichtig, dass die Impulse klar und kontinuierlich auf ein Ziel ausgerichtet werden, ohne dabei allerdings der Illusion zu unterliegen, dass ein einmal erreichter Optimalzustand auf Dauer Bestand hat. Das dynamische Gleichgewicht ist das Ziel.

4. **Verfolgen Sie in der Führungsmannschaft eine gemeinsame Richtung!**
Professionelles Beziehungsmanagement setzt eine Führungsmannschaft voraus, die sich bewusst ist, welchen Stellenwert Beziehungen haben. Dabei ist es wichtig, dass bei der Bewertung der Beziehungen

und bei der Entscheidung über den Einsatz möglicher Entwicklungstools an einem Strang gezogen wird. Uneinigkeit im Management darüber, welche Beziehungen in welcher Form weiterentwickelt werden sollen, verhindert ein erfolgreiches Agieren.

5. **Mobilisieren Sie andere im Beziehungsnetzwerk!**
Wer auf Beziehungen baut, ist sich bewusst, dass man für den eigenen Erfolg auf die Unterstützung, das Vertrauen und das Engagement von anderen angewiesen ist. Deshalb ist es entscheidend, dass andere Unternehmen/Menschen innerhalb des gesamten Netzwerkes für sich zu gewinnen und zu mobilisieren. Der Begriff „mobilisieren" darf durchaus militärisch verstanden werden. Es geht darum, Kräfte zu bündeln, Bewegungen durchzuführen und Ressourcen zusammenzulegen, um gemeinsam eine Erfolg versprechende Richtung einzuschlagen. Nicht nur selber „treibende Kraft zu sein" ist wichtig, sondern man muss versuchen auch „treibende Verbündete" zu finden, die in die gleiche Richtung marschieren wollen.

6. **Handeln Sie mit Verstand und Herz!**
Beziehungsmanagement braucht Intelligenz, Systematik, Objektivität, Methodik und eine klare logische Argumentation. Genau so wichtig sind Sensibilität, Gespür, Situationskompetenz und die Fähigkeit, Unternehmen und Menschen hinsichtlich ihrer Bedürfnisse, Werte und Motivationen „gefühlsmäßig" richtig einzuschätzen.

Fazit:

Erfolgreiche Unternehmer brauchen Verstand, Herz und Bauch, also die ganzheitliche Intelligenz.

10. Ausblick

„Es ist nicht genug, zu wissen, man muss es auch anwenden;
es ist nicht genug, zu wollen, man muss es auch tun."
Goethe

Im Verlauf der Abhandlung der verschiedenen Themen wurde deutlich, wie umfangreich der Vertriebszyklus ist. Von der Strategieentwicklung über dessen Kommunikation und Umsetzung bis hin zu Optimierungshilfen für die tägliche persönliche Kundenbeziehung haben wir versucht, praktische Methoden zu vermitteln, die sich erfolgreich anwenden lassen. Welche Methode Sie auch immer benutzen möchten, beginnen Sie mit einem Schritt. Bewerten Sie zum Beispiel die ersten Kriterien in der Kunden-Portfolio-Analyse oder prüfen Sie die ersten fünf Kennzahlen für Ihr Prognosekonzept in der Vertriebsplanung. Was grundsätzlich die Wirkung dieser effektiven Vertriebsmethoden sicherstellt, ist der erste Schritt es zu tun, denn auf dieser Welt geschieht nichts Gutes, außer man tut es.

Das Schlimmste, was passieren kann, ist, dass Sie Ausreden finden, den Beginn aufzuschieben oder denken, die Methode ließe sich nicht auf Ihre besondere Situation anwenden. Das Beste, was passieren kann, ist, dass Sie die Methoden auf Ihre Situation anpassen und entsprechend Kriterien hinzufügen oder herausnehmen, um nach einigen Monaten festzustellen, dass die Analyse und die folgenden Maßnahmen zu einer deutlichen Verbesserung Ihrer Vertriebsergebnisse geführt haben und Sie stolz auf Ihr Team und sich sind, dass Sie es angepackt haben.

Viel wichtiger ist also das häufige Anwenden einzelner Methoden, um die Fehler zu erkennen und zu korrigieren, Erfahrung zu sammeln und die Fortschritte messbar zu gestalten. Mit diesem Buch möchten wir Ihnen eine Sammlung anbieten, die vielseitig an jeder Stelle des Vertriebsprozesses einsetzbar und praktisch erprobt ist. Wir wünschen Ihnen viel Erfolg bei dem Einsatz der Instrumente und stehen Ihnen gerne zur Verfügung, sollten Sie Fragen haben oder weitere Informationen zu den Themenbereichen benötigen, oder natürlich auch, wenn Sie uns Ihre Erfahrungen und Rückmeldungen mitteilen möchten. Der Kauf dieses Buches war der erste Schritt für eine strukturiertere Herangehensweise im Kundendschungel von heute und soll Ihnen mehr Professionalität, Problemlösungskompetenz und strategische Fähigkeit ermöglichen.

Fürchte dich nicht vor dem langsamen Vorwärtskommen,
fürchte dich nur vor dem Stehen bleiben.

chinesisches Sprichwort

11. Quellenverzeichnis

Altmann, Alexandra: Gesagt Getan. Redline Wirtschaft Verlag, 2006, Heidelberg

American Management Association, A global Study of current Trends and Possibilities 2006–2016, 2007, New York

Buchner, Dietrich u. a.: Team Coaching. Gabler Verlag, 1995, Wiesbaden

Czichos, Reiner: Creatives Account-Management, Ernst Reinhardt Verlag, 2000, München/Basel

Detroy, Erich N: Die 200 besten Checklisten für Verkaufsleiter. mi-Fachverlag 2007

Dilts, Robert: Identität, Glaubenssysteme. Junfermann Verlag, 1990, Paderborn

Gross, Stefan F.: Beziehungsintelligenz. Talent und Brillanz im Umgang mit Menschen , MI Verlag, 1997

Harvard Business Manager, Spezial: „Strategie und Führung im 21. Jahrhundert", 2008, Manager Magazin Verlag

Harvard Business Manager, Spezial: „Vertrieb", Oktober 2006, Manager Magazin Verlag

Häusel, Hans-Georg: Emotional Boosting, 2010, Haufe Verlag

Loy, Artur: Consultative Value-Selling, 2006, expert Verlag

Meffert, Heribert u. a.: Marketing Grundlagen marktorientierter Unternehmensführung, Dr. Th. Gabler Verlag , 2007

Miller, Robert und Stephen Heiman: The new strategic selling, 3rd edition, 2004, Kogan Page Ltd.

Nagel, Kurt und Rasner, Carsten: Herausforderung Kunde. Landsberg/Lech 1998

Nagel, Kurt und Menthe, Thomas: Die 30 besten Verkaufstipps. Erbach 2004

Pinczolits, Karl: Schlagzahlmanagement. Facultas. wuv Verlag, 2008 Wien

Plötner, Olaf: Das Vertrauen des Kunden. Relevanz, Aufbau und Steuerung auf industriellen Märkten, Gabler Verlag, 1995

Salesforce.com (diverse Abbildungen und Screenshots)

Sydow, Jörg: Strategische Netzwerke, Gabler Verlag, 1992

Dr. Wieselhuber & Partner GmbH, Unternehmer- Entscheidungen. Die Zukunft gestalten, Verlag Wieselhuber, 2008

Autoren

Kurt Nagel

Kurt Nagel, Jahrgang 1939, ist Praktiker und Wissenschaftler zugleich. Diese gelungene Symbiose hat zu einer hohen Wertschätzung seiner Person geführt.
Er hat ca. 40 Jahre Erfahrung in der praktischen Unternehmensführung. Sein Rat wird von Inhabern und Entscheidungsträgern von Unternehmen und Institutionen gerne wahrgenommen. Er hat eine Reihe von Systemen und Methoden für die Wirtschafts- und Verwaltungspraxis entwickelt und erfolgreich transferiert.

Kurt Nagel hat sich im Fachbereich Betriebswirtschaftslehre habilitiert. Als Autor/Mitautor kann er auf die Veröffentlichung von ca. 60 Büchern und zahlreichen Beiträgen und Aufsätzen verweisen. Seine Vorträge und Seminare begeistern die Teilnehmer und initiieren konkreten Erfolg.

Thomas Menthe

Thomas Menthe studierte Informatik mit dem Schwerpunkt BWL. Anschließend sammelte er 15 Jahre Erfahrung im Bereich Training und Verkauf in der IT-Industrie bei marktführenden Unternehmen. Seit 7 Jahren arbeitet er für Unternehmen als Consultant, Dialogtrainer und gründete 2001 gleichzeitig seine eigene Firma für B2C-Vertrieb. Besonderes Interesse gilt der Strategieumsetzung im Vertrieb und der persönlichen Verkaufskompetenz. Sein Ziel als zertifizierter Coach ist die Nachhaltigkeit sowie die Ergebnisorientierung entwickelter Ideen durch Perspektivenwechsel und kontinuierlicher Innovation. Thomas Menthe ist ein begeisternder wie auch lebendiger Redner und wurde dafür von der weltweiten Rhetorik-Vereinigung „Toastmasters" mehrfach ausgezeichnet. Thomas Menthe gehört zu den TOP 100 Speakers-Excellence und ist Mitglied der German Speakers Association (GSA), International Federation for Professional Speakers (IFFPS) und zertifizierter Business Coach im DVCT (Deutscher Verband für Coaching und Training).

Am 31.1.2004 wurde er von der Akademie der Führungskräfte zum „Unternehmer des Jahres 2003" ausgezeichnet, bildet angehende Coaches aus und lehrt Verkaufsmanagement in einem Bachelor Studiengang an der BVS Business School/Robert Gordon University in Zürich.